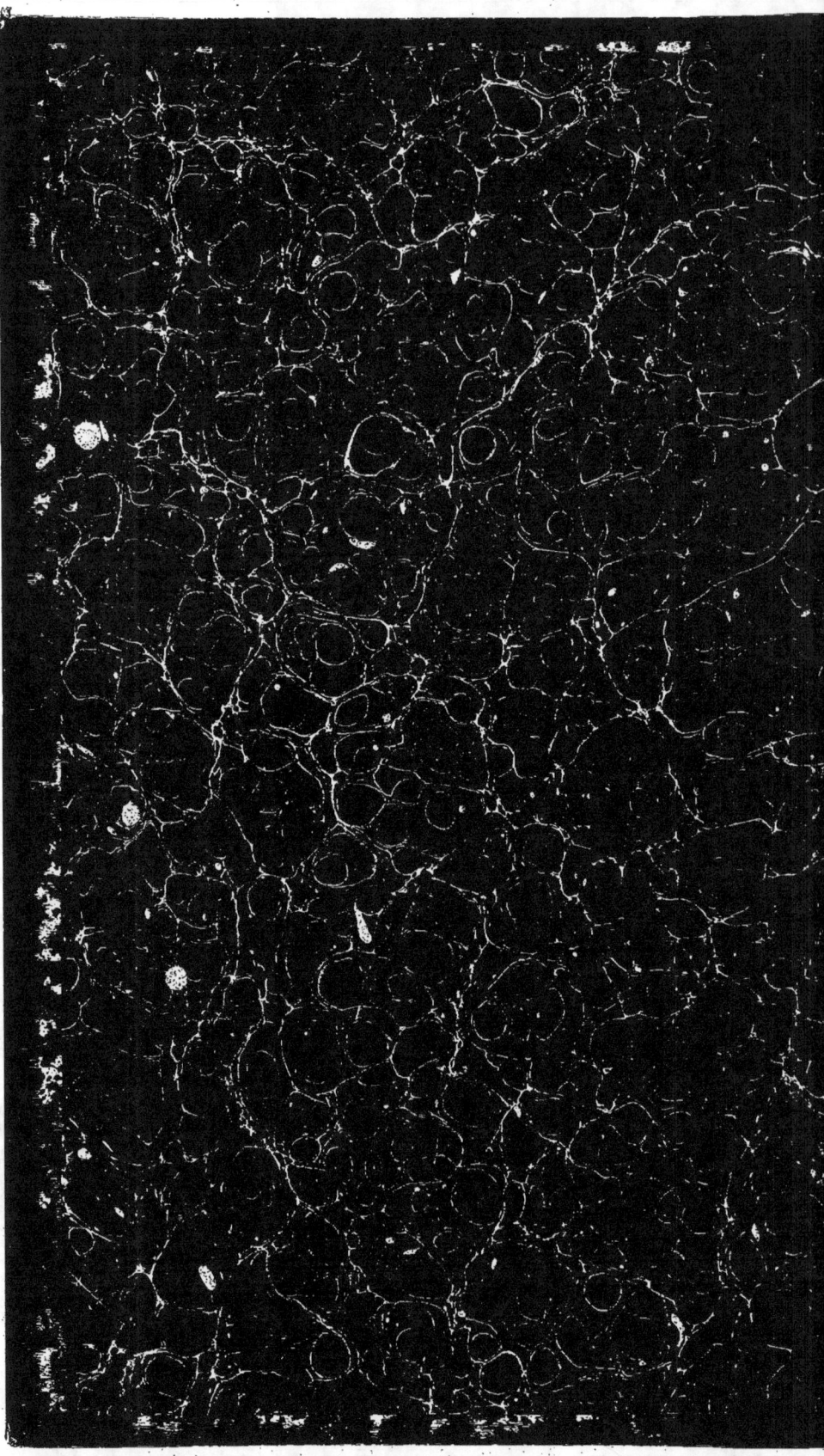

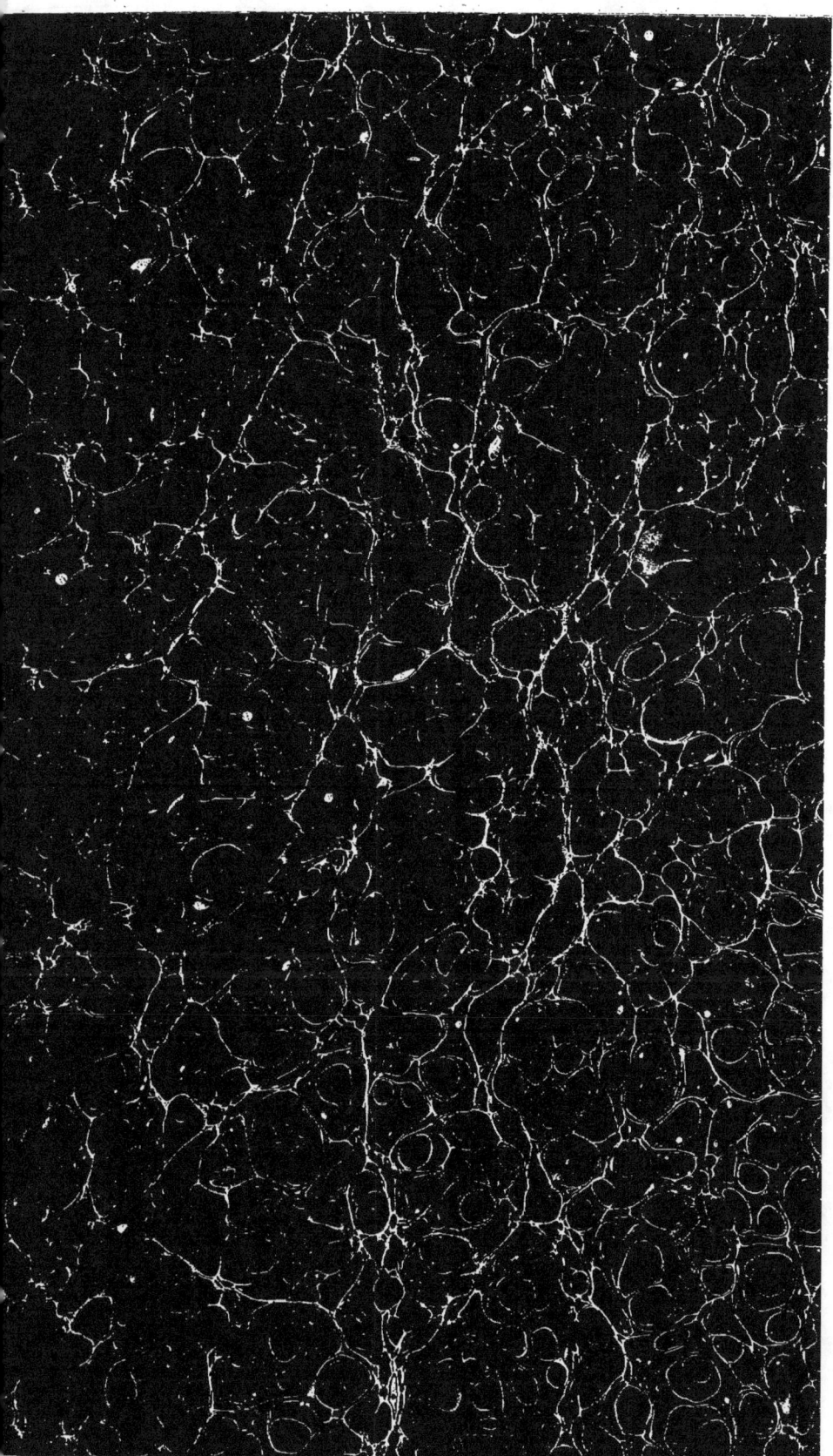

1648. tev.
H.

HISTOIRE
UNIVERSELLE.

VI.

A. ÉVERAT
IMPRIMEUR ET FONDEUR,
rue du Cadran, 16.

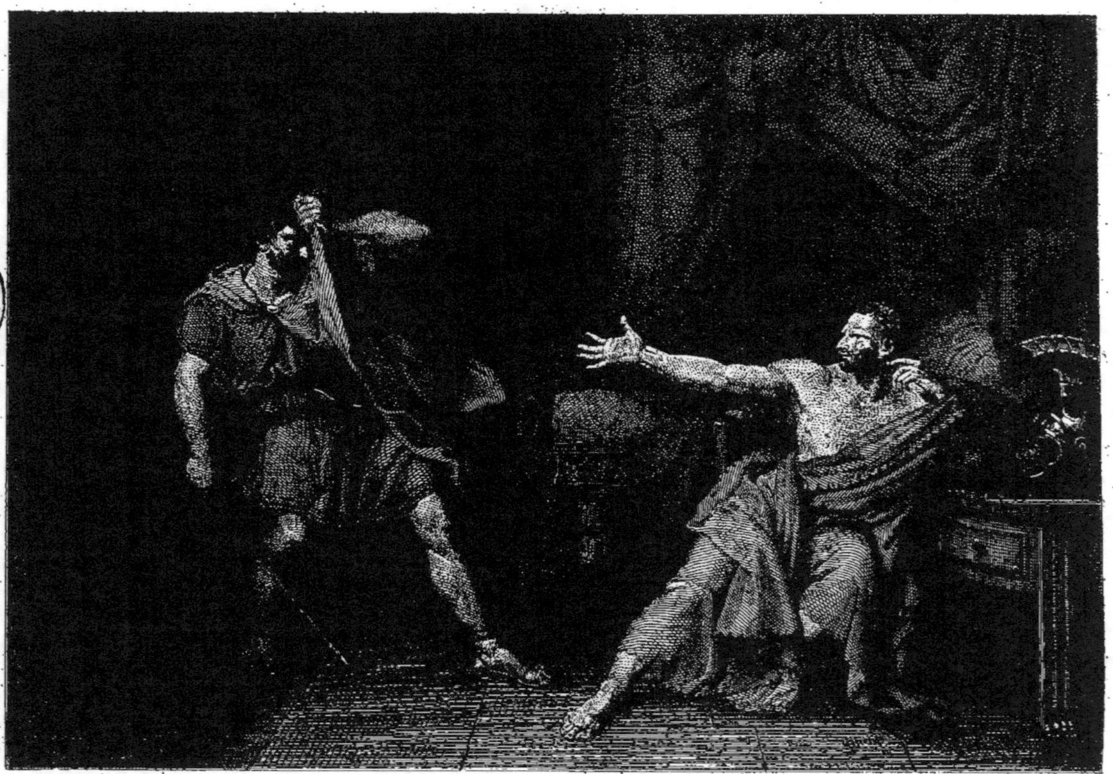

Drouais pinxit. Leroux sculpsit.

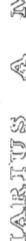

MARIUS A MINTURNES.

HISTOIRE
UNIVERSELLE

PAR

LE COMTE DE SÉGUR,
de l'Académie française;

CONTENANT

L'HISTOIRE ANCIENNE, ROMAINE ET DU BAS-EMPIRE.

CINQUIÈME ÉDITION,
ORNÉE DE GRAVURES.

TOME SIXIÈME.

PARIS.

FURNE, LIBRAIRE,   FRUGER ET BRUNET,
quai des Augustins, 39.   rue Mazarine, 30.

1856.

HISTOIRE ROMAINE.

SUITE DE LA RÉPUBLIQUE ROMAINE.

CHAPITRE PREMIER.

(An de Rome 609.)

Décadence de la grandeur romaine. — Révolte de Viriate en Lusitanie. — Traité de paix entre Fabius Maximus et Viriate. — Rupture de ce traité. — Mort de Viriate. — Nouvelle guerre. — Résistance de Numance. — Siége, blocus et destruction de Numance. — Sédition excitée à Rome par les Gracques. — Portrait de Cornélie, mère des Gracques. — Portrait des Gracques. — Tribunat de Tibérius Gracchus. — Sa proposition des deux édits. — Résistance du sénat. — Fermeté de Tibérius Gracchus. — Déposition du tribun Octavius. — Adoption d'une loi de Tibérius Gracchus. — Nouvel édit de ce tribun. — Expiration de son tribunat. — Tumulte en sa faveur. — Sa mort et celle de trois cents personnes. — Révolte des esclaves en Sicile. — Vengeance du tribun Labéon envers le censeur Métellus. — Inaction de Caïus Gracchus. — Sa nomination de questeur. — Son départ pour la Sardaigne. — Son retour à Rome. — Sa nomination de tribun. — Mort de Scipion l'Africain. — Puissance de Caïus Gracchus. — Politique du sénat envers lui.

— Loi pour la reconstruction de Carthage. — Départ de Caïus Gracchus pour l'Afrique. — Fondation de la nouvelle Carthage, nommée Junonia. — Retour de Caïus Gracchus à Rome. — Nouveaux troubles à son arrivée. — Mort de ce tribun. — Massacre de trois mille personnes. — Guerre avec les Gaulois et les Allobroges.

Rome, victorieuse en Europe et en Afrique, vit triompher à la fois, dans ses murs, Scipion le deuxième Africain, Métellus le Macédonique, et Mummius l'Achaïque. Les grands peuples ne résistent pas plus que les grands hommes à l'ivresse d'une haute fortune.

Quelle vertu pouvait préserver d'orgueil tant de citoyens illustrés par des triomphes, tant de guerriers décorés de couronnes civiques, murales, nobles prix d'actions héroïques, et chargés des riches dépouilles prises sur l'ennemi; enfin tant de sénateurs et de personnages consulaires, qui avaient tous gagné des batailles, forcé des villes, subjugué des peuples, et vu des rois à leurs pieds!

La réunion des vainqueurs de l'Asie, de l'Europe et de l'Afrique, la renommée de leurs exploits, les hommages des nations et de leurs monarques, et les riches tributs que leur envoyaient tous les princes, devaient exciter la fierté des Romains, étourdir leur raison, et bannir promptement jusqu'aux traces de l'austère vertu et de l'antique simplicité des beaux jours de la république.

La plus belle époque de l'histoire romaine commence après l'invasion de Pyrrhus, lorsque les mœurs cessèrent d'être rustiques et sauvages, sans cesser d'être pures. Elle finit avec la troisième guerre punique. Tant que les Romains eurent à craindre pour leur existence, soumis aux principes de la religion et aux règles de la justice, on vit toujours chez eux l'intérêt privé confondu avec l'intérêt général. Ce fut alors que ce peuple étonnant, fort et passionné comme une faction, ainsi que le dit Montesquieu, invincible par son union, dut inspirer autant d'admiration que de crainte. Mais Carthage détruite, l'Espagne vaincue, l'Italie soumise, la Grèce subjuguée, l'Asie conquise, délivrèrent le peuple romain de tout danger. Il ne connut plus de frein pour ses passions. Les digues étaient rompues; le torrent s'était débordé; les citoyens qui avaient long-temps combattu pour se défendre, et ensuite pour conquérir, n'employèrent bientôt plus leurs armes qu'à se disputer entr'eux les fruits de leurs conquêtes et les jouissances de la domination. En vain quelques hommes vertueux voulurent opposer les mœurs au luxe, l'amour de la patrie à l'ambition, et la justice à la violence; leur voix se perdit dans le tumulte des passions.

Rome va donc nous présenter un nouveau spectacle. Nous n'y verrons plus les palmes de la gloire sur la charrue de Cincinnatus; la modestie et la pauvreté n'embelliront plus les triomphes des Fabius et des Paul Émile : les consuls, les dictateurs n'opposeront plus leurs vertus républicaines à la licence du peuple, à l'orgueil des grands. La force remplacera la justice, et la fortune seule recevra l'encens qu'on offrait à la liberté.

Nous quittons ce sénat rempli de sages et de héros, que Cynéas comparait à un conseil de rois, et nous allons raconter les querelles sanglantes de ces nouveaux maîtres du monde, ambitieux, cupides, cruels, voluptueux, déchirant le sein de leur patrie pour satisfaire leur avarice, et forçant les légions et leurs alliés à ne combattre que pour le choix d'un maître.

La corruption, quoique rapide, ne mina cependant l'état que par degrés. On ne viola d'abord les lois que par ambition, et l'ambition conserve encore quelque apparence de la vraie gloire. Mais, lorsqu'au mépris des anciennes lois et des anciennes coutumes, les grands, enrichis par le pillage et par la ruine des provinces, habitèrent des palais vastes comme des villes, firent cultiver leurs terres par des légions d'esclaves, et possédèrent des trésors plus considérables que ceux des rois, le vice le plus funeste et le plus bas, l'avarice, devint la passion dominante : on sacrifia la justice, les mœurs et la patrie au vil désir de s'enrichir. De ce moment il n'y eut plus de vertu ni de liberté ; tout fut à vendre ou à acheter. On devenait factieux pour arriver à la richesse; riche, on corrompait les citoyens pour conserver le pouvoir et l'opulence, et chacun ne servit plus l'état, mais un parti. Dès lors la chute de la république était inévitable et prochaine. Les proscriptions de Marius et de Sylla devaient suivre de près la sédition des Gracques; la tyrannie de Sylla préparait la dictature de César et l'empire d'Auguste.

Nous aurons pourtant encore, dans ces jours de décadence, occasion d'admirer quelques vertus courageuses qui luttaient contre le vice triomphant, et un grand nombre d'hommes célèbres par leurs talents, par leur courage et par leurs exploits. Heureux s'ils avaient consacré tant de grandes qualités au salut d'une patrie qu'ils illustrèrent par leur courage et qu'ils déchirèrent par leurs dissensions! mais le retour à l'ordre et à la liberté était impossible. On descend facilement de la vertu au vice et de la liberté à la servitude; mais c'est une pente qu'on ne remonte pas.

Les causes de la grandeur des Romains se trouvaient plus dans leurs mœurs que dans leur législation, et le changement de coutumes détruisait tout. Condillac a très-bien remarqué que rien n'était déterminé d'une manière fixe dans le gouvernement de Rome. Tous les droits du peuple et du sénat étaient incertains et contestés, les pouvoirs distribués sans précision; les censeurs, les tribuns, les consuls exerçaient alternativement une autorité presque arbitraire. Souvent on nommait un dictateur pour éluder les lois; mais la simplicité des mœurs, la tempérance, le désintéressement et l'amour de la patrie suppléaient à tout. Les dissensions mêmes des ordres entretenaient l'émulation, et fortifiaient l'état au lieu de l'ébranler. Tout était habitude, même la vertu.

On ne peut supposer qu'un corps nombreux puisse être animé pendant cinq siècles du même génie. On doit donc attribuer l'accroissement de Rome au hasard qui fit suivre d'abord par nécessité un plan auquel on s'attacha ensuite par habitude.

Dans les premiers temps les Romains, faibles et entourés d'ennemis, se virent obligés, pour augmenter leurs moyens de défense, de s'allier avec les vaincus. Employant toujours depuis le même système, ils se servirent des Latins et des Herniques pour subjuguer les Volsques et les Toscans. Dès que l'on reconnut l'utilité de leur alliance, tous les peuples la recherchèrent. Sagonte l'implora contre Carthage, Marseille contre les Gaulois, les Étoliens contre Philippe, les Égyptiens contre les Séleucides. C'est ce qui fit la fortune de ce peuple dominateur. On l'aurait redouté comme conquérant, on vola au devant de lui comme protecteur.

Les Romains laissaient aux cités leurs lois, aux rois leurs trônes; appelés constamment au secours d'un peuple contre une faction, d'un prince contre ses concurrents, ils gouvernèrent plutôt en juges et en patrons qu'en dominateurs : et leur puissance était tout établie, lorsque, sûrs de leur force, ils cessèrent de la déguiser.

Presque tous les gouvernements ont plus de routine que de plan; on les détruit plutôt en changeant les coutumes qu'en modifiant les lois. La législation de Rome avait continuellement varié pendant plusieurs siècles, et sa liberté restait entière. Elle fut détruite dès que le luxe changea ses mœurs.

La première contrée où l'avarice romaine chercha une riche proie et fit de nombreuses victimes, ce fut l'Espagne. Les fiers habitants de ce pays, révoltés contre la cupidité et contre l'injustice des proconsuls et des préteurs, se défendaient avec un courage digne d'une meilleure fortune ; et l'Espagne, depuis soixante-quatorze ans, toujours ravagée, souvent vaincue, n'avait jamais été totalement soumise. Quelques années avant la destruction de Carthage, un simple berger, nommé Viriate, ayant réuni sous ses ordres quelques vagabonds et quelques brigands, ennoblit ses armes en soulevant la Lusitanie, et en combattant pour l'indépendance de sa patrie. Fabius Maximus, frère de Scipion et fils de Paul Émile, obtint d'abord quelques avantages sur lui; mais il ne sut point en profiter. Viriate augmenta ses forces, disciplina ses troupes, gagna plusieurs victoires; et le consul, forcé de traiter d'égal à égal avec un pâtre, lui accorda une paix honorable.

Le sénat, qui commençait à ne plus respecter la justice, autorisa Cépion, successeur de Fabius, à rompre ce traité. La guerre recommença, et le général romain, corrompant les ambassadeurs de Viriate, fit assassiner dans son lit le brave guerrier qu'il n'avait pu vaincre.

Le peuple de Numance, ferme et belliqueux s'était toujours montré le plus fidèle allié de Viriate. Après avoir battu Q. Pompéius, les Numantins attaquèrent et mirent en déroute Mancinus. Ils pillèrent son camp, et auraient détruit son armée tout entière, sans la sagesse et l'intrépidité de Tibérius Gracchus. Ce jeune guerrier qui avait déjà acquis beaucoup de gloire en montant le premier sur les murs de Carthage, couvrit la retraite des légions et sauva leurs débris en négociant avec Numance et en concluant avec elle un traité que Mancinus signa.

Le sénat ne ratifia point cette paix; et, malgré les représentations d'une foule de Romains qui déclaraient devoir leur salut à cette convention, on la rompit, et Mancinus, chargé de chaînes fut livré aux Numantins. L'arrêt ne porta que sur lui; la faveur populaire sauva Gracchus, ainsi que les officiers qui avaient, comme lui, participé à cette pacification. L'armée romaine, commandée par Mutus, défit les Lusitaniens et les Galiciens; mais elle échoua contre Numance. Lépide, son successeur, sans autre motif que celui du pillage, attaqua les Vaccéens, qui habitaient le pays qu'on nomme aujourd'hui royaume de Léon; ceux-ci repoussèrent vaillamment cette injuste agression, mirent les légions en fuite, et les découragèrent tellement par cet échec, que, depuis ce moment, le nom seul des Espagnols les faisait trembler.

Les levées s'opéraient difficilement pour l'Espagne, et l'avarice seule portait les patriciens à briguer ce commandement. Les deux consuls le sollicitaient; l'un était avare et l'autre pauvre. Scipion, s'opposant à leur nomination, dit « que l'un était « trop riche et l'autre pas assez. »

Les succès des insurgents augmentaient leur audace. L'armée romaine perdait à la fois ses conquêtes, son courage et sa discipline. Dans cette circonstance critique, le sénat eut recours au talent de Scipion l'Africain. Élu consul pour la deuxième fois, il passa en Espagne, rallia les troupes, rétablit l'ordre et la règle, évita les affaires décisives, et changea la guerre en affaires de postes, dont les succès partiels ranimèrent l'ardeur et la confiance du soldat.

Il marcha ensuite contre Numance, et l'investit; mais comme les Espagnols s'étaient aguerris et se montraient encore plus hardis que les Romains, il ne voulut point risquer d'assaut. Se bornant donc à défendre ses lignes et à repousser les sorties de la garnison, il s'empara de tous les passages et bloqua exactement la ville.

Les Numantins, réduits bientôt à la plus affreuse disette, proposèrent une paix honorable. Scipion voulut qu'ils se rendissent à discrétion. Ils refusèrent, et demandèrent pour toute grace au général romain de leur livrer bataille, qu'ils pussent au moins périr les armes à la main.

Un nouveau refus changea leur consternation en désespoir. Ils sortirent tous de leurs murailles et se précipitèrent sur les retranchements avec une telle furie, que, malgré la force de sa position, Scipion eut besoin de tout son courage et de tout son talent pour les repousser. Enfin, après quinze mois d'une résistance opiniâtre, les Numantins, privés de tout secours et de tout espoir, mirent le feu à leur ville, et périrent avec toutes leurs richesses dans les flammes.

Il ne resta aucune vestige de cette fameuse cité, que Bossuet appelle *la seconde terreur des Romains*. Elle était située dans la Vieille-Castille près de Soria. On ne vit au triomphe de Scipion que cinquante de ses habitants. Numance fut détruite l'an de Rome 621.

Rome ne jouit pas long-temps du repos que semblaient lui garantir tant de victoires. L'esprit de faction ne tarda pas à troubler une prospérité dont la jouissance était loin d'être également partagée entre le peuple et les patriciens.

Deux frères, Tibérius et Caïus Gracchus, célèbres par leur courage, par leurs talents, par leur éloquence et par leurs malheurs, embrassèrent la cause populaire, excitèrent de grands troubles dans leur patrie, répandirent un vif éclat sur leur nom, et donnèrent au monde un triste exemple des vicissitudes de la fortune, du danger des factions, de l'esprit vindicatif des grands, et du peu de compte qu'on doit faire de la faveur de la multitude.

Ils étaient petits-fils de Scipion l'Africain, et beaux-frères du second Africain, qui avait épousé leur sœur. Cornélie, leur mère, se rendit aussi célèbre par ses hautes vertus que son père et que ses fils par leurs actions. Lorsqu'elle devint veuve de Sempronius Gracchus, Ptolémée, roi d'Égypte, lui offrit son sceptre et sa main. Sa fierté ne voulut point descendre au trône. Les citoyens romains se croyaient alors supérieurs aux rois.

Cornélie, trouvant sa gloire dans ses vertus, ses plaisirs dans ses devoirs, dédaignait le luxe des dames romaines, et leur disait souvent « que ses » enfants étaient ses joyaux et sa parure. » L'éducation qu'elle leur donna les éleva au-dessus des autres citoyens, fortifia leur ame, développa leurs talents; mais, en même temps, elle leur inspira la fierté, l'audace et l'ardeur qui les perdirent. On l'accusa même de les avoir poussés aux factions en leur disant : « On ne me nomme jamais que la » belle-mère de Scipion; quand aurez-vous assez » de gloire et de puissance pour qu'on m'appelle » avec honneur la mère des Gracques? »

Tibérius, orné de tous les dons de la nature et de la fortune, charmait les regards par une rare beauté; il s'attirait l'amour des soldats par sa bravoure, et l'admiration de ses concitoyens par son éloquence; ses brillants exploits l'avaient illustré en Afrique et en Espagne; les liens du sang et de l'amitié l'unissaient aux plus grands personnages de la république. Tout concourait à l'attacher au parti des patriciens; mais le désaveu que fit le sénat du traité qu'il avait conclu avec Numance pour sauver l'armée, l'arrêt injuste porté contre Mancinus son général, et les reproches humiliants dont il se vit lui-même alors l'objet, l'irritèrent contre les grands, et le jetèrent dans le parti populaire.

Son frère Caïus partageait tous ses sentiments, et ne lui était point inférieur en talents; mais Tibérius, plus doux, plus adroit, plus modéré, s'insinuait dans les cœurs par la persuasion. Caïus, véhément, emporté, songeait plus à convaincre qu'à toucher; la raison semblait parler par la bouche du premier, l'autre avait l'éloquence fougueuse des passions. La même différence se trouvait aussi dans leurs caractères. Tibérius était simple dans ses mœurs, tempérant dans ses goûts; Caïus, avide de plaisirs, s'y livrait avec excès, et sa violence élevait quelquefois tellement le son de sa voix, que, connaissant ce défaut, il plaçait à la tribune derrière lui un musicien qui l'avertissait de prendre un ton plus convenable et plus doux.

Les lois rendues en différents temps pour s'opposer à la trop grande concentration des fortunes étaient tombées en désuétude. Les patriciens avaient envahi la plupart des terres conquises. Le domaine devait en affermer une partie aux pauvres moyennant une faible redevance; les riches firent hausser cette rente, et, par ce moyen, empêchèrent la multitude de prendre ces fermes. Quelques grands, plus habiles et plus audacieux, cessant même de déguiser leur avare injustice, méprisèrent la loi qui défendait à tout citoyen de posséder plus de cinq cents arpents. Ils ne daignèrent même pas se servir de prête-noms, et ils exploitèrent ou affermèrent publiquement les plus vastes possessions.

Découragés par ces usurpations, et accablés de misère, les pauvres plébéiens se dégoûtaient de la guerre, et renonçaient même à élever et à nourrir leurs enfants; de sorte que, peu à peu, l'Italie, dépeuplée d'hommes libres, ne se voyait presque plus couverte que de Barbares et d'esclaves qui labouraient les terres des riches. Lélius, ami de Scipion, voulut porter des remèdes à ce désordre; les intrigues des sénateurs rendirent ses tentatives inutiles, et il n'en retira d'autre fruit que le surnom de *sage*, donné par la reconnaissance du peuple.

Tibérius, revenant d'Espagne, fut vivement touché du spectacle de misère et de dépopulation qu'offraient à ses regards les campagnes d'Étrurie. Le désir de ramener la justice et l'égalité, et peut-être aussi l'espoir de se venger des sénateurs, le déterminèrent à briguer le tribunat. Il l'obtint, et proposa une réforme dans la législation.

Deux philosophes, Diophanes et Blossius, l'excitèrent à cette entreprise. Il se vit même encouragé dans son dessein par le consul Mutius Scévola, par le souverain pontife Crassus et par Appius Claudius, qui lui avait donné sa fille en mariage.

Presque toujours les premiers pas des réformateurs sont sages; mais bientôt les obstacles qu'ils rencontrent les irritent, et la passion les emporte au-delà du but.

L'édit présenté par Tibérius était modéré : au lieu de punir les usurpateurs des terres conquises, il leur faisait rembourser par le trésor public le prix de leurs acquisitions. Tous les bons citoyens

reçurent avec applaudissement cette loi; mais elle excita la haine des riches avides; ils s'y opposèrent, et calomnièrent les intentions de Tibérius, l'accusant hautement de vouloir renverser la république par ses innovations. Le tribun repoussa vivement leurs attaques. « Je ne conçois pas, disait-il, qu'au
» milieu d'une ville libre on rende la condition du
» peuple pire que celle des animaux féroces. Quand
» ces implacables ennemis des hommes veulent se
» livrer au repos, ils trouvent des retraites sûres
» dans leurs antres, des asiles paisibles dans les
» forêts; tandis que les citoyens, qui exposent sans
» cesse leurs jours pour le salut et pour la gloire
» de leur patrie, se voient privés, à la fin de leurs
» travaux, de logement et de subsistance; et, s'ils
» jouissent encore de l'air et du soleil, c'est que
» la cupidité de leurs oppresseurs ne peut les leur
» ravir.

» Écoutez cependant nos superbes consuls, nos
» orgueilleux préteurs, quand ils haranguent les
» soldats un jour de bataille : ils leur parlent comme
» à des hommes fortunés qui possèdent tous les
» biens de la vie. N'est-ce pas une raillerie insul-
» tante que de les exhorter à combattre pour nos
» autels, quand ils n'ont pas de foyers ; pour les
» palais de Rome, quand il ne leur reste pas une
» cabane; pour une patrie opulente qui ne leur
» laisse aucun héritage? Privés de tout, qu'ont-ils

» à défendre ? Ils ont conquis les vastes contrées
» qui enrichissent la république, et ils n'en sont
» que plus pauvres. Leur sang a payé ces trésors
» auxquels on ne leur permet pas de participer.
» La veille d'un combat, on leur donne le titre de
» maîtres du monde; le lendemain du triomphe,
» on leur conteste quelques arpents des royaumes
» qu'ils ont conquis. »

L'éloquence du tribun lui conciliait les suffrages du peuple. Le sénat, ne pouvant lui résister ouvertement, gagna un de ses collègues, nommé Marcus Octavius, qui déclara que la loi donnerait naissance à beaucoup d'injustices, qu'elle bouleverserait les propriétés, romprait les contrats et les transactions, et qu'ainsi l'intérêt public s'opposait à son adoption.

Suivant l'usage, l'opposition d'un seul tribun empêchait toute délibération. Tibérius, irrité de cet obstacle, proposa peu de jours après un autre édit, plus favorable au peuple et plus sévère contre l'avarice des grands. Il demanda que la loi qui ne leur permettait pas de posséder plus de cinq cents arpents fût enfin exécutée, et qu'on en distribuât sans délai l'excédant aux pauvres. Arrêté de nouveau par la résistance d'Octavius, il employa, pour le ramener à son avis, toutes les armes de l'éloquence; mais, ne pouvant le convaincre ni le toucher, il fit ordonner, par le peuple, à tous les magistrats, de cesser leurs fonctions jusqu'au moment où la loi serait définitivement rejetée ou approuvée. Exécutant lui-même cet ordre, il posa son sceau sur la porte du trésor public, afin que les questeurs n'en pussent rien tirer. Cette résolution hardie excita la fureur des patriciens; ils jurèrent sa perte : on en vit même plusieurs qui se travestirent sans pudeur, et cherchèrent, sous un obscur déguisement, l'occasion et les moyens de l'assassiner.

Gracchus, informé de leurs desseins, se mit en garde contre eux, et porta sous sa robe un poignard pour défendre sa vie.

Le jour de l'assemblée du peuple étant arrivé, Octavius persista dans son opposition, malgré les prières de Tibérius et les larmes des citoyens, qui le conjuraient de ne pas les sacrifier à leurs ennemis.

Gracchus dit au peuple que deux magistrats, égaux en autorité et opposés en opinions sur une affaire aussi importante, ne pouvaient rester en place sans compromettre la tranquillité publique; qu'un tel dissentiment menaçait l'état d'une guerre civile, et qu'il fallait nécessairement déposer l'un des deux.

Le peuple adopta cet avis. Le lendemain, dix-sept tribus ayant déjà donné leur voix contre Octavius, Tibérius le conjura de renoncer à son opposition; mais, comme il ne put le ramener à son sentiment, le scrutin continua, et Octavius fut déposé. Le peuple, dans sa colère, se porta même contre lui à d'indignes traitements que Tibérius eut beaucoup de peine à faire cesser. Il est aussi facile de mettre en mouvement la multitude que malaisé de la contenir.

On adopta la loi proposée par Gracchus, et, pour en surveiller l'exécution, le peuple le nomma commissaire, ainsi que son frère et Appius Claudius.

La haine des sénateurs redoublait de violence, et les faisait soupçonner de tous les attentats qu'annonçaient leurs menaces. Un ami de Tibérius étant mort subitement, le peuple accusa les patriciens de l'avoir assassiné, et se porta en foule à ses funérailles. Tibérius, dans le dessein d'échauffer la multitude contre ses ennemis, parut devant elle en deuil, lui apporta ses enfants, et supplia le peuple de les prendre, ainsi que leur mère, sous sa protection, contre la fureur des riches qui avaient juré sa perte.

Sur ces entrefaites, Attale, roi de Pergame, ayant légué à Rome son royaume et ses biens, Tibérius proposa un édit qui ordonnait qu'on distribuât aux pauvres les terres de ce pays et les trésors du roi. quant aux villes, il décidait que le sénat ne pourrait prononcer sur leur sort, et que le peuple en disposerait par une loi. Ce décret porta au dernier degré l'animosité du sénat contre Gracchus. Pompéius lui reprocha hautement d'avoir reçu du roi Attale une robe de pourpre, un sceptre, et l'accusa d'aspirer à la royauté. L'injuste déposition d'Octavius donnait aussi dans le peuple quelques ennemis à Gracchus, et son éloquence parvint difficilement à calmer les esprits que cette violence contre un collègue avait mécontentés.

L'année de son tribunat expirait; Tibérius s'était trop compromis pour rentrer sans péril dans le rang de simple citoyen. Il crut nécessaire de se faire de nouveau élire tribun, et, pour y parvenir, ses amis lui conseillèrent de flatter la multitude en lui présentant des lois plus populaires encore que celles qu'il avait fait adopter. Il proposa donc d'abréger le nombre des années du service militaire, d'autoriser l'appel devant le peuple des sentences de tous les juges, et de composer les tribunaux d'un nombre égal de chevaliers romains et de sénateurs.

C'était bouleverser les anciennes institutions, et renverser par la passion d'un moment la raison des siècles. Aussi, lorsqu'on commença à recueillir les suffrages, Gracchus s'aperçut que ses adversaires se trouvaient en majorité. Rompant alors la délibération, sous prétexte que l'assemblée n'était pas assez nombreuse, il la convoqua pour le lendemain, et représenta si vivement les périls auxquels son amour pour le peuple exposait sa vie, qu'un grand nombre de citoyens dressa la nuit des tentes autour de sa maison pour la garder.

Au point du jour, de sinistres présages vinrent aggraver ses inquiétudes. Il existait en ce temps peu d'esprits assez forts pour se défendre de la plus puérile superstition. Les poulets sacrés refusèrent la nourriture : Tibérius, sortant de sa maison, se heurta violemment le pied contre une pierre qui fit couler son sang. Ayant fait quelques pas, il vit en l'air deux corbeaux qui se battaient, et dont l'un laissa tomber un caillou sur lui. La crainte de ses amis arrêtait sa marche ; mais le philosophe Blossius lui ayant représenté qu'il deviendrait la risée de ses ennemis si l'on pouvait dire que la vue d'un corbeau avait empêché le petit-fils de Scipion de remplir ses devoirs, il rougit de sa faiblesse et courut au Capitole, où le peuple le reçut avec enthousiasme.

Au milieu de ce tumulte de clameurs et d'applaudissements, un sénateur de ses amis, Flavius Flaccus, lui ayant fait signe qu'il voulait lui parler, traversa la foule, et l'avertit que les patriciens et les riches avaient armé leurs esclaves et s'étaient décidés à le faire périr.

Tibérius dénonça cette conspiration au peuple. Ceux qui étaient près de lui saisirent les javelines des huissiers ou s'armèrent des bâtons qu'ils purent trouver. La multitude plus éloignée, et qui ne pouvait l'entendre, s'étonnait de ce mouvement dont elle ignorait la cause. Tibérius, voulant lui faire comprendre le danger qui le menaçait, portait vivement ses deux mains sur sa tête. Quelques-uns de ses ennemis, ayant aperçu ce geste, coururent au sénat, et déclarèrent que Tibérius demandait au peuple le diadème.

Ce rapport, adressé à la haine, devait la trouver crédule. Nasica proposa de prendre des mesures promptes pour exterminer l'audacieux qui aspirait à la tyrannie. Le consul répondit qu'aucun citoyen ne devait mourir sans avoir été jugé, et qu'on devait observer les lois même contre ceux qui voulaient les enfreindre.

Nasica, enflammé de colère, s'écria : « Puisque « le premier magistrat ne veut rien faire pour le « salut de la république, que ceux qui veulent la « sauver me suivent! » Retroussant en même temps sa robe et la ployant autour de son bras, il sort précipitamment de l'assemblée. La plupart des patriciens le suivent; leurs cliens nombreux les accompagnent, et se saisissent des leviers qu'ils trouvent, des meubles qu'ils brisent. La fureur leur fait de tout des armes. Ils montent au Capitole; la vue de tant de personnages consulaires intimide une partie de la foule; l'autre frappée, est mise en fuite. Tibérius, abandonné, cherche à se sauver; mais, heurté dans sa course, il tombe. Comme il voulait se relever, Publius Saturéius, un de ses anciens collègues, et Lucius Rufus, se jettent sur lui et le tuent.

Trois cents personnes périrent dans cette sédition, la première, depuis l'expulsion des rois, qui eût fait répandre le sang dans Rome.

La mort de Gracchus n'éteignit point la haine de ses ennemis; ils ne permirent pas à son frère de l'ensevelir. Son corps fut jeté dans le Tibre : on fit mourir sans forme de procès plusieurs de ses partisans, et on enferma le rhéteur Diophane dans un tonneau rempli de serpents qui terminèrent sa vie.

Blossius, ayant comparu devant les consuls, dit qu'il avait cru remplir son devoir en obéissant à Tibérius son ami.

« Qu'aurais-tu donc fait, dit Nasica, s'il t'eût
» commandé de mettre le feu au Capitole? » « Ja-
» mais, repondit-il, Tibérius ne m'aurait donné
» un tel ordre. » « Mais cependant, reprit un des
» consuls, s'il te l'eût commandé ? » « Je l'aurais
» fait, repliqua-t-il, étant convaincu qu'un tel
» homme ne pouvait m'ordonner rien qui ne fût
» utile au peuple romain. » Sa fermeté le sauva; il se réfugia en Asie, où il se donna lui-même la mort, après la défaite d'Aristonicus, qui, par ses conseils, s'était emparé du trône de Pergame.

Le sénat, pour apaiser les esprits, ne s'opposa plus au partage du domaine public; mais sa condescendance n'éteignit point les ressentiments. Le peuple dissimulait peu ses désirs de vengeance, et menaçait Nasica de l'appeler en justice. Poursuivi par la haine publique, il se fit donner un commandement en Asie, où il mourut bientôt près de Pergame, accablé de chagrins et peut-être de remords. La haine du peuple s'étendit jusqu'à Scipion l'Africain, parce qu'il avait, disait-on, blâmé la conduite de Gracchus.

La révolte des esclaves s'était renouvelée dans le même temps en Sicile, et le feu de cette rébellion s'étendait en Italie et en Grèce. Maîtres de la ville d'Enna, leur armée s'élevait à deux cent mille hommes, qui exerçaient dans la Sicile les plus affreux ravages. Ennus, qu'ils avaient élu roi, défit successivement quatre armées prétoriennes; mais l'an 619, Fulvius Flaccus remporta une grande victoire sur eux. Le consul Rupilius, son successeur, termina cette guerre, et s'empara de la ville d'Enna, qu'il détruisit. Ennus, tombé dans les fers des Romains, se donna la mort. Sa défaite et le supplice d'un grand nombre d'esclaves en Sicile, à Rome, à Minturnes et dans l'Attique, étouffèrent cette conjuration, qui avait exposé pendant plusieurs années la république aux plus grands périls.

Aristonicus, vaincu à Pergame par Perpenna,

orna le triomphe d'Aquilius son successeur. Ce général, lâche et cruel, loin d'obtenir un tel honneur, aurait été envoyé au supplice si Rome eût conservé son antique vertu; car, pour contraindre les villes d'Asie à se rendre, il avait fait empoisonner les canaux et les fontaines.

L'esprit de sédition régnait toujours dans Rome et survivait à Gracchus. Labéon, tribun du peuple, pour se venger du censeur Métellus qui l'avait rayé de la liste des sénateurs, le fit condamner, sans forme de procès, à être précipité du roc Tarpéien. L'opposition d'un autre tribun lui sauva la vie; mais Labéon fit confisquer ses biens; et, pour compléter son triomphe, il reprit sa place dans le sénat, en faisant adopter une nouvelle loi qui permettait aux tribuns d'y siéger, et leur donnait voix délibérative.

Chaque jour était marqué par de nouvelles violences. La liberté se détruit plus souvent par ses excès que par ses ennemis. On avait institué le tribunat pour la défendre, et l'ambition des tribuns fut une des principales causes de sa perte.

Au milieu de ces agitations, on voyait avec surprise que Caïus Gracchus ne tentât aucun effort pour venger son frère et pour hériter de son pouvoir. Il garda quelques années un profond silence, et ne se montra jamais sur la place publique. Le peuple commençait à croire qu'il abandonnait sa cause et qu'il désapprouvait les opinions et la conduite de Tibérius. Peut-être, en effet, dans ces premiers temps, effrayé de la haine du sénat et de la mobilité de la multitude qui excite ses favoris à l'attaque et les abandonne dans le péril, Caïus avait eu la pensée de s'éloigner des factions et de chercher sa sûreté dans la retraite; mais la prudence ne pouvait arrêter long-temps un caractère aussi ardent que le sien, et, si la raison le portait au repos, il était condamné par la nature au mouvement.

Les ennemis de sa famille ayant cité en jugement un de ses amis, nommé Victius, Caïus parut inopinément à la tribune et entreprit sa défense. A sa vue, le peuple fit éclater une vive joie. Son éloquence entraînante confondit les accusateurs, et enleva tous les suffrages en faveur de l'accusé. Ce brillant succès répandit l'alarme parmi les riches et les nobles, qui réunirent leurs efforts pour l'écarter du tribunat. On l'élut questeur, et le sort lui donna le département de la Sardaigne, où il accompagna le consul Oreste.

On raconte que ce qui le décida à sortir de sa retraite et à solliciter la questure, ce fut un songe dans lequel il vit apparaître son frère qui lui dit: « Tu veux en vain échapper à ton sort; obéis » avec courage aux ordres du ciel. Nous avons été » tous deux prédestinés à périr pour la liberté du » peuple. »

Caïus, arrivé dans sa province, donna l'exemple dn courage et de l'obéissance. Il surpassait tous ses compagnons en activité, en valeur, en tempérance, et il s'attira l'affection du peuple par sa justice.

Oreste ayant exigé que les Sardes pourvussent à l'habillement des troupes, les villes portèrent leurs plaintes au sénat, qui les exempta de cette charge. Le consul manquait de moyens pour y suppléer. Gracchus parcourut la Sardaigne, et gagna tellement le cœur des habitants, qu'ils fournirent volontairement et en abondance aux besoins de l'armée.

La renommée de ses vertus et de ses talents s'étendit au loin. Micipsa, roi de Numidie, écrivit à Rome qu'en faveur de l'amitié qu'il portait à Gracchus, il envoyait des blés en Sardaigne aux troupes romaines.

Ce message irrita les sénateurs; ils chassèrent avec mépris les ambassadeurs de Micipsa, et voulurent qu'Oreste conservât le commandement de Sardaigne, espérant par là prolonger l'éloignement de son questeur Caïus.

Celui-ci trompa leur attente, et revint promptement à Rome. Les censeurs l'accusèrent d'avoir enfreint les lois par son retour. Il demanda audience au sénat pour se justifier. L'ayant obtenue, il représenta qu'il avait fait douze ans la guerre, quoiqu'il ne fût obligé qu'à un service de dix années. La loi bornait la questure à un an; il avait exercé trois ans cette charge: ses prédécesseurs s'étaient enrichis dans leur administration; il y avait au contraire dépensé sa fortune. Ses moyens de justification étaient si évidents que ses ennemis mêmes se virent forcés de l'absoudre.

Sorti victorieux de cette lutte, Caïus sollicita le tribunat. Tous les patriciens se mirent sur les rangs pour l'écarter; mais la faveur du peuple se déclara pour lui, et il accourut un si grand nombre de plébéiens de toutes les parties de l'Italie, afin d'assister à son élection, que le Champ-de-Mars ne fut pas assez vaste pour contenir cette multitude, et que beaucoup de citoyens se tinrent sur les toits des maisons, et donnèrent de là leurs suffrages.

Les intrigues de ses adversaires l'empêchèrent d'obtenir les trois premières places de tribun; il ne fut nommé que le quatrième; mais son éloquence le rendit bientôt le premier de tous. Lorsqu'il harangua le peuple, il laissa éclater son profond ressentiment de la fin tragique de son frère. « Romains, leur disait-il, la république fit autrefois » la guerre aux Falisques, parce qu'ils avaient in- » sulté le tribun Génutius. Vos ancêtres condam- » nèrent à mort Caïus Véturius, parce qu'il n'avait » pas voulu céder le pas à l'un de vos magistrats ; » et vous avez souffert qu'en votre présence d'or-

» gueilleux patriciens massacrassent mon frère
» Tibérius! Sous vos yeux, ils ont traîné son ca-
» davre dans la ville; ils l'ont précipité dans le Ti-
» bre; ils ont égorgé tous ceux de ses partisans
» que leur fureur a pu saisir ; et tandis que les lois
» exigent qu'un simple citoyen, avant de subir la
» mort, soit cité en jugement et admis à se défen-
» dre, une foule de Romains s'est vue égorgée sans
» formes de justice! »

Lorsque Gracchus eut ainsi ranimé la haine publique, il fit décréter que tout magistrat déposé par le peuple serait inéligible à tout autre emploi, et que tout magistrat qui aurait fait périr un citoyen sans observer les formes légales, serait jugé par le peuple.

Cette décision le vengeait de tous ses ennemis. Popilius, craignant son arrêt, parce qu'il avait banni les partisans de Tibérius, s'exila volontairement en Asie. Ce décret et la rigueur avec laquelle les triumvirs, nommés par le peuple, exécutaient la loi du partage des terres, excitaient l'avidité des pauvres, le désespoir des riches, et devenaient une source continuelle de haines, de vengeances, de troubles et de factions. Le sénat sentait la nécessité de nommer un dictateur. Scipion l'Africain aspirait ouvertement à cette dignité; mais un matin ses esclaves, entrant chez lui, le trouvèrent mort dans son lit; et, comme il avait dit que le châtiment de Tibérius serait juste, s'il était l'auteur des troubles qui déchiraient la république, on accusa Caïus Gracchus, et même Cornélie, d'avoir terminé les jours de ce grand homme. Leurs vertus les mettaient au-dessus de cette calomnie dictée par la haine.

La faveur du peuple pour le tribun et pour sa famille croissait en proportion des efforts que leurs ennemis faisaient contre eux. Cet amour leur survécut, et dans la suite, le peuple romain fit ériger une statue en cuivre en l'honneur de Cornélie. Elle ne portait que cette inscription :

CORNÉLIE, MÈRE DES GRACQUES.

La mort de Scipion, l'enthousiasme du peuple pour Caïus, l'estime et l'affection que lui montraient toutes les nations alliées, découragèrent quelque temps les patriciens. Ils cédèrent momentanément au torrent qu'ils ne pouvaient arrêter, et Caïus jouit à Rome d'une autorité qui éclipsait celle de tous les autres magistrats.

Il en fit usage pour augmenter encore la puissance du peuple et pour diminuer celle du sénat. Toutes les lois qu'il proposa eurent ce double objet. L'une ordonnait qu'on repeuplât trois grandes cités en y envoyant de pauvres citoyens de Rome; l'autre faisait payer l'habillement des soldats par le trésor public, et défendait d'enrôler tout citoyen au-dessous de dix-sept ans. Il donna le droit de cité dans Rome aux peuples confédérés de l'Italie. Il fit distribuer à bas prix le blé aux pauvres. Trois cents sénateurs avaient seuls le droit de juger les procès, il leur adjoignit trois cents chevaliers; enfin il rendit entièrement démocratique le gouvernement qui, jusque-là, était resté, par un antique usage, dans les mains des patriciens; et comme le peuple lui confia le choix des juges qu'on devait nommer, il exerça, sous le titre de tribun, une puissance presque absolue.

Le sénat même, vaincu en quelque sorte par l'opinion publique, parut se laisser quelque temps diriger par ses conseils, et Gracchus ne lui en donna que de glorieux et d'utiles à la république. Il fit rendre aux Espagnols le prix des blés que l'avarice du préteur Fabius leur avait enlevés. Par ses avis et par ses soins, on rebâtit des villes détruites, on répara les grandes routes, on en construisit de nouvelles, on forma des greniers d'abondance. Il établit sur tous les chemins des bornes milliaires, détourna les torrents, aplanit les montagnes, facilita le passage des fleuves par des ponts solides et magnifiques; et, mêlant la dignité à la popularité, il s'attira également l'estime des ambassadeurs, des étrangers, des philosophes, et l'amour de la multitude.

Après tant de travaux, Caïus demanda publiquement au peuple une récompense. Chacun croyait qu'il aspirait à la première dignité de l'état; mais, le jour des élections étant arrivé, il déclara que son unique désir était de voir accorder le consulat à Caïus Fanius son ami. Il l'obtint; et Fanius, parvenu à son but, se rangea parmi ses ennemis.

Gracchus, élu pour la seconde fois tribun sans l'avoir sollicité, reconnut à la froideur du consul la nécessité de chercher d'autres appuis contre la haine de ses adversaires. Il demanda le droit entier de cité pour tous les peuples latins, et proposa une loi dont l'objet était de repeupler Tarente et Capoue.

Le sénat conçut alors un autre plan pour renverser le crédit de Gracchus. Loin de continuer à combattre ses propositions, il en fit faire lui-même de plus exagérées et de plus populaires par un des collègues de Gracchus, nommé Livius Drusus, qu'il avait attiré dans son parti.

Drusus demanda donc qu'au lieu de deux villes, dont avait parlé Gracchus, on en repeuplât douze, et il proposa de décharger les pauvres, nouveaux possesseurs des terres, de la redevance annuelle à laquelle la loi des Gracques les assujettissait. En même temps Drusus faisait entendre qu'il agissait ainsi d'après les ordres du sénat. Par ce moyen il diminua la haine du peuple contre les sénateurs, et porta une forte atteinte à la popularité de Caïus.

Un autre tribun du peuple, Rubrius, fit adopter une loi pour rebâtir Carthage. Le sort donna cette commission à Gracchus, qui se vit obligé de passer en Afrique.

Pendant son absence, Drusus attribua le meurtre de Scipion l'Africain à Fulvius, ennemi déclaré de ce héros, et qui, la veille de son trépas, avait parlé contre lui avec violence et menaces. Fulvius était ami de Gracchus; populaire comme lui, on les avait coujointement chargés de l'exécution de la loi Sempronia; et le sénat, en accusant Fulvius de l'assassinat de Scipion, attaquait indirectement Caïus, l'objet constant de sa haine.

Le peuple s'opposa au jugement de Fulvius, dans la crainte que Caïus ne se trouvât compromis par ce procès. Ainsi la mort de Scipion resta impunie.

Caïus, arrivé en Afrique, posa les fondements de la nouvelle Carthage, qu'il nomma Junonia. Les historiens du temps, superstitieux comme leur siècle, disent qu'il fut troublé dans ses travaux par des présages sinistres, qu'un ouragan emporta les victimes qu'il offrait aux dieux, et que, la nuit, les palissades plantées pour marquer les limites de la ville furent arrachées par des loups. Caïus exécuta cependant les ordres qu'on lui avait donnés; il établit dans Junonia sa nouvelle colonie, et se hâta de revenir à Rome pour soutenir Fulvius contre les attaques de Drusus.

A son retour, il annonça qu'il devait proposer, suivant sa coutume, de nouvelles lois favorables au peuple. Une foule de citoyens accourut des campagnes, avec le désir et l'espoir de l'entendre; mais le consul Fanius, de l'avis du sénat, ordonna à tous ceux qui n'étaient pas nés dans Rome d'en sortir.

Caïus, irrité, fit afficher une proclamation dans laquelle il blâmait l'injustice du consul, et promettait aux alliés de les secourir, s'ils voulaient résister à cet ordre tyrannique.

Peu de temps après, les édiles, devant donner au peuple le spectacle d'un combat de gladiateurs, firent construire des échafauds et des gradins, où l'on n'occupait de places qu'en les payant. Caïus abattit lui-même ces estrades pour que les pauvres pussent assister gratuitement à ces jeux.

Cette violence mécontenta tellement ses collègues, que leurs efforts réunis, joints aux intrigues des patriciens, l'empêchèrent d'obtenir le troisième tribunat qu'il sollicitait. Ses ennemis portèrent ensuite Opimius au consulat, et, peu contents d'avoir enlevé tout pouvoir à Gracchus, ils attaquèrent ses lois, certains qu'en irritant ce caractère impétueux, ils le porteraient à des actions qui entraîneraient sa perte. Leur espoir ne fut pas trompé. Aigri par tant d'affronts, aiguillonné par les conseils violents de Fulvius, enhardi même, disent quelques historiens, par l'imprudente fierté de sa mère qui lui envoya un grand nombre d'étrangers armés, déguisés en moissonneurs, il se rendit avec eux, en force, au Capitole, le jour où l'on devait prendre les suffrages du peuple pour l'abolition de ses lois.

Antilius, un des licteurs du consul, portant sur la place les entrailles des victimes immolées, dit à Fulvius et à ses amis : « Factieux, faites place aux » honnêtes gens. » Les partisans de Fulvius, irrités, poignardèrent sur-le-champ le licteur. Ce meurtre excita un grand tumulte, et, quoique Caïus eût blâmé fortement cette action criminelle, Opimius l'accusa de l'avoir ordonnée et demanda vengeance de cet assassinat.

Les amis de Gracchus prenaient sa défense. Des deux côtés les esprits s'échauffaient; une pluie abondante sépara les partis. Le lendemain au point du jour, le consul, ayant convoqué le sénat, fit apporter sur la place le corps d'Antilius, placé sur un lit, et entouré d'orateurs véhéments qui cherchaient à exciter le peuple à la vengeance. Les sénateurs, sortant de l'assemblée, mêlaient leurs lamentations à ces harangues; mais ces artifices et la vue de ce cadavre ne firent qu'irriter le peuple contre les patriciens, en lui rappelant les fureurs et le massacre de Tibérius.

Le consul, voyant qu'il fallait d'autres moyens pour satisfaire sa haine, exposa aux sénateurs la nécessité de prendre les grandes mesures qu'exigeait le danger public. Un décret chargea Opimius de pourvoir au salut de la patrie et d'exterminer les factieux.

Le consul revêtu de l'autorité absolue, commanda aux sénateurs de prendre leurs armes, et ordonna aux chevaliers de se réunir le lendemain, en amenant chacun deux hommes armés.

De son côté Fulvius rassembla le peuple et l'excita à se défendre contre la haine des patriciens et des riches, qui voulaient le ruiner et l'asservir. Caïus, traversant la place, s'arrêta devant la statue de son frère, et répandit des larmes qui émurent vivement la multitude. Les partisans de Fulvius gardèrent sa maison, et y prirent un grand nombre d'armes qu'il avait autrefois conquises sur les Gaulois.

Les amis de Caïus, tristes, abattus, paraissaient plutôt porter le deuil de sa mort que défendre sa vie.

Le lendemain matin Fulvius et ses partisans occupèrent en armes le mont Aventin. Gracchus sortit de sa maison en robe, et sans autres armes qu'un poignard caché. En vain sa femme Licinia, se précipitant avec son enfant au devant de lui, s'écria : « Gracchus ! que vas-tu faire ? tu ne sors point

» comme un magistrat pour proposer au peuple
» des lois utiles; tu ne cours pas chercher la gloire
» dans les périls d'une guerre honorable; tu t'ar-
» raches de mes bras pour t'exposer aux coups des
» assassins de ton frère! Tu cherches, sans armes,
» des ennemis implacables! Espères-tu que ton
» éloquence prouvera ta vertu? Tu crois parler à
» des juges et tu ne trouveras que des bourreaux!
» Veux-tu que je sois réduite à implorer les flots
» du Tibre ou ceux de la mer pour qu'ils me
» rendent ton corps qu'on y aura précipité? Ah!
» crois-moi, depuis la mort de Tibérius, il n'est
» plus possible de se confier à l'autorité des lois et
» à la protection des dieux. »

Caïus, sans lui répondre, la repoussa doucement et s'éloigna, la laissant étendue sur la terre, sans couleur et sans mouvement.

Arrivé au Capitole, il engagea tous ses amis et tous ceux de Fulvius à envoyer au sénat un jeune enfant, portant un caducée, pour proposer des voies de conciliation.

Une partie des assistants, émue par l'innocence du messager et par ses larmes, pensait qu'on devait l'entendre. Mais Opimius répondit qu'il ne s'agissait point de négociations, que les rebelles devaient se soumettre et venir eux-mêmes implorer la clémence du sénat.

Caïus voulait obéir à cet ordre sévère : Fulvius

et ses amis l'en empêchèrent et le retinrent. Opimius, qui ne désirait que le combat, et qui ne redoutait que la paix, marcha bientôt suivi d'une nombreuse troupe armée et d'archers crétois qui, après une courte résistance, mirent le peuple en fuite. Fulvius se sauva dans une étuve où il fut tué avec son fils. Gracchus n'avait pas voulu combattre ; désespéré de ces troubles sanglants, abandonné par la multitude, il se réfugia dans le temple de Diane : là, tirant son poignard pour se frapper, deux de ses amis, Pomponius et Licinius, le désarmèrent et le supplièrent de fuir.

Avant de se rendre à leurs prières, il conjura la déesse de ne jamais tirer de servitude un peuple qui se montrait par sa faiblesse et par son ingratitude si peu digne de la liberté.

Ayant enfin pris la fuite, il fut vivement poursuivi. Deux de ses amis se laissèrent tuer sur un pont pour lui donner le temps de s'éloigner. La foule qu'il traversait répandait des larmes sur son sort, mais ne le défendait pas. Il demandait à grands cris un cheval, et nul citoyen n'osait lui en donner. Au moment d'être atteint, il se jeta dans un bois consacré aux Furies, où Philocrate, l'un de ses esclaves, le poignarda et se tua ensuite sur son corps.

L'implacable Opimius avait promis d'accorder à son assassin une quantité d'or égale en poids à celui de sa tête. Septimuléius gagna et doubla cet horrible prix en remplissant de plomb la tête de Gracchus, qu'il vint apporter aux pieds du consul.

Trois mille partisans des Gracques, massacrés, furent jetés dans le Tibre. On défendit à leurs femmes de porter leur deuil. Licinia perdit son douaire. Le jeune fils de Fulvius, qui n'avait paru dans ce tumulte que pour faire entendre au sénat des paroles de paix, subit la mort. Opimius mit le comble à l'humiliation du peuple en faisant bâtir, après cette affreuse journée, un temple à la Concorde ; mais une nuit on plaça sur les murs de l'édifice cette inscription :

> La mort, le crime et la discorde,
> Élèvent dans ces lieux un temple à la concorde.

Opimius jouit peu de temps de ce honteux et sanglant triomphe. Envoyé comme ambassadeur en Afrique, il se laissa corrompre par le roi de Numidie, fut cité en jugement, convaincu et condamné. Il termina ses jours dans l'opprobre, chargé de la haine et du mépris publics. Il vit, avant de mourir, les statues élevées par le peuple en l'honneur des Gracques, et les lieux où ils avaient péri remplis de citoyens qui leur portaient des offrandes de fleurs et de fruits.

Cornélie, digne de ses fils par son courage, jouit de leur gloire, et supporta ses malheurs avec une stoïque fermeté. Dans sa retraite, près du mont de Misène, elle recevait les hommages et les dons des rois étrangers et des personnages les plus illustres de l'Italie et de la Grèce. On accourait près d'elle avec une curiosité respectueuse; on lui faisait raconter les exploits des deux Scipion, réciter les actions et répéter les discours des Gracques; et le voyageur, rempli de vénération pour son noble caractère, croyait revoir en elle l'antique Rome, ornée de toutes ses vertus.

Le sénat, profitant d'un triomphe obtenu par la violence, révoqua les lois populaires que les Gracques avaient fait adopter. De nouveaux décrets autorisèrent les usurpateurs du domaine public et les possesseurs des terres conquises à les conserver et à en disposer à volonté. L'ordre était rétabli dans Rome, mais non pas l'union. Le parti des praticiens comprimait celui des plébéiens. Ceux-ci attendirent une circonstance plus favorable pour se venger. Quelques révoltes partielles dans le Latium et en Sardaigne furent réprimées par le consul Aurélius et par le préteur Opimius. Une peste horrible ravagea la province d'Afrique: ce fléau eut pour cause une nuée immense de sauterelles, qui couvrit les champs et corrompit les grains et les fruits.

Les Gaulois, dont le nom seul avait si long-temps porté l'effroi dans Rome, attaqués à leur tour dans leur propre pays, commencèrent à voir leur indépendance menacée par les armes romaines. Teutomachus, roi des Saliens, qui habitait près des Alpes, avait insulté le territoire de Marseille. Le consul Fulvius et son successeur Sextus Calvinius secoururent cette république alliée, et chassèrent de ses États Teutomachus, qui se retira chez les Allobroges, habitant alors la Savoie et le Dauphiné. Ceux-ci se liguèrent avec les peuples de l'Auvergne et du Rouergue, et portèrent leurs armes contre les Éduens, qui avaient formé une alliance avec Rome. La ville des Éduens s'appelle aujourd'hui Autun.

Le consul Domitius Énobarbus marcha contre les Allobroges, les défit et leur tua vingt-trois mille hommes. Après lui Fabius Maximus, fils de Paul Émile, remporta sur eux et sur leurs alliés une autre victoire plus complète encore et plus sanglante. Les relations romaines, probablement exagérées, portaient à deux cent mille hommes la perte des Gaulois dans cette journée. Un de leurs rois fut pris et décora le triomphe de Fabius, qui obtint le surnom d'Allobrogite.

CHAPITRE II.

Cause de la force militaire de Rome. — Guerre avec les Gaulois nommés *Scordisques*. — Guerre de Numidie. — Portrait de Jugurtha. — Conduite de Micipsa envers Jugurtha. — Premiers succès de Jugurtha. — Mort de Micipsa. — Partage de ses états entre Jugurtha, Hiempsal et Adherbal. — Mort d'Hiempsal. — Défaite et fuite d'Adherbal vaincu par Jugurtha. — Nouvelle guerre entre Jugurtha et Adherbal. — Siége de Cirtha par Jugurtha. — Capitulation de cette ville. — Mort d'Adherbal. — Politique de Jugurtha. — Traité entre Calpurnius et Jugurtha. — Arrivée de Jugurtha à Rome. — Mort de Massiva, petit-fils de Massinissa. — Déclaration de guerre à Jugurtha. — Tactique de Jugurtha. — Commandement du consul Métellus en Afrique. — Bataille entre Jugurtha et Métellus. — Défaite de l'armée de Jugurtha. — Retraite de Marius. — Siége de Zama. — Trahison de Bomilcar. — Portrait de Marius. — Sa prétention au consulat. — Jalousie de Métellus. — Mort de Bomilcar. — Victoire de Métellus sur Jugurtha. — Consulat de Marius. — Sa harangue au peuple. — Son départ pour l'Afrique. — Retour de Métellus à Rome. — Exploits de Marius. — Portrait de Sylla. — Batailles entre Marius et Jugurtha. — Défaite de Jugurtha. — Proposition de paix par Bocchus. — Son entrevue avec Sylla. — Sa perfidie envers Jugurtha. — Conférence entre Sylla, Bocchus et Jugurtha. — Jugurtha est fait prisonnier. — Invasion des Cimbres. — Nouveau consulat et triomphe de Marius. — Mort de Jugurtha.

On est moins étonné de la fortune rapide et toujours croissante de Rome, lorsqu'on observe que la masse imposante de ses armées attaquait des nations divisées, que seule elle avait des troupes régulières et soldées, auxquelles les Barbares n'opposaient qu'une foule intrépide, mais en désordre, mal armée, et ne connaissant ni l'art des évolutions ni les moyens d'assurer ses subsistances. Ils ne savaient ni choisir leurs positions ni fortifier leurs camps. Le soldat romain, accoutumé dès son enfance à la fatigue, aux travaux, à tous les exercices du corps, couvert d'un large bouclier, armé d'un glaive court, pointu et tranchant, portait sans peine un poids de soixante livres, faisait journellement quinze milles avec ce fardeau, et fortifiait son camp dès qu'il y était arrivé. L'ordonnance des cohortes, la vélocité des troupes légères, les rangs serrés des légions leur donnaient un avantage immense sur leurs ennemis, qui s'efforçaient en vain de les ébranler et de les enfoncer. Leur fougue échouait contre ces phalanges invincibles; et lorsque, découragés par l'inutilité de leurs attaques, ils prenaient la fuite en désordre, la cavalerie romaine en faisait un affreux carnage, et s'emparait de leur camp, qui renfermait leurs femmes, leurs enfants et leurs richesses. Aussi la ruine d'une nation était souvent la suite d'une seule victoire; et, dès l'année 636, les conquêtes des Romains au-delà des Alpes se trouvaient assez étendues pour en faire une province qu'on nomma la Gaule narbonnaise.

La même année une colonie gauloise, établie en

Thrace, surprit et battit une armée romaine commandée par le consul Caton; mais ces Barbares, qu'on nommait Scordisques, ne surent pas profiter de leur succès. Les Romains reprirent bientôt l'avantage. Cependant la difficulté du pays fit durer cette guerre près de six ans. Métellus s'y distingua; Mucinius la termina, et la défaite complète de ces peuples lui valut le triomphe.

Depuis cette victoire, pendant cinq ans, aucun événement considérable n'eut lieu dans la vaste étendue de la domination romaine. Ce repos fut enfin troublé par la guerre de Numidie que la corruption des Romains, les artifices, les crimes, les talents et la vaillance de Jugurtha rendirent fameuse.

Après la mort de Massinissa, Micipsa, son fils, hérita de son royaume. Ce prince eut deux enfants, Adherbal et Hiempsal; il les fit élever dans son palais avec Jugurtha, fils de son frère Manastabal et d'une concubine. Jugurtha, à peine sorti de l'enfance, se fit remarquer par une force prodigieuse, par une rare beauté, par un caractère audacieux et par un esprit vif, souple et pénétrant. Loin de se laisser corrompre, comme la plupart des princes, par la mollesse et par la volupté, fidèle aux anciens usages de sa nation, il s'exerçait à dompter des chevaux fougueux, à lancer le javelot, à disputer le prix de la course aux compagnons de sa jeunesse.

Les Numides charmés croyaient voir revivre en lui Massinissa. Adroit et libéral, il savait se faire aimer même par ceux qu'il forçait de reconnaître sa supériorité. Passionné pour la chasse, il attaquait intrépidement les tigres et les lions. Toute la Numidie racontait ses exploits, dont seul il ne parlait jamais.

Micipsa admirait ses grandes qualités; mais bientôt elles lui inspirèrent une juste inquiétude. Il craignait qu'avec tant de mérite ce prince, s'il devenait ambitieux, n'enlevât le trône à ses fils; d'un autre côté, il ne pouvait tenter de le perdre sans porter à la révolte les Numides, qui ne dissimulaient point leur passion pour lui.

Ce roi, connaissant l'ardeur de Jugurtha pour la gloire, résolut de l'exposer aux périls de la guerre, espérant que la fortune délivrerait ses enfants d'un rival si dangereux.

Dans ce temps, les Romains attaquaient Numance. Micipsa leur envoya un corps de Numides, dont il donna le commandement à Jugurtha. Ce jeune prince, vigilant, actif, intrépide, ardent au combat, sage dans le conseil, s'attira bientôt l'estime de Scipion, qui lui accorda sa confiance et le chargea des expéditions les plus difficiles. De nombreux et de brillants succès accrurent sa renommée et l'affection des Numides pour lui.

Jugurtha était insinuant et libéral. Il forma d'intimes liaisons avec plusieurs officiers romains, avides de richesses et de pouvoir. Ceux-ci enflammèrent l'ambition du jeune Africain, lui inspirèrent le désir de s'emparer du trône de Numidie après la mort de Micipsa, et l'assurèrent qu'il ne manquerait pas d'appuis à Rome, où l'on obtenait tout à prix d'argent.

La guerre de Numance terminée, Scipion, avant de quitter l'Espagne, combla Jugurtha d'éloges et de présents; mais il l'avertit en secret qu'il ferait mieux, par une conduite loyale, de mériter l'estime et la bienveillance du peuple romain que de cultiver l'amitié dangereuse de quelques factieux. Il lui conseilla de ne fonder sa gloire que sur ses talents et sur ses vertus, et lui prédit que, s'il suivait la route de l'intrigue et de la corruption, elle le mènerait infailliblement à sa perte.

Le consul le chargea ensuite d'une lettre pour Micipsa, dans laquelle il félicitait ce monarque d'avoir un neveu si digne de lui et de Massinissa.

Les éloges de Scipion, la gloire de Jugurtha, l'amour qu'il inspirait au peuple, décidèrent le roi de Numidie à changer de système. Il entreprit de gagner par ses bienfaits celui qu'il ne pouvait tenter de perdre sans péril, et résolut de lui céder un tiers de son héritage pour conserver le reste à ses enfants.

Sentant sa fin s'approcher, il appela près de lui

les trois jeunes princes; et, s'adressant à Jugurtha :
« Je vous ai toujours chéri, lui dit-il, comme si
» j'étais votre père : vous n'avez point trompé mon
» attente; vos exploits ont répandu un grand éclat
» sur mon règne et sur votre patrie. Votre gloire
» a triomphé de l'envie : je vous conjure d'aimer
» ces deux princes, vos parents par la naissance,
» vos frères par mes bienfaits. Ce ne sont point
» mes trésors, ce sera votre amitié qui fera leur
» force. Le trône que je vous laisse à tous trois,
» inébranlable si vous restez unis, sera renversé
» facilement si vous vous divisez. Jugurtha, vous
» êtes le plus âgé; c'est votre expérience qui doit
» prévenir les malheurs que je crains. Pour vous,
» Adherbal et Hiempsal, respectez, imitez ce héros,
» afin qu'on ne puisse pas dire que j'ai été plus heu-
» reux par l'adoption que par la nature. »

Bientôt le roi termina sa vie. Après ses funérailles, les trois jeunes princes se réunirent pour délibérer sur leurs affaires communes. Hiempsal, fier de sa naissance, prit arrogamment la première place, que Jugurtha le contraignit ensuite de lui céder. Celui-ci, ayant proposé de casser les ordonnances rendues par le roi dans les cinq dernières années de sa vieillesse, parce qu'elles se ressentaient de la décadence de son esprit, Hiempsal répondit vivement qu'il approuvait d'autant plus cette proposition, que l'adoption de Jugurtha ne datait que de trois ans. Ce mot amer alluma une haine qui ne s'éteignit que dans le sang.

Les trois rois se partagèrent les trésors de leur père, et fixèrent les limites de leurs états. Hiempsal s'étant ensuite retiré dans la ville de Thernida, quelques émissaires de Jugurtha, au moyen de fausses clefs, introduisirent dans la maison du jeune roi des soldats qui lui coupèrent la tête. Le bruit de ce crime, se répandant avec rapidité, frappa de terreur Adherbal et ses partisans. Tous les peuples de la Numidie, divisés par ce forfait, coururent aux armes; le plus grand nombre se déclara pour Adhérbal, les plus belliqueux pour Jugurtha. Celui-ci, rassemblant promptement ses troupes, marcha contre son ennemi, l'attaqua, le défit, le chassa de ses états, et s'empara de toute la Numidie. Adherbal, vaincu, courut chercher un asile à Rome.

L'assassinat d'un roi allié avait excité dans cette ville une vive indignation; Jugurtha y envoya des ambassadeurs chargés d'or, dans le dessein de s'assurer l'appui de ses anciens amis, et d'en acquérir de nouveaux. L'arrivée de ces députés et la distribution de leurs présents opérèrent dans Rome un changement soudain, et la plupart des patriciens passèrent sans pudeur, en un moment, de la haine la plus violente contre Jugurtha à la bienveillance la plus active.

Adherbal rappela vainement au sénat ses droits au trône et les services que son père et son aïeul avaient rendus à la république. Il représenta inutilement que, lors même qu'il n'aurait point d'autre titre que son malheur, il serait de la dignité du peuple romain de le secourir, et qu'à plus forte raison le sénat ne devait pas souffrir qu'un fratricide le chassât des états que sa famille devait à la générosité de Rome.

Les ambassadeurs de Jugurtha répondirent que c'étaient les Numides qui avaient tué Hiempsal, parce qu'ils ne pouvaient supporter son caractère violent et sa tyrannie sanguinaire; qu'Adherbal, ayant ensuite attaqué Jugurtha, ne pouvait se plaindre justement des revers et des malheurs que lui avait attirés cette agression; qu'enfin le roi suppliait le sénat de croire plutôt ses actions que les injures de ses ennemis, et de ne pas supposer qu'il eût tout à coup perdu les qualités qui lui avaient mérité, dans la guerre de Numance, l'estime de Scipion et celle de l'armée romaine.

Les sénateurs, gagnés par l'or de Jugurtha, plaidèrent avec chaleur sa cause en rappelant ses services. Quelques-uns, plus attachés à l'honneur qu'aux richesses, opinèrent pour qu'on punît le crime et qu'on secourût le malheur. Cette opinion fut même appuyée par Scaurus, homme intrigant et avide, mais qui évitait le scandale et savait cacher sa corruption sous les apparences d'une vertu rigide.

Le parti le plus injuste prévalut. On décida que dix commissaires seraient envoyés en Afrique pour partager la Numidie entre Adherbal et Jugurtha. Opimius, meurtrier de Gracchus, était le chef de cette commission. Le roi de Numidie acheta facilement de lui le sacrifice de ses devoirs; il gagna par les mêmes moyens les autres commissaires qui lui donnèrent en partage les contrées les plus fertiles du royaume.

L'Afrique, d'abord occupée par les Gétules et les Lybiens, peuples sauvages, devint, dit-on, la conquête d'Hercule. Son armée était composée de différents peuples venus de l'Orient. Après sa mort, les Mèdes, les Perses et les Arméniens se partagèrent le pays. Les Perses, se mêlant aux Gétules, s'établirent près de la mer, et prirent le nom de Numides. Les Mèdes et les Arméniens se joignirent aux Libyens, et portèrent celui de Maures. Enfin les Phéniciens arrivèrent sur la côte, et fondèrent les villes d'Hippone, d'Adrumette, de Leptis et de Carthage. Quand la guerre de Numidie commença, les villes puniques étaient gouvernées par des magistrats romains. Les Numides, jusqu'au fleuve Malucha, obéissaient à Jugurtha; le roi Bocchus possédait la Mauritanie, où l'on connaissait à peine le nom de Rome.

Dès que les commissaires furent partis, Jugurtha recommença ses attaques contre Adherbal, qui rassembla ses troupes et écrivit au sénat pour se plaindre de cette nouvelle agression.

Les deux armées se trouvèrent en présence près de la ville de Cirtha. Au milieu de la nuit, les soldats de Jugurtha surprirent le camp ennemi, et massacrèrent les troupes d'Adherbal, qui passèrent en un instant du sommeil à la mort.

Adherbal eut à peine le temps de se sauver avec quelques cavaliers dans la ville, dont son implacable ennemi forma le siége.

Rome envoya des députés aux deux princes pour leur ordonner de mettre bas les armes. Jugurtha leur répondit qu'il avait assez prouvé son respect pour les Romains, et le désir de s'attirer la bienveillance des plus grands hommes de la république; mais que plus il avait montré de vertus et de courage, moins il lui était possible de supporter l'insulte; qu'informé des complots tramés par Adherbal contre lui, il ne faisait qu'en prévenir l'exécution; qu'au reste il rendrait compte de sa conduite au sénat. Ayant ainsi congédié les ambassadeurs, il pressa le siége.

Les consuls reçurent une lettre touchante d'Adherbal, qui livrait son royaume à la république, et ne lui demandait, au nom de Massinissa, son aïeul, que de garantir sa vie des fureurs de Jugurtha.

Quelques sénateurs, indignés de voir ainsi mépriser l'arbitrage de Rome, proposaient de faire passer sur-le-champ une armée en Afrique; mais les partisans du roi numide firent rejeter cet avis. On se contenta d'envoyer à Utique Scaurus, prince du sénat, et plusieurs autres consulaires. Dès qu'ils y furent arrivés, ils ordonnèrent à Jugurtha de se rendre près d'eux. Jugurtha flottait entre la crainte que lui inspiraient de si grands personnages et la passion de dominer: l'ambition l'emporta; il donna un assaut terrible, espérant terminer toute contestation par la prise de la ville et par la ruine d'Adherbal; mais ses troupes furent repoussées, et il alla trouver les ambassadeurs romains, dont les prières et les menaces ne purent rien gagner sur son esprit.

Le siége continuait cependant toujours. Quelques troupes italiennes, qui faisaient la principale défense de la ville, fatiguées de la longueur d'un blocus qui les privait de vivres, persuadèrent à Adherbal que, protégé par Rome, il pouvait capituler sans crainte, et que ses droits seraient mieux soutenus par la négociation que par ses armes. Le faible prince suivit ce funeste conseil; il se rendit à Jugurtha, qui le fit périr dans des tourmens affreux; et, par ses ordres, on massacra les Numides et les Italiens qui avaient défendu la ville.

Lorsque la nouvelle de cette sanglante exécution

parvint à Rome, les partisans de Jugurtha tentèrent et espérèrent de faire traîner les délibérations en longueur; mais Caïus Memmius, tribun du peuple, ardent ennemi de la noblesse, dévoilant hautement les intrigues des patriciens corrompus par Jugurtha, fit craindre au sénat que le peuple irrité ne s'attirât la connaissance de cette affaire. On se décida donc à déclarer la guerre au roi numide, et, les départements étant tirés au sort, l'Italie échut à Scipion Nasica, et l'Afrique à Lucius Calpurnius Bestia.

Jugurtha envoya encore à Rome des ambassadeurs dans le dessein d'acheter son absolution par de nouveaux présents; mais le sénat ayant arrêté qu'on n'écouterait le roi que s'il remettait sa personne et son royaume à la discrétion du peuple romain, ses envoyés retournèrent en Afrique.

Calpurnius, général brave et expérimenté, ternissait ses belles qualités par une sordide avarice. Fort contre les périls, il devenait faible à la vue de l'or. En levant son armée, il prit pour lieutenants des patriciens illustres par leur naissance et par leurs exploits, mais factieux et cupides, espérant que leur crédit couvrirait ses malversations : de ce nombre était Scaurus.

Le consul, arrivant en Afrique, entra rapidement en Numidie, fit un grand nombre de prisonniers, et s'empara de plusieurs villes. Jugurtha, par ses émissaires, lui montra les difficultés de cette guerre et la facilité de s'enrichir. Le consul et Scaurus se laissèrent si promptement corrompre que Jugurtha, qui n'avait espéré que le ralentissement de leurs opérations, crut qu'il pouvait acheter la paix; il vint avec confiance dans le camp du consul, se justifia pour la forme en présence du conseil, et convint en secret avec Calpurnius des articles d'un traité qui, moyennant un tribut, le laissait en possession de son royaume.

Après la signature de cet acte, il livra aux questeurs trente éléphants, un grand nombre de chevaux et une somme d'argent peu considérable. Calpurnius retourna ensuite en Italie pour les élections.

La nouvelle de cette pacification devint à Rome le sujet des discussions les plus vives. La prévarication du consul était évidente; mais le crédit dont jouissait Scaurus empêchait le sénat de se déclarer ouvertement contre Calpurnius.

Le tribun Memmius, révolté de cette infamie, la dénonça au peuple. « J'ai honte, dit-il, de vous
» rappeler à quel point vous êtes devenus, depuis
» quinze ans, le jouet de l'orgueil et de l'avidité de
» quelques ambitieux. Vous leur avez laissé massa-
» crer vos défenseurs; jugez combien cette lâcheté
» vous avilit, puisque après avoir repris l'avantage
» sur vos ennemis vous n'osez vous relever. Crain-

» drez-vous toujours des hommes dont vous devriez
» être la terreur ? Les Gracques et Fulvius ont péri
» assassinés par vos tyrans; dès qu'on défend vos
» droits, on est regardé comme coupable d'aspirer
» à la royauté; et par qui ? par des tyrans ambi-
» tieux, par des hommes lâches et cupides, qui pil-
» lent le trésor public, s'emparent des tributs des
» rois, et accumulent toutes les dignités et toutes
» les richesses. J'ose lutter aujourd'hui contre leur
» puissance; mon succès dépend de vous. Cessez de
» supporter leur joug! L'impunité les enhardit;
» loin de rougir de leurs crimes, ils en font gloire ;
» leur union accroît leur force, et votre faiblesse
» fait leur sûreté.

» Le désir de ne pas troubler votre repos me fe-
» rait supporter votre indulgence pour ces hom-
» mes impies, meurtriers et dilapidateurs, si elle ne
» devait pas vous conduire infailliblement à votre
» perte; mais il est impossible de vivre en paix avec
» eux ; ils sont les ennemis de vos alliés et les alliés
» de vos ennemis; vous voulez être libres, ils veu-
» lent dominer, et vous n'aurez bientôt de choix
» qu'entre la guerre civile et l'esclavage.

» Il est temps de mettre un frein à leur crimi-
» nelle ambition; je vous conjure, Romains, de ne
» pas laisser impuni l'énorme attentat qu'ils vien-
» nent de commettre. Il ne s'agit plus ici de pillage
» ni de concussions ; ce sont des crimes devenus si

» vulgaires qu'on n'y attache plus aucune impor-
» tance; mais, en présence de l'armée, on a mis
» tout à l'heure à l'encan l'intérêt public et la
» majesté de Rome. Si vous ne châtiez les coupa-
» bles, consentez donc à être leurs sujets; car faire
» impunément tout ce qu'on veut, c'est être roi. »
Ce discours de Memmius enflamma le peuple
d'un tel courroux, qu'à la grande surprise des patriciens, il rendit un plébiscite pour ordonner au préteur Cassius d'envoyer Jugurtha à Rome, avec un sauf-conduit, afin que, d'après ses dépositions, on pût vérifier l'accusation et punir les coupables.

Jugurtha ne résista point aux conseils de Cassius. La probité de ce préteur était en si haute estime que le roi se confia avec plus d'assurance à sa garantie personnelle qu'au sauf-conduit de la république. Il arriva à Rome, non avec la pompe d'un monarque puissant, mais dans l'appareil lugubre d'un accusé qui cherche à exciter la pitié.

Ses premières démarches eurent pour objet de s'assurer par ses prodigalités quelques appuis dans le peuple. Cependant la multitude irritée voulait qu'on le mît aux fers, et que, s'il ne déclarait ses complices, on le fît mourir comme ennemi public. Memmius, opposé à tout excès et fidèle aux principes de la justice, déclara qu'il ne souffrirait pas que l'on violât la foi publique.

Sa fermeté apaisa le tumulte. Faisant ensuite

paraître Jugurtha, il lui rappela ses crimes, et l'avertit que le peuple connaissait ses complices, et voulait que son aveu complétât leur conviction. Il le prévint que, s'il confessait la vérité, il devait tout espérer de la clémence romaine; tandis que, s'il manquait de bonne foi, il se perdrait lui-même sans sauver les coupables.

Le tribun ordonna ensuite au roi de répondre; mais un autre tribun, nommé Bébius, et gagné par l'or de Jugurtha, défendit à ce prince de prendre la parole. Cette opposition excita une violente fermentation dans la multitude. Bébius résista avec opiniâtreté à ses clameurs et à ses menaces, et l'assemblée se sépara furieuse d'être si indignement jouée. Ce succès ranima le courage des accusés.

Il existait alors à Rome un Numide nommé Massiva, petit-fils de Massinissa. Il s'était sauvé de Cirtha après le meurtre d'Adherbal. Le nouveau consul, Spurius Albinus, conseilla secrètement à ce prince de demander au sénat le royaume de Numidie. Massiva suivit son avis. Jugurtha, informé de ses premières démarches, le fit assassiner par des hommes qu'avait apostés Bomilcar, un de ses favoris. Bomilcar fut arrêté; et l'on commença des informations contre lui. Jugurtha donna cinquante otages pour le mettre en liberté, et le renvoya secrètement en Afrique. Le roi tenta ensuite vainement de réchauffer ses partisans par de nouveaux dons; tous ses trésors ne purent l'emporter sur l'horreur qu'inspiraient tant de crimes. La guerre lui fut de nouveau déclarée, et le sénat lui ordonna de sortir de l'Italie. On raconte qu'en partant il tourna ses regards sur Rome, et s'écria : « O ville » corrompue et vénale! pour te vendre et pour pé- » rir, tu n'attends qu'un acheteur. »

Le consul Albinus se rendit promptement en Afrique. Il voulait terminer la guerre avant les comices, ou par la victoire ou par un traité; mais il était également difficile de vaincre ou de tromper Jugurtha.

Ce prince, voyant sa ruine résolue par le sénat, opposa aux forces de Rome celles de son génie. Vaillant, rusé, infatigable, il profita, pour grossir ses troupes et pour gagner du temps, de toutes les ressources que lui offraient la connaissance du pays et l'orgueil confiant du général romain. Tantôt menaçant, tantôt suppliant, il se montrait un jour prêt à combattre, le lendemain disposé à se soumettre : vif dans ses attaques, prompt dans ses retraites, il déjoua tellement le consul par ses manœuvres et par ses artifices, que ce général perdit toute l'année sans faire de progrès, et revint pour les comices à Rome : aussi le peuple l'accusa d'incapacité ou de trahison.

Son frère Aulus, chargé du commandement de l'armée, voulut s'emparer d'une ville dans laquelle étaient renfermés les trésors de Jugurtha. Ce général, avide et présomptueux, espérait effrayer le roi de Numidie par l'audace de cette entreprise, et le forcer à lui vendre la paix. Jugurtha, connaissant son impéritie, se montre effrayé pour augmenter sa confiance : il lui envoie des députés qui trompent son ambition et son avarice. Feignant de fuir, il engage Aulus, par l'appât d'un traité secret et lucratif, à le suivre dans des lieux écartés où ses intrigues pourraient être plus cachées. Ses agents subornent les officiers, qui lui promettent d'abandonner leurs postes au premier signal.

Tout étant ainsi disposé, il investit la nuit le camp romain et s'en empare. Les légions prennent la fuite, jettent leurs armes, et se trouvent enveloppées de tous côtés par les Numides embusqués. Le lendemain Jugurtha déclara au consul que, bien qu'il le tînt enfermé et qu'il pût le faire périr avec son armée, il consentait à lui accorder la paix, à condition que les légions passeraient sous le joug et qu'elles évacueraient dans dix jours la Numidie. La peur contraignit Aulus à signer cette paix ignominieuse.

Il est plus facile de concevoir que d'exprimer la surprise et l'indignation que la nouvelle de cet échec répandit dans Rome. Le sénat refusa de ratifier le traité, et déclara que le consul n'avait pu le conclure sans son ordre : décision d'autant plus injuste qu'en rompant la paix on ne replaçait pas l'armée dans la position périlleuse où elle s'était trouvée au moment de la capitulation.

Le peuple, irrité plus que jamais contre les patriciens, nomma une commission chargée de faire des informations contre tous ceux qui s'étaient laissé corrompre par Jugurtha. Scaurus eut l'audace et l'habileté de se faire élire commissaire; juge de ses complices, il les condamna et les exila sans pudeur.

La faction populaire, après ce succès obtenu contre les riches et les grands, se montra aussi insolente que la noblesse avait paru orgueilleuse. Telle est partout la multitude; soumise dans les jours de prospérité, elle admire les fautes mêmes du gouvernement, lorsqu'elles sont couronnées de succès, tandis que les revers les moins mérités la disposent toujours à la sédition.

On élut consuls Métellus et Silanus. Le premier obtint le département de l'Afrique. C'était un homme d'une probité sans tache; général habile, également estimé par les deux ordres de l'état. Comme il comptait peu sur des légions humiliées et vaincues, il en leva d'autres, et rassembla beaucoup de vivres, d'armes et de chevaux. Il trouva en Afrique une armée indisciplinée, hardie en paroles, faible dans l'action, molle pour les travaux, ardente au pillage et plus redoutée par les alliés que par les ennemis.

Métellus, par sa sévérité, rétablit l'ordre, assujettit les soldats à des exercices continuels, et remit la discipline en vigueur. Jugurtha, redoutant un semblable adversaire, lui envoya des ambassadeurs, et lui proposa de soumettre lui et son royaume aux Romains, pourvu qu'on lui accordât une existence sûre et honorable.

Métellus fit publiquement à ces propositions peu sincères une réponse évasive. Combattant ce prince perfide et corrupteur avec ses propres armes, il gagna secrètement ses ambassadeurs, qui lui promirent de livrer le roi, et il entra ensuite promptement en Numidie.

La soumission apparente de l'Africain n'endormit pas sa vigilance : il savait que ce prince était aussi redoutable de loin que de près. Quoiqu'il ne rencontrât d'abord aucun obstacle, il éclairait sa marche, couvrait ses flancs, et se tenait lui-même toujours aux avant-postes de son armée.

Jugurtha, certain qu'il ne pouvait tromper Métellus, résolut de tenter le sort des armes. Réunissant toutes ses troupes, il en plaça une partie sur une colline, dans une position forte, et cacha le reste dans de hautes bruyères près d'un fleuve.

Entre la rivière et la montagne se trouvait une plaine déserte que Métellus devait traverser. Dès qu'il s'y fut avancé, les Numides l'attaquèrent de toutes parts. Dans cette terrible mêlée toute manœuvre était impossible; on combattait corps à corps, et la victoire semblait devoir dépendre plus du courage que de l'habileté.

L'action dura toute la journée; enfin la chaleur et la fatigue ayant ralenti l'ardeur des Numides, Métellus parvint à rétablir les rangs, à former des cohortes, et, malgré la résistance de l'ennemi, il s'empara de la colline. Le roi n'avait pour lui que son génie et la force de sa position; ses soldats étaient inférieurs en vaillance aux Romains; dès que ceux-ci furent maîtres de la montagne, les Barbares prirent la fuite.

Rutilius, qui commandait l'arrière-garde romaine défit aussi l'aile gauche des Africains. Métellus vainqueur continua sa marche, prit plusieurs forteresses, ravagea les campagnes, et se fit livrer beaucoup d'otages et une grande quantité de munitions.

Jugurtha, battu, mais non découragé, changea de système. Il ne livra plus de bataille; à la tête d'une nombreuse cavalerie, il harcelait sans cesse les Romains, s'emparait de leurs convois, et tuait tous ceux qui s'éloignaient des colonnes.

Dans la ville de Zicca il surprit Marius, lieutenant du consul; ce guerrier, depuis si célèbre, né pour la gloire et pour le malheur de Rome, se tira de ce péril par une intrépidité héroïque, et fit sa retraite sans être entamé.

Métellus forma le siége de Zama ; il croyait Jugurtha fort loin de lui, mais, au moment où il donnait l'assaut, ce prince infatigable fond sur le camp romain et s'en empare. Toute la garde était déjà massacrée; quarante hommes seuls défendaient à l'extrémité du camp un poste élevé, lorsque Marius accourt avec quelques troupes, trouve les Numides occupés au pillage, les chasse du camp, et en fait un grand carnage.

Le lendemain, Métellus renouvelle l'assaut, et Jugurtha recommence son attaque à la tête de toute son armée. La bataille dura deux jours; Métellus repoussa les Africains; mais, affaibli par tant de combats, il leva le siége de Zama, laissa des garnisons dans les villes conquises, et prit des quartiers d'hiver sur la frontière de la Numidie. Cherchant ensuite à s'assurer par la ruse un succès plus prompt et plus sûr que par les armes, il corrompit Bomilçar et l'engagea par de grandes promesses à trahir son roi.

Le perfide favori rejoignit son maître, qu'il trouva dévoré d'inquiétudes. Il lui représenta que, ses campagnes étant dévastées et son trésor épuisé, le découragement porterait bientôt les Numides à traiter eux-mêmes avec les Romains, s'il ne prenait le parti de se soumettre et de négocier avec une république dans laquelle il avait de nombreux partisans qui garantiraient son existence de tout danger.

Jugurtha, entraîné par ses conseils, envoya des ambassadeurs au consul pour déclarer qu'il abandonnait à Rome son royaume et sa personne. Métellus exigeait qu'on lui livrât sur-le-champ un grand nombre d'éléphants, beaucoup de chevaux et d'armes, et deux mille livres d'or. Jugurtha obéit et reçut l'ordre de se rendre à Tisidium; mais ce prince, soit par inconstance, soit par la crainte que lui inspirèrent peut-être des avis secrets, changea tout à coup ses résolutions, et se décida à continuer la guerre.

Dans ce même temps Marius, qui se trouvait à Utique, offrit un sacrifice aux dieux. Un aruspice, consultant les entrailles des victimes, lui prédit les plus hautes destinées. Ce présage fit éclater l'ambition qui le dévorait depuis long-temps. Marius, doué d'un grand génie pour la guerre, méprisant les plaisirs et les richesses, n'était avide que de gloire et d'autorité. Force, courage, intelligence, il avait toutes les qualités qui peuvent, dans des temps de troubles, élever un homme au faîte du pouvoir. Né dans les rangs du peuple, il partageait sa haine contre la noblesse. Dès sa plus tendre enfance il porta les armes; négligeant l'instruction des Grecs et l'urbanité romaine, il n'étudia que la guerre, et s'y distingua tellement que, bien qu'inconnu personnellement de la plus grande partie des citoyens, sur le bruit de ses exploits, les suffrages des comices le nommèrent tribun militaire. Parcourant successivement tous les grades, ses succès lui donnèrent tant d'éclat, qu'on le jugeait toujours digne d'un emploi plus élevé que celui qu'il occupait. Malgré ce mérite éminent, il n'avait point encore porté ses vues jusqu'au consulat, auquel peu de plébéiens osaient prétendre. La prédiction de l'aruspice l'enhardit, et il demanda à Métellus un congé, dans le dessein de solliciter à Rome cette dignité.

Métellus estimait son courage, son habileté, et, jusque-là, s'était montré son ami; mais, fier comme tous les patriciens, il chercha à le détourner de son projet, lui conseillant de ne pas s'exposer à un refus; et comme Marius insistait, il lui dit qu'il ferait bien d'attendre l'époque où Métellus son fils, encore enfant, pourrait solliciter cette charge de concert avec lui.

Cette raillerie blessa profondément Marius, qui, de ce moment, n'écoutant que son ambition, et indifférent sur les moyens de la satisfaire, se forma des partisans parmi les officiers, excita le mécontentement des soldats, fronda la conduite de son général, et dénigra ses talents. Exaltant sans cesse ses propres exploits, il se vantait qu'avec la moitié de l'armée il mettrait bientôt Jugurtha dans ses fers, et il accusait Métellus de prolonger la guerre pour jouir plus long-temps de l'autorité.

Ces propos, répétés fréquemment aux habitants des villes et aux négociants, produisirent une vive impression sur eux. La guerre faisait languir le commerce; une paix prompte pouvait seule lui rendre la vie.

Marius mit encore dans ses intérêts Gauda, prince numide, qui devait hériter du trône de Jugurtha, et dont Métellus avait imprudemment choqué l'amour-propre. Ce prince, les chevaliers romains, les négociants, les soldats mêmes écrivaient sans cesse à Rome, blâmaient les lenteurs du consul, et répétaient tous que le seul moyen de terminer cette guerre était d'en confier la conduite à Marius.

Toutes ces lettres, circulant dans la ville, faisaient perdre à Métellus la confiance publique, et assuraient à Marius la faveur populaire.

Tandis que le consul se voyait ainsi attaqué dans sa patrie par l'ingratitude d'un client de sa famille long-temps protégé par lui, la fortune lui donnait d'autres sujets d'inquiétude. Les plébéiens de la ville de Vacca, de concert avec les soldats de la garnison, égorgèrent dans un festin les patriciens et les officiers qui s'y trouvaient. Le consul attaqua les rebelles, les vainquit et livra la ville au pillage.

Dans le même temps Jugurtha, ayant intercepté une lettre qui lui découvrit le complot de Bomilcar contre ses jours, fit tomber la tête de ce traître;

mais, depuis ce moment, la crainte de la trahison et le remords de ses crimes ne lui permirent pas de goûter un instant de repos. Croyant voir dans chacun de ses sujets un conspirateur, il changeait sans cesse de ministres, de gardes, de logement et même de lit. Poursuivi dans son sommeil par des songes effrayants, souvent, au milieu de la nuit, il prenait ses armes, appelait ses gardes à son secours, et les accès de terreur de ce prince perfide et sanguinaire ressemblaient aux fureurs d'un homme en délire.

Métellus marcha contre lui, le défit complétement, et le força de traverser les déserts et de se retirer ensuite à Thala, où il avait renfermé ses enfants et les débris de ses richesses.

Le consul le poursuivit avec plus d'ardeur que de prudence; les troupes romaines, brûlées par le soleil et privées d'eau, se voyaient au moment de périr; elles furent sauvées par une pluie abondante, très-rare dans ces climats, et que le ciel semblait envoyer à leur secours. Jugurtha, découragé, se retira avec ses enfants chez les Maures. Leur roi Bocchus était son gendre; il releva son courage et contracta avec lui une alliance contre les Romains. Ceux-ci ne prirent que les murailles de Thala; les habitants mirent le feu à la ville et périrent dans les flammes.

Marius, arrivé en Italie, fut porté au consulat

par les suffrages unanimes du peuple, malgré tous les efforts des patriciens. Le nouvau consul, aigri par leur résistance, fit éclater violemment sa haine contre eux. Dans sa première harangue au peuple, après avoir retracé tous les devoirs que lui imposait sa charge, il s'efforça de prouver que l'homme nouveau, qui n'avait d'autre soutien que sa vertu, devait inspirer plus de confiance que ces hommes superbes qui se croyaient dispensés de tout mérite par l'illustration de leur race, par la richesse de leur famille et par le nombre de leurs clients.

« Romains, disait-il, ce que j'ai fait avant d'avoir
» obtenu vos suffrages, vous dit assez ce que je
» saurai faire désormais pour les justifier. Ceux qui
» ont joué la vertu par ambition cessent de se con-
» traindre dès qu'ils sont parvenus au pouvoir ;
» mais moi, je l'ai pratiquée dès l'âge le plus tendre ;
» l'habitude l'a naturalisée dans mon âme. Je sais
» cependant que les nobles, jaloux de mes hon-
» neurs et non de mes travaux, ne peuvent me
» pardonner la préférence que vous m'avez ac-
» cordée. Examinez donc, il en est temps encore,
» si vous ne feriez pas mieux de confier vos armées
» et la direction de la guerre contre Jugurtha à
» l'un de ces illustres patriciens si riches en aïeux,
» si pauvres en services. Vous savez ce qu'ils font
» en pareille circonstance. Connaissant eux-mêmes

» leur impéritie, ils s'entourent de quelques plé-
» béiens dont ils forment leur conseil; et, chargés
» par Rome de commander, ils s'empressent de
» choisir quelqu'un qui les commande.

» Il est vrai que, dès qu'ils sont revêtus du con-
» sulat, ils commencent à lire l'histoire de nos
» ancêtres et les livres militaires des Grecs; ren-
» versant ainsi l'ordre naturel, ils aspirent au gou-
» vernement avant de s'instruire, et ne se mettent
» à étudier que lorsqu'il est question d'agir.

» Citoyens, comparez leur orgueil avec le mérite
» d'un homme nouveau! Ce qu'on doit leur ap-
» prendre, je l'ai fait; ce qu'il faut leur raconter,
» je l'ai vu; ce qu'ils espèrent trouver dans les
» livres, je l'ai appris tous les jours en combattant.
» Décidez donc si vous devez préférer mes actions
» à leurs paroles. Il est vrai que je ne puis étaler
» comme eux les images, les consulats, les triomphes
» de mes ancêtres; mais je puis montrer des ja-
» velots, des harnais, des étendards, des cou-
» ronnes, nobles dons de mes chefs, et ces nom-
» breuses cicatrices dont ma poitrine est couverte.
» Voilà ma noblesse et mes titres; je ne les possède
» point par héritage; je les ai trouvés au milieu des
» périls. Mes discours sont sans art; peu m'importe!
» ma vertu se montre toute nue; je laisse les pres-
» tiges de l'éloquence à ceux qui veulent cacher la
» turpitude de leurs actions.

» J'avoue que j'ai négligé les lettres grecques,
» parce qu'elles n'ont pas rendu plus braves et plus
» libres ceux qui les enseignent ; mais j'ai appris
» une science plus utile à la république, celle de
» frapper l'ennemi, d'exercer les troupes, de braver
» la rigueur des saisons, de coucher sur la dure,
» de supporter le travail et la misère, et de ne rien
» craindre que la honte. Cette instruction, je la
» donnerai à vos soldats : gloire et dangers, tout sera
» commun entre nous.

» La noblesse me méprise et me traite d'homme
» grossier, parce que je ne sais pas ordonner un
» repas splendide, parce que je n'ai pas d'histrions
» à mes gages, ni de cuisinier qui me coûte plus
» qu'un laboureur. Je me fais gloire de mériter ces
» reproches : j'ai appris de mon père que les vertus
» sont nos richesses, et les armes notre parure ;
» que le luxe convient aux femmes et le travail aux
» hommes. Ces superbes patriciens, livrés aux vo-
» luptés, peuvent, j'y consens, passer leur vieillesse
» comme leur enfance dans les festins : les sueurs
» et la poussière nous plaisent mieux que leurs or-
» gies ; mais ce que je ne puis souffrir, c'est que des
» hommes ainsi dégradés vous enlèvent les ré-
» compenses dues à vos exploits, et que leurs vices,
» qui devraient les déshonorer, les conduisent à
» une élévation et à une autorité qui amènera la
» ruine de la république, victime et non complice
» de leur dépravation.

» Après avoir repoussé leurs reproches en com-
» parant nos mœurs simples et mâles à leur dérè-
» glement efféminé, je veux vous entretenir des
» affaires publiques. La guerre de Numidie, ci-
» toyens, ne doit plus vous inspirer d'inquiétude,
» puisque vous éloignez de l'armée l'avarice, l'or-
» gueil, l'impéritie qui seuls soutenaient les espé-
» rances de Jugurtha. Vos troupes connaissent
» parfaitement le pays; mais il est nécessaire de les
» encourager, de les fortifier et de les compléter.
» Elles ont été jusqu'ici plus braves qu'heureuses;
» l'imprudence ou la cupidité de leurs généraux en
» ont laissé détruire la plus grande partie.
» Vous tous qui êtes en âge de combattre joignez-
» vous donc à moi pour servir la patrie : que nos
» malheurs passés ne vous inspirent aucun effroi.
» Je serai votre compagnon dans la marche, dans
» les travaux, dans les périls. Tout est mûr pour
» nos succès ; nous avons à cueillir une ample
» moisson de victoires, de butin et de renommée;
» et, quand même ces biens seraient douteux, il
» est du devoir de tout honnête homme de dé-
» fendre son pays. La lâcheté n'a jamais immorta-
» lisé personne : un père ne souhaite pas que ses
» enfants soient éternels, mais qu'ils vivent avec
» honneur. Je parlerais plus long-temps si les
» discours pouvaient donner du courage aux timi-
» des ; pour les vaillants, j'en ai dit assez. »

La confiance qu'inspirait Marius excitait l'ardeur

de la jeunesse pour s'enrôler. Après avoir pris toutes les mesures qui pouvaient assurer le succès de son expédition, il partit pour l'Afrique. Métellus évita sa présence, et chargea Rutilius de lui remettre le commandement de l'armée.

Le consul, dans le dessein d'aguerrir et d'encourager les nouvelles levées, conduisit ses troupes dans une contrée fertile, attaqua plusieurs forteresses, et fit partager aux soldats un immense butin. Les deux rois africains coururent au fond de leurs états pour y rassembler des forces contre ce redoutable ennemi.

Métellus croyait, en arrivant à Rome, trouver les esprits aigris et animés contre lui par les intrigues de Marius. A sa grande surprise, le sénat et le peuple lui témoignèrent une égale bienveillance. L'envie était morte avec son autorité.

Marius, poursuivant sa marche rapidement, battit en plusieurs rencontres les Maures et les Numides. Il surprit la ville de Capsa dont il massacra les habitants. La crainte décida plusieurs autres cités à lui ouvrir leurs portes.

Les plus habiles généraux doivent toujours une grande partie de leur gloire à la fortune. Elle fit tomber dans les mains de Marius une forteresse qui renfermait les trésors de Jugurtha, et que sa position sur un roc escarpé faisait regarder comme imprenable. Un soldat ligurien, voulant prendre des escargots, découvrit un sentier caché par des broussailles. Les Romains, profitant de sa découverte, montèrent en silence, au milieu de la nuit, par ce chemin sur le roc, escaladèrent la muraille, et s'emparèrent de la ville.

Marius reçut, peu de temps après, un renfort considérable qui lui arrivait d'Italie. Lucius Cornélius Sylla le commandait. Ce jeune patricien, qui s'immortalisa par son génie, par sa fortune et par ses cruautés, devait le jour à une famille ancienne, mais peu illustrée. Savant dans les lettres grecques et latines, doué d'un esprit vaste, adonné aux voluptés, mais plus avide de gloire, il ne se livrait à ses goûts que dans les temps de repos. Jamais les plaisirs ne lui firent négliger les affaires; son épouse seule y fut sacrifiée. Éloquent et rusé, facile avec ses amis, affable pour la multitude, profond dans ses desseins, habile à les cacher, prodigue de ses richesses, intrépide dans l'action, constant dans ses projets, il fut regardé comme le plus heureux des hommes jusqu'à l'époque de la guerre civile qui couronna son ambition et ternit sa gloire.

Jamais sa capacité ne fut inférieure à sa fortune, et l'on ne peut décider s'il eut plus de bonheur que d'habileté. Salluste, après avoir fait un magnifique éloge de ce Romain célèbre, ajoute ce peu de mots : « Je ne parle que des temps qui ont précédé » sa dictature; j'ignore si je serais plus affligé que

» honteux de retracer ce qu'il a fait depuis ces jours
» funestes. »

Sylla, lorsqu'il vint en Afrique, débutait dans la carrière militaire. Bientôt sa réputation éclipsa celle de tous ses compagnons d'armes. Familier avec les soldats, respectueux avec ses chefs, recevant des présents à regret, prodiguant ses dons avec plaisir, obligeant sans exiger de retour, généreux sans intérêt, il passait facilement de la conversation la plus enjouée à l'entretien le plus sérieux. Assidu à tous les exercices, surveillant tous les postes, il se montrait le plus infatigable dans les travaux; on le trouvait toujours le premier dans les périls. Loin de suivre la marche vulgaire des ambitieux, il ne frondait jamais les opérations de ses généraux, et n'attaquait aucune réputation. Son amour-propre l'excitait seulement à se conduire de sorte que personne ne pût l'emporter sur lui en activité, en prudence et en courage. Ses grandes qualités lui attirèrent promptement l'estime de Marius et l'affection des soldats.

Bientôt Bocchus et Jugurtha, ayant réuni toutes leurs forces, vinrent attaquer les Romains. La bataille fut longue et sanglante; Marius, à la tête d'un corps d'élite, se montrait partout, ralliait ses soldats quand ils étaient trop pressés par les Africains, et arrêtait les ennemis par de vives charges, lorsqu'ils commençaient à prendre quelque avantage.

La nuit mit fin au combat, sans que la victoire se fût décidée d'aucun côté : mais, tandis que les deux armées, excédées de fatigue, se livraient au repos pour réparer leurs forces, tout à coup, avant le point du jour, Marius donne le signal du combat. Le bruit des trompettes, les cris des Romains réveillent en sursaut les Barbares abattus, et surpris. La vigueur de cette attaque soudaine répand parmi les Africains le désordre et la terreur. Un grand nombre périt en voulant se rallier et courir aux armes; le reste prit la fuite, et cette déroute leur fit éprouver plus de pertes que les batailles les plus disputées.

Après cette victoire, Marius s'approcha des villes maritimes pour faire jouir son armée de l'abondance et du repos. Les peuples belliqueux de l'Afrique, opposant leur nombre au courage des Romains, remplaçaient sans cesse leurs armées détruites par de nouvelles armées. Bocchus et Jugurtha vinrent encore peu de temps après attaquer les Romains; et tandis que Marius, à la tête de son aile droite, repoussait avec vaillance les Numides, Bocchus, répandant le faux bruit de la mort du consul, mit le désordre dans l'aile gauche de l'armée romaine, et la poursuivit jusqu'au camp.

Sylla, accourant alors avec impétuosité, chargea les Maures, arrêta leurs progrès, et rétablit le combat. Marius, vainqueur des Numides, vint se joindre à lui : leurs efforts réunis mirent les Barbares en pleine déroute, et Jugurtha, abandonné des siens, ne dut son salut qu'à la vitesse de son cheval.

Quelques jours après cette défaite, Bocchus, découragé, demanda la paix. Le consul ordonna à Sylla et à Manlius de se rendre auprès de lui. Sylla, dans un discours adroit, après avoir flatté l'amour-propre de ce prince par de grands éloges sur sa bravoure et sur sa puissance, lui conseilla de ne plus ternir sa gloire par une alliance avec Jugurtha, le plus méchant des hommes.

« Ne nous placez pas, lui dit-il, dans la triste né-
» cessité de punir également votre erreur et ses
» crimes. Le peuple romain a toujours mieux aimé
» se faire des amis que des esclaves. L'alliance lui
» paraît plus sûre que la soumission. La distance
» qui nous sépare vous offre en nous des alliés uti-
» les, et qui ne peuvent vous nuire. Plût aux dieux
» que vous eussiez d'abord senti cette vérité ! Mais
» puisque les choses humaines dépendent des ca-
» prices de la fortune, ne négligez pas l'occasion
» qu'elle vous offre, et réparez par des services le
» mal que vous aviez voulu nous faire. Apprenez
» que le peuple romain ne se laisse jamais vaincre
» en bienfaits; quant à la force de ses armes, vous
» la connaissez. »

Jugurtha, alarmé de cette négociation, redoubla

d'intrigues pour la déjouer. Il y réussit quelque temps ; mais Bocchus, las de la guerre, résolut de la terminer, et envoya des ambassadeurs à Rome pour demander à quelles conditions il pourrait se réconcilier avec la république.

Le sénat répondit qu'on oublierait le passé, et qu'on accepterait son alliance lorsqu'il aurait su mériter l'amitié du peuple romain.

Bocchus écrivit au consul qu'il désirait revoir Sylla. Celui-ci partit avec quelques officiers pour se rendre près de lui : en chemin, il rencontre un corps de cavalerie maure, commandé par Volux, fils de Bocchus ; apprenant en même temps qu'à peu de distance de ce lieu Jugurtha est arrivé, et qu'il y campe avec ses troupes, il se croit trahi, et se prépare au combat, préférant une mort certaine, mais glorieuse, à une honteuse captivité.

Volux alors s'avance, demande à lui parler, proteste de son innocence, et l'assure qu'il ignorait le mouvement de Jugurtha. Il ajoute que les forces de ce prince sont peu nombreuses, qu'il ne s'est mis en marche que par inquiétude, et que, n'ayant d'autre espoir que dans la protection de Bocchus, il n'osera point, sous les yeux de ce monarque, attenter aux jours ou à la liberté d'un ambassadeur romain. Enfin il proposa à Sylla de venir seul avec lui trouver son père. L'intrépide Romain s'y décide. Jugurtha, surpris de son audace, lui laisse traverser son camp sans oser l'arrêter, et se contente de faire épier par ses agents les démarches du roi de Mauritanie.

Celui-ci, flottant entre les liens du sang qui l'attachaient au roi numide et la crainte que Rome lui inspirait, n'avait plus que le choix des trahisons, et ne savait encore s'il devait livrer Jugurtha aux Romains, ou Sylla à Jugurtha.

Dans la conférence publique on ne parla que de la paix générale ; mais, pendant la nuit, Bocchus et Sylla se virent secrètement. Le roi, incertain et faux comme tous les princes faibles, demanda d'abord que Rome lui permît de rester neutre entre elle et son gendre. Il ne put l'obtenir ; Sylla le menaçait d'un côté de la perte de son trône, s'il ne se déclarait pas entièrement pour la république, et lui offrait en même temps l'alliance de Rome et une partie de la Numidie, s'il livrait Jugurtha.

Bocchus, poussé par la peur, retenu par la honte, après avoir résisté long-temps, céda enfin à l'adresse et à l'éloquence de Sylla. Il fit dire à Jugurtha que le moment favorable pour faire la paix était arrivé, qu'on lui assurait des conditions honorables, et qu'il devait se hâter de venir conclure le traité.

Jugurtha désirait vivement la fin de la guerre ; mais, doutant de la sincérité des Romains, il répondit que, comme il se méfiait de Marius, il exigeait avant tout qu'on lui donnât Sylla en otage. Le perfide Maure le lui promit, et ses protestations trompèrent les agents de Jugurtha comme leur maître.

Au jour marqué pour la conférence, le roi de Numidie s'avança à la tête de ses troupes. Bocchus, dans l'intention apparente de lui faire honneur, vint au devant de lui, avec quelques officiers, et s'arrêta sur une éminence derrière laquelle on avait embusqué des soldats.

Le prince numide, ne voyant rien qui pût exciter sa défiance, se sépare de sa troupe, et, suivi de quelques amis, s'approche du roi. Des deux côtés, suivant les conventions faites pour cette entrevue, on était sans armes : mais aussitôt que Jugurtha fut arrivé près de Bocchus, au signal donné, les soldats cachés se lèvent, l'enveloppent, massacrent ceux qui l'accompagnaient, et le livrent enchaîné à Sylla, qui le conduit au camp de Marius.

Tandis que le consul et son lieutenant, loin d'imiter les vertus et la générosité des Camille et des Fabricius, achevaient par la trahison une guerre qu'ils auraient dû terminer par les armes, l'Italie, consternée, apprenait l'entière défaite de ses légions vaincues par les sauvages habitants du Nord. Les Cimbres, accourus en foule de la Chersonèse qui porte aujourd'hui le nom de Danemarck, traversant la Germanie et les Gaules, avaient mis en fuite et détruit l'armée commandée par Cépion et par M. Manlius. Ce désastre répandait la terreur dans Rome, et, lorsqu'on y apprit que la Numidie était soumise et Jugurtha dans les fers, le peuple nomma de nouveau Marius consul, malgré son absence, et lui donna le département de la Gaule.

En arrivant à Rome, il reçut les honneurs du triomphe. Jugurtha, enchaîné, suivait son char. Le sénat, abusant de la victoire, condamna ce prince à mourir de faim. Ses crimes méritaient ce supplice; mais Rome n'avait sur lui d'autres droits que la force. Le bourreau déchira son manteau, et il fut jeté tout nu dans un cachot, où la mort ne termina ses souffrances qu'au bout de six jours, l'an 647 de Rome.

CHAPITRE III.

Ravages des Cimbres. — Construction du canal *la fosse Mariane*. — Retour des Cimbres dans les Gaules. — Victoires de Marius sur les Cimbres, les Ambrons et les Teutons. — Troubles intérieurs. — Haine de Sylla et de Marius. — Loi proposée par le tribun Drusus. — Mort de ce tribun. — Guerre sociale. — Échecs des Romains. — Commandement confié à Marius. — Mort de Caton. — Consulat de Sylla. — Guerre avec Mithridate. — Commandement confié à Sylla. — Le contre-sénat de Sulpicius. — Ses proscriptions. — Fuite de Sylla. — Marche de Sylla sur Rome. — Fuite de Marius. — Sa tête est mise à prix. — Victoire de Sylla sur Mithridate. — Arrestation de Marius conduit à Minturne. — Son départ et son arrivée en Afrique. — Sa fuite. — Nouvelles dissensions à Rome. — Alliance de Cinna et de Marius. — Leur marche sur Rome. — Paix entre eux et Rome. — Vengeance de Marius. — Succès de Sylla en Grèce. — Siége, prise et destruction d'Athènes par Sylla. — Mort de Marius. — Consulat de Cinna et de Carbon. — Mort de Cinna. — Echec du consul Carbon. — Nouveaux succès de Sylla. — Vengeance du jeune Marius. — Entrée de Sylla dans Rome. — Ses vengeances. — Mort du jeune Marius. — Mort du consul Carbon. — Proscriptions de Sylla. — Crimes de Catilina. — Valérius Flaccus est nommé inter-roi. — Dictature perpétuelle de Sylla.

Les Cimbres, dans leur invasion, se joignirent aux Teutons et à d'autres peuples sortis des forêts de la Germanie. Ce torrent dévastateur, renversant tout sur sa route, menaçait de franchir les Alpes. Déjà quatre-vingt mille Romains ou alliés avaient péri dans plusieurs combats, où la féroce valeur de ces sauvages guerriers s'était vue victorieuse de la tactique romaine.

Avant d'entrer en Italie, ils traversèrent l'Aquitaine, passèrent les Pyrénées, et ravagèrent l'Espagne. Marius, au lieu de les attaquer dans cette contrée, voulut les attendre à leur retour dans les Gaules, croyant sans doute qu'après de si longues marches, et chargés de butin, ils seraient moins difficiles à vaincre.

Pour se préparer à cette lutte dangereuse, suivant l'exemple des Scipions et de Paul Émile, il rétablit la discipline dans l'armée, exerça les légions sans relâche; et, afin de les arracher à l'oisiveté qui amollit l'ame comme le corps, en attendant les combats, il les fit travailler à réparer des routes et à construire des ponts.

Les bouches du Rhône étaient alors encombrées de vase et de sables; il détourna le cours de ce fleuve, en creusant un canal qu'on appela *la fosse Mariane*.

Les Cimbres reparurent bientôt dans la Gaule. Les Toulousains se joignirent à eux. Marius leur livra bataille, et les défit. Dans cette action, Sylla, son lieutenant, se distingua par sa vaillance, et fit prisonnier Copilus, roi des Toulousains.

Après cette victoire, le consul, espérant affaiblir les Cimbres en les fatiguant par des manœuvres, avait résolu de traîner la guerre en longueur; mais l'armée des Barbares se sépara en trois différents corps pour pénétrer plus facilement en Italie. Marius, qui suivait tous leurs mouvements, se trouva près de la plus forte de leurs colonnes, sur la frontière de l'Helvétie. Le nombre des Barbares était prodigieux : le consul aurait voulu éviter le combat, mais le manque de vivres et d'eau ne lui permit pas de délai. Il livra bataille; elle dura deux jours. Le génie de Marius, l'habileté de ses mouvements et le courage des Romains l'emportèrent sur la fougue impétueuse et sur la résistance opiniâtre des ennemis. Il leur tua deux cent mille hommes, et fit quatre-vingt-dix mille prisonniers, parmi lesquels se trouvait le roi Teutobochus.

Cette armée était presque entièrement composée d'Ambrons et de Teutons. Les Barbares, qui voulaient fuir les Romains vainqueurs, périssaient sous les coups de leurs femmes, qui, le glaive à la main, leur reprochaient leur lâcheté, et les frappaient quand ils ne voulaient pas retourner au combat.

Les Cimbres, ignorant la défaite de leurs alliés, s'avancèrent sur les Alpes, bravant tous les obstacles que leur opposaient l'aspérité des montagnes et la rigueur de l'hiver. Sans chercher de route, ils se couchaient sur les peaux qui les couvraient, et, se précipitant du haut des monts, ils se laissaient glisser sur la neige jusque dans la plaine.

Le proconsul Catulus voulut en vain les arrêter sur les bords de l'Adige ; ils passèrent cette rivière malgré lui. Ne pouvant ramener ses soldats au combat ni les empêcher de fuir, il fit marcher une enseigne en avant d'eux, pour donner à cette fuite l'ordre et l'apparence d'une retraite.

Les Romains nommèrent Marius consul pour la cinquième fois, et il se hâta de joindre ses légions à celles de Catulus. Les Cimbres, s'avançant toujours, lui envoyèrent des ambassadeurs qui lui demandèrent de leur céder en Italie des terres pour eux et pour leurs frères. « De quels frères parlez-vous? » dit Marius. « Des Teutons, » répondirent-ils. « Ne » vous occupez plus d'eux, reprit le consul; s'ils » avaient besoin de terre, nous leur en avons donné » qu'ils garderont toujours. »

Les Cimbres, ne comprenant pas ce qu'il voulait dire, le menacèrent de leur vengeance et de celle des Teutons, quand ils seraient arrivés. « Ils » le sont, dit Marius, et je vais vous mettre à por- » tée de les saluer. » Alors, il fit conduire devant eux les rois teutons enchaînés. Les Barbares, furieux, le défièrent au combat, et lui demandèrent de fixer un jour pour livrer bataille : il le leur accorda.

Au jour fixé, les deux armées sortirent de leur

camp. Marius donna le commandement du centre à Catulus, et plaça ses propres légions aux ailes. Il voulait attaquer lui-même l'ennemi en flanc, et espérait se donner ainsi tout l'honneur de la victoire; mais le sort faillit l'empêcher d'y prendre part; car, un vent furieux ayant élevé des tourbillons de poussière qui obscurcirent l'air, Marius s'égara dans sa marche, s'éloigna, sans s'en apercevoir, de l'ennemi qu'il voulait attaquer, et ne put revenir que fort tard aux lieux où l'on combattait.

Le courage des Barbares lutta long-temps contre la discipline romaine; mais enfin ils furent tournés, défaits et détruits. Leurs femmes, aussi intrépides que celles des Teutons, défendirent vaillamment les chariots qui entouraient leurs camps; elles accablaient de reproches les fuyards, et les forçaient à combattre. Lorsqu'elles ne virent plus d'espoir de résistance, elles égorgèrent leurs enfants, et se poignardèrent toutes pour échapper aux outrages et à la captivité. Cent quarante mille Cimbres, Gaulois ou Germains périrent dans cette journée. On en prit soixante mille. Cette action glorieuse termina la guerre, qui durait depuis douze ans. Elle valut à Marius le titre de troisième fondateur de Rome. Un seul triomphe récompensa ses trois victoires. Les Romains, toujours superstitieux, racontaient que, dans tous les combats livrés par Marius, deux vautours planaient sur sa tête.

Condamnée par le sort à ne jamais jouir du repos, la république vit bientôt commencer les dissensions sanglantes qui devaient si long-temps déchirer son sein.

Marius, qu'on avait déjà accusé d'actes arbitraires dans son troisième consulat, disait souvent que le bruit des armes l'empêchait d'entendre le langage des lois. Il ne prouva que trop, par son humeur despotique et cruelle, qu'il ne s'était montré populaire que pour dominer, et n'avait accusé l'ambition des grands que par envie.

Saturninus, son ami et son complice, ayant été destitué de la questure d'Ostie pour ses prévarications, malgré les efforts de Marius pour le défendre, celui-ci, pour se venger des patriciens, fit élire tribun du peuple ce même Saturninus. Il exerça cette charge en factieux plutôt qu'en magistrat, et ne se servit de son pouvoir que pour satisfaire sa cupidité.

Métellus, alors censeur, tenta vainement de le faire chasser du sénat. Marius le soutint de tout son crédit, moins par amitié pour lui que par haine contre Métellus. L'année de son tribunat expirée, il voulut encore le faire élire; mais Nonnius, personnage à la fois très-populaire et très-estimé par les patriciens, lui enlevait une grande partie des suffrages. Saturninus se débarrassa de ce rival par un crime, et le fit assassiner.

Dès qu'il se vit en place, flattant le peuple, pour s'assurer son appui contre la haine du sénat, il proposa un édit qui donnait aux plébéiens les terres conquises par Marius dans les Gaules.

Le sénat, opprimé par les factieux, se vit contraint de jurer l'exécution de la loi. Métellus seul refusa le serment, et fut obligé de chercher un asile à Smyrne, afin de se soustraire aux vengeances de Marius et de son tribun.

L'exil d'un si grand citoyen était une honte pour Rome. Il restait encore assez de vertu dans le peuple pour le sentir. On rappela, quelque temps après, Métellus; et Marius, à son tour, crut nécessaire de s'éloigner. Il parcourut l'Asie, et se rendit près de Mithridate, le plus grand monarque de l'Orient. Reçu avec honneur par ce roi belliqueux, on prétend que Marius flatta son orgueil et excita son ambition, soit dans le dessein de s'en faire un appui, soit dans l'espoir de le combattre et de conquérir l'Asie. D'autres historiens rapportent qu'il dit à ce prince : « Pour accroître et » pour conserver votre puissance, vous n'avez que » deux partis à prendre, celui d'être plus fort que » les Romains, ou celui de leur obéir en tout. »

De retour à Rome, il se brouilla avec Sylla, qui lui causa depuis plus de malheurs par son ingratitude que la sienne n'en avait attiré à Métellus. Depuis long-temps Sylla blessait son orgueil en s'attribuant exclusivement la prise de Jugurtha et l'honneur d'avoir terminé la guerre de Numidie. L'anneau qui servait de cachet à Sylla était une pierre gravée, qui représentait le prince numide enchaîné, livré entre ses mains par le roi des Maures. Bocchus aigrit le courroux de Marius en envoyant à Rome, pour le temple de Jupiter Capitolin, un groupe d'images d'or qui consacrait encore cet événement. Dès cet instant Marius furieux rompit ouvertement avec Sylla, et jura sa perte. La guerre sociale, éclatant peu de temps après, retarda seule les effets d'une haine qui devait plonger la république dans toutes les horreurs de la tyrannie et de la guerre civile.

Marius venait d'obtenir son sixième consulat. Saturninus, élu tribun pour la troisième fois, voulait, suivant ses intentions, lui donner pour collègue Glaucias qui lui était dévoué. Mais un concurrent redoutable, Memmius, lui disputait cette dignité. Le tribun, accoutumé aux forfaits, fit poignarder Memmius. Ce meurtre excita l'indignation générale. Saturninus, cité en jugement, croyait pouvoir compter sur la protection de Marius; mais le consul, craignant d'attirer sur lui la haine publique, abandonna l'ami que ses conseils avaient perdu.

Cependant le tribun, soutenu de ses nombreux cliens, opposa la force à la justice, et obligea le sénat d'employer la formule usitée en temps de troubles. Marius, chargé de préserver la république de tout détriment, attaqua les rebelles, et les força de se retirer au Capitole. Ceux-ci espéraient toujours qu'il ne punirait pas avec rigueur un crime commis pour ses intérêts et peut-être par ses ordres. Leur espoir fut trompé : Marius les laissa massacrer par les chevaliers romains.

Peu de temps après, Rome vit s'élever un orage qui mit en danger non-seulement sa gloire, mais son existence. Un tribun du peuple, Drusus, qui n'osait attaquer directement les usurpations de la faction populaire, crut parvenir indirectement à son but, et à rendre au sénat une partie de ses anciens droits, en proposant une loi qui semblait aussi populaire que juste. Les chevaliers s'étaient emparés des tribunaux; il proposa de leur donner les places vacantes dans le sénat, et de choisir après dans ce corps les magistrats qui seraient chargés de juger les citoyens.

Un autre tribun, Cépion, s'opposa vivement à cette innovation, déclama, comme les Gracques, contre l'orgueil, contre la corruption du sénat, et accusa de malversation plusieurs patriciens. Drusus, persévérant dans son entreprise, crut devoir en assurer le succès en se conciliant la faveur du peuple. Dans ce dessein il demanda l'exécution rigoureuse de la loi agraire; et, comme il craignait de blesser les intérêts des alliés en Italie s'ils n'étaient pas compris dans le partage, il présenta une loi qui leur accordait tous les priviléges et tous les droits des citoyens romains. Le sénat s'y opposa, jugeant avec raison que le droit de cité s'avilirait en se prodiguant, et que le peuple romain perdrait son éclat et sa majesté s'il élevait à son niveau tant de peuples étrangers.

Les alliés qui se trouvaient dans Rome appuyaient de toutes leurs forces la proposition de Drusus; et les passions, enflammées par cette contestation, devinrent si violentes que quelques étrangers outragèrent et frappèrent l'un des consuls, nommé Philippe, qui repoussait avec chaleur la loi proposée.

Drusus, ne pouvant réussir à faire passer l'édit de partage, voulait au moins qu'on adoptât celui de naturalisation; mais un jour, en revenant du Forum, il fut assassiné à la porte de sa maison.

Cette violence, attribuée au sénat, ne resta pas impunie. Les peuples alliés, composant alors la plus grande force des armées romaines, supportaient impatiemment l'inégalité qui existait entre eux et les citoyens de la capitale. Les Gracques leur avaient fait entrevoir l'espérance d'obtenir le droit de cité, et Drusus venait de réveiller cet espoir. Ils avaient de nombreux partisans dans Rome, mais leur appui devenait sens effet; car, dès qu'ils osaient hasarder quelques démarches en leur faveur, les chevaliers romains les faisaient tuer ou exiler.

Les villes italiennes déclamaient violemment contre l'ingratitude de Rome, qui devait presque toutes ses conquêtes à leurs armes, et qui leur en refusait la récompense et le partage.

Outrées de la mort de Drusus, toutes ces villes se liguèrent et s'envoyèrent réciproquement des otages.

Les premiers peuples qui prirent les armes furent les Lucaniens, les Apuliens, les Marses, les Pélignes et les Samnites. La conspiration avait été si secrète qu'on ne la découvrit à Rome que trop tard pour la prévenir. Le proconsul Servilius, qui se trouvait près de Naples, informé de quelques mouvements hostiles des habitants d'Asculum, leur en fit de sévères reproches; au lieu de se justifier, ils se jetèrent sur lui et le massacrèrent, ainsi que les Romains qui résidaient dans leur ville.

Après cet éclat, la confédération déclara hautement ses desseins, et envoya au sénat un mémoire contenant ses griefs et ses demandes. Le sénat répondit « qu'on n'obtenait point de grace de Rome » par les armes, mais par le repentir et la soumis-

» sion. » Les députés se retirèrent et la guerre fut résolue.

Depuis celle d'Annibal, Rome n'en eut point à soutenir de plus vive, de plus sanglante et de plus dangereuse. Ce n'étaient point des Barbares qu'on avait à combattre, c'étaient les mêmes hommes qui composaient naguère la plus grande partie des forces romaines. Le vide que tant d'officiers et de soldats laissèrent dans les légions fut tel, que, pour les compléter, Rome se vit forcée d'enrôler les esclaves nouvellement affranchis. Cette guerre s'appela la *guerre sociale*.

Dans la première campagne, les Romains furent battus en plusieurs rencontres. En 663, Les Marses tuèrent dans une embuscade le consul Rutilius. La vue de son corps et de ceux de plusieurs officiers distingués qu'on rapportait dans Rome répandit une telle consternation parmi le peuple, que le sénat rendit un décret pour ordonner qu'à l'avenir on enterrerait à l'armée tous ceux qui y seraient tués. Cépion, succédant à Rutilius, commit les mêmes fautes et éprouva le même sort.

Le danger qui croissait décida le sénat à donner le commandement de l'armée à Marius. L'âge, qui n'adoucit point son caractère féroce, avait ralenti son audace et son activité. Il arrêta cependant les progrès de l'ennemi, mais en se bornant, contre sa coutume, à la défensive. Un des chefs les plus fameux des alliés, Pompéius Silo, lui ayant fait dire que, s'il était aussi grand général qu'on le croyait, il devait quitter ses lignes et livrer bataille, Marius lui répondit : « Si tu es aussi habile que tu » le penses, force-moi à sortir de mon camp et à » combattre. »

Il termina cependant cette campagne par une victoire; mais Sylla, qui servait sous ses ordres, obtint de plus nombreux et de plus brillants succès. Ce qui sauva Rome, ce fut la séparation des forces des alliés. Réunis, ils auraient accablé les Romains ; mais, divisant leurs troupes pour défendre chacun leur pays, ils se virent tour à tour vaincus. La fortune de Rome voulut qu'au dehors comme au dedans de l'Italie le monde entier commît la même faute.

L'année suivante, sous le consulat de Pompéius, père du grand Pompée, et de Porcius Caton, le sénat accorda le droit de cité aux Italiens qui n'avaient pas pris les armes contre Rome. Cette mesure affermit la fidélité dans le devoir, et inspira quelque repentir à la révolte.

Caton remporta plusieurs avantages, dont il tirait tant de vanité qu'il se comparait à Marius, et prétendait l'effacer. Le jeune Marius, orgueilleux de la gloire de son père et cruel comme lui, s'approcha du consul au moment où il chargeait les Marses, et l'assassina lâchement.

Pompée gagna une bataille contre les Picentins, et prit la ville d'Asculum, dont il massacra les habitants, après les avoir fait battre de verges. Poursuivant ses succès, il défit les Marses et leur tua dix-huit mille hommes. Sylla, de son côté, vainquit deux fois les Samnites, et s'empara de leur camp. On lui attribua principalement l'honneur d'avoir terminé cette guerre, si funeste aux deux partis, que, selon Velléius Paterculus, trois cent mille des plus braves guerriers de Rome et de l'Italie y perdirent la vie. Les révoltés se soumirent; et Rome, se montrant généreuse après la victoire, leur accorda le droit de cité.

En 663, Sylla obtint le consulat. Rome ne jouit pas long-temps de la tranquillité que lui laissait la fin de la guerre sociale. Mithridate, roi de Pont, prince puissant, intrépide, audacieux, d'une ambition qui ne connaissait pas de bornes, et d'un génie qui le rendait capable d'exécuter les plus vastes desseins, avait voué une haine implacable aux Romains, qui dominaient tous les peuples et avilissaient tous les rois. Uni par les liens du sang et de l'amitié à Tigrane, roi d'Arménie, il parcourut l'Asie en conquérant, et, bravant la protection que Rome accordait aux Mysiens, aux Phrygiens, aux Lyciens, aux Pamphyliens et aux peuples de Bithynie, il entra dans leur pays, et en chassa le peu de troupes romaines qui s'y trouvaient. Le préteur

Aquilius était tombé dans ses mains; Mithridate le traîna enchaîné à sa suite, l'exposa à la dérision des peuples, l'envoya au supplice, et, pour insulter à l'avarice romaine, fit verser de l'or fondu dans la bouche de cet infortuné.

Le sénat lui déclara la guerre, et donna le commandement de l'armée à Sylla, consul. Marius, précédemment, avait employé sans succès la violence, dans le dessein d'arracher du temple de Jupiter les images envoyées par Bocchus pour consacrer la gloire de Sylla. Il ne mit plus de bornes à ses ressentiments lorsqu'il vit Sylla consul, et chargé de la guerre d'Asie. Déterminé à s'emparer de l'autorité qu'on lui refusait, et ne se bornant plus à ranimer la haine populaire contre les patriciens, il paya trois mille satellites qu'il mit aux ordres de Sulpicius, tribun du peuple, le plus hardi des factieux et le plus dévoué de ses partisans. Sulpicius appelait cette troupe son *contre-sénat*. Il faisait assassiner par elle ceux qui voulaient traverser ses desseins. Soutenu par ces brigands, Sulpicius tenait un bureau sur le Forum, et y recevait publiquement le prix du droit de cité, qu'il vendait sans pudeur à des affranchis et à des étrangers. Un fils de Pompée, dans une émeute, périt sous leurs poignards. Sylla, voulant en vain réprimer ces désordres, se vit chasser par eux de la place publique. Poursuivi et obligé, pour sauver ses jours, de se réfugier dans la maison de Marius, celui-ci ne lui promit la vie qu'après l'avoir forcé de jurer qu'il lui céderait le commandement de l'Asie.

Le peuple, excité, entraîné par Sulpicius, annula les décrets du sénat, et donna le commandement de l'armée à Marius. Cependant Sylla s'était sauvé dans son camp. Ses soldats tuèrent tous les officiers du parti de Marius, et Marius fit égorger dans Rome tous les amis de Sylla.

Depuis ce moment ce n'est plus qu'avec du sang qu'on peut écrire l'histoire de cette république, autrefois plus fameuse encore par ses vertus que par ses victoires.

Le sénat, cherchant en vain à prévenir les malheurs dont la ville était menacée, envoie Brutus et Servilius près de Sylla pour négocier un accommodement. Les soldats furieux maltraitent, dépouillent ses députés, et les chassent du camp. Sylla hésitait à marcher contre Rome; mais on raconte qu'ayant vu en songe Bellone qui mettait la foudre entre ses mains, il fit part de ce songe à son armée, et s'avança rapidement avec elle près des portes de la ville. Le peuple, furieux contre les patriciens, barricade les rues, lance du haut des toits des pierres et des traits sur les troupes de Sylla. Marius combat à la tête de ses partisans, et arme les esclaves pour grossir ses forces; mais l'armée triomphe de la résistance de cette multitude, plus propre aux factions qu'aux combats. Sylla est maître de la ville, et Marius se dérobe au supplice par la fuite. Peu de jours avant il avait accordé la vie à Sylla; celui-ci, plus implacable, le fit condamner à mort, et mit sa tête à prix. Sulpicius, trahi par un esclave, fut découvert et massacré. Le peuple subissait en frémissant le joug du vainqueur. Sylla, dans l'espoir de l'apaiser, consentit à recevoir pour collègue Cinna, un des chefs du parti populaire. Il fit jurer au nouveau consul d'embrasser sa cause et de lui rester fidèle. Ce serment, prêté par l'ambition, fut promptement violé par la perfidie. Cinna cita son collègue en jugement. Le fier Sylla, dédaignant de répondre, le laissa haranguer le peuple à son gré, sortit de Rome, et prit le commandement de l'armée, certain que, s'il était accusé par la haine, et même condamné par la justice, il serait absous par la victoire.

Mithridate s'était emparé de la Grèce qu'il occupait par de fortes armées. Les Athéniens, sous la conduite du tyran Aristion, avaient embrassé son parti. Sylla livra au pillage les villes et les temples de cette malheureuse contrée. L'esprit de faction détruisait la discipline dans l'armée, et les généraux favorisaient la licence du soldat pour se l'attacher. Sylla ne tarda pas à sentir la nécessité de rétablir l'ordre et de rendre à l'autorité sa vigueur. Il était arrivé près d'Élatée, et se trouvait en présence de l'armée de Mithridate, que commandait alors Archélaüs. L'aspect de cette armée immense, composée de tous les peuples de l'Orient, saisit de terreur les Romains. Sylla tenta vainement de les faire sortir de leur camp : les railleries et les insultes mêmes de l'ennemi ne pouvaient les y décider. Sylla prit alors le parti de les accabler de travaux si pénibles et si continuels, qu'ils préférèrent enfin les périls à la fatigue, et demandèrent à grands cris le combat.

Les ennemis s'étaient portés sur Chéronée; Sylla les suit rapidement, envoie derrière eux un corps détaché qui leur dérobe sa marche, et qui les attaque à l'improviste. Le consul, profitant de leur désordre, les charge avec ses légions, les met en fuite, et en fait un grand carnage. Élevant ensuite des trophées pour consacrer ce triomphe, il ordonna qu'on y inscrivît ces mots : *Mars, Victoire et Vénus*. Il croyait ou voulait persuader aux peuples que Vénus le favorisait particulièrement, et souvent il ajoutait à ses noms de Lucius Cornélius Sylla celui d'Épaphrodite. Quelquefois aussi il prenait celui de *Félix* (Heureux), et, tandis que Marius prétendait devoir tous ses triomphes à son génie, Sylla n'attribuait les siens qu'à la fortune. Ce politique habile savait qu'on se range toujours du parti des heureux.

Les forces de Mithridate étaient trop nombreuses pour qu'une seule défaite les détruisît. Sylla se vit encore obligé de combattre Archélaüs sous les murs d'Orchomène, et, cette fois, la victoire lui fut vivement disputée. Ses soldats, trop pressés par la foule des Barbares, commençaient à plier et à quitter leurs rangs ; Sylla descend de cheval, saisit une enseigne, arrête les fuyards, et s'écrie : « Romains, mon devoir m'ordonne de mourir ici : » lorsqu'on vous demandera ce que vous avez fait » de votre général, n'oubliez pas de dire que vous » l'avez abandonné à Orchomène. » A ces mots, il s'élance au milieu des ennemis.

Ranimées par son intrépidité et honteuses de leur faiblesse, les légions se précipitent sur les Barbares, les enfoncent, les taillent en pièces, et s'emparent de leur camp.

Tandis que Sylla, couvrant de lauriers les plaies sanglantes de la république, semblait oublier ses intérêts personnels et les menaces de ses ennemis pour ne s'occuper que de la gloire de sa patrie, ses partisans à Rome dominaient dans le sénat, et servaient sa vengeance.

Marius, vivement poursuivi par eux, et déclaré ennemi public, s'était embarqué : un vent impétueux rejeta son bâtiment sur la côte d'Italie. Ses compagnons, lâches ou perfides, le voyant si constamment trahi par la fortune, l'abandonnèrent sur les bords du Lyris.

L'argent promis pour sa tête excitait l'avidité d'un grand nombre de soldats qui cherchaient à s'emparer de lui. Il se déroba à leur poursuite en s'enfonçant dans un marais, et se rendit après dans la cabane d'un pauvre vieillard auquel il se découvrit. Ce généreux vétéran reçut avec respect, sous son toit, son ancien général; et, lorsqu'il lui eut fait prendre quelques aliments, il le conduisit vers la côte, en traversant les marais. Bientôt les soldats qui le poursuivaient annoncèrent leur approche en jetant de grands cris. Le vieillard fit coucher Marius dans le marais, le couvrit de roseaux, et s'éloigna.

Tout semblait alors conspirer à la perte de Marius. Les soldats le découvrirent dans l'humide retraite où il s'était caché, se saisirent de lui, et le menèrent à Minturne.

Dans le temps de sa puissance, il avait rendu quelques services aux habitants de cette ville. Le peuple y chérissait son nom et respectait sa gloire; mais les magistrats, redoutant l'autorité du sénat romain, se croyaient obligés de suivre la rigueur de ses ordres. Ils se décidèrent à faire mourir Marius; et comme aucun citoyen, pas même le bourreau, ne voulait souiller ses mains par le meurtre de cet illustre proscrit, ils chargèrent un Cimbre, qui se trouvait alors à Minturne, de le tuer.

Le Barbare reçut cet ordre avec joie, fier de venger la honte et la ruine de ses concitoyens. Le Cimbre entre, le sabre à la main, dans la chambre où reposait l'implacable ennemi de sa nation. A son approche, le Romain se lève, et, jetant sur lui un regard terrible, lui dit : « Oseras-tu bien tuer » Caïus Marius ? » A l'aspect de ce guerrier, qui semblait encore porter devant lui l'épouvante et la mort, comme aux jours de bataille, le Cimbre, saisi d'effroi, laisse tomber son glaive et s'enfuit en s'écriant : « Non, je ne pourrai jamais tuer Caïus » Marius ! »

Cette dernière victoire de Marius désarmé excita l'admiration du peuple, et il fit éclater si vivement son affection pour lui, que les magistrats eux-mêmes, honteux de leur lâche cruauté, conduisirent Marius au bord de la mer. Il s'embarqua, et, après avoir encore plusieurs fois couru le danger d'être pris en Sicile, il descendit enfin sur la côte d'Afrique, près de Carthage.

Le préteur Sextilius, qui commandait dans cette province, le fit prévenir par un officier que, s'il ne sortait pas sans délai de son gouvernement, il se verrait à regret forcé d'exécuter les ordres du sénat, et de le traiter comme un ennemi du peuple romain.

Marius, après avoir gardé quelque temps un morne silence, poussa un profond soupir, et répon-

dit au messager ce peu de mots : « Dis à Sextilius
» que tu as vu Caïus Marius banni de Rome, et as-
» sis sur les ruines de Carthage. »

Hiempsal, roi de Numidie, parut d'abord touché de l'infortune du vainqueur de Jugurtha, et lui offrit dans son royaume un asile, ainsi qu'à son fils, à Cétégus et à plusieurs autres bannis. Mais, dans la suite, lorsqu'ils voulurent quitter ses états, il les y retint, paraissant disposé à se concilier l'amitié de Sylla par une trahison.

Vénus, infidèle cette fois à Sylla, tira son ennemi de ce danger. Le jeune Marius avait séduit une des concubines du roi. Cette femme, qui veillait au salut de son amant, le fit secrètement embarquer avec son père sur un bateau de pêcheur.

Rome se voyait alors déchirée par de nouvelles dissensions. Le sénat avait voulu placer à la tête des légions d'Italie Pompéius Ruffus ; mais ces troupes, dévouées à Strabon qui les commandait, tuèrent le général nommé pour le remplacer. La ruine d'un état est prochaine et infaillible dès que les hommes se montrent plus forts que les lois, et que les armées disposent du pouvoir par la violence.

Après la mort de Ruffus, Rome élut consuls C. Cinna et Cnéius Octavius. Cinna, entièrement livré au parti populaire, proposa un décret qui rappelait Marius et tous les exilés; mais Octavius, plus puissant dans le sénat que son collègue, le chassa de Rome, le destitua et le fit illégalement remplacer par Mérula.

Cinna, décidé à se venger d'une violence inouïe jusqu'alors, invoqua l'appui des peuples d'Italie, qui lui donnèrent les moyens de lever une armée. Marius, informé en Afrique de cette nouvelle, rassembla quelques Maures, quelques Romains, et s'empara avec leur secours de quarante navires qui le portèrent sur les côtes d'Italie. Cinna, instruit de son débarquement, lui envoya des licteurs, des haches et toutes les autres marques de la dignité consulaire. Marius ne voulut pas les recevoir. Laissant croître sa barbe et ses cheveux, il se montra vêtu d'une robe de deuil, certain que cet habit lugubre, rappelant son infortune et sa proscription, lui attirerait plus de partisans que la pompe et l'éclat d'une dignité qui excite trop souvent la haine et l'envie.

Son espoir ne fut point trompé. Les bannis, les factieux, les hommes perdus de dettes, et tous ceux qui ne plaçaient leur espoir que dans les troubles, accoururent de toutes les parties de l'Italie, et se rendirent en foule près de lui. Réuni à Cinna, il s'empara de toutes les places où Rome avait ses magasins. S'approchant ensuite de la capitale, il se saisit du Janicule. Octavius le contraignit à l'évacuer; mais Cinna ayant promis la liberté aux esclaves qui se rangeraient sous ses drapeaux, la terreur se répandit dans Rome.

Le peuple était en fermentation; le sénat, craignant une révolte, envoya des députés à Marius et à Cinna, et leur offrit la paix, pourvu qu'ils promissent de ne point exercer de vengeances.

Avant de répondre à cette proposition, Cinna exigea d'abord qu'on lui rendît la dignité consulaire : il l'obtint. Se voyant ensuite pressé de faire le serment demandé, il le refusa et se contenta d'assurer qu'il ne serait cause de la mort d'aucun citoyen.

Marius, debout près de lui, gardait un morne silence : son air sombre et son regard farouche trahissaient sa fureur concentrée. Obligé enfin de s'expliquer, il dit que, si sa présence à Rome était utile, il consentait à y rentrer; mais que, proscrit par un décret, il en fallait un nouveau pour le rétablir dans ses droits, et qu'au reste, accoutumé à respecter les lois, même les plus injustes, on pouvait être certain qu'il n'en enfreindrait aucune tant qu'on n'en aurait pas de meilleures.

Le désordre qui régnait dans la ville contraignit les députés à se contenter de ces réponses équivoques, et la paix fut conclue.

Marius entra dans Rome, et la traita comme une ville prise d'assaut. Les brigands qui l'accompagnaient, obéissant à un geste, à un signe de ce guerrier féroce, massacraient sans pitié les plus vertueux citoyens. Ils tuèrent le préteur Ancharius, parce que Marius avait paru le désigner à leur vengeance en lui refusant le salut. Le célèbre orateur Marc-Antoine, un des plus nobles ornements de la tribune romaine, périt sous leurs poignards. Catulus, personnage illustre et ancien collègue de Marius, le fit supplier de lui laisser la vie; Marius répondit froidement : « Il faut qu'il meure. »

Les amis de Sylla qui ne purent se sauver furent tous égorgés. Implacables même après la mort de leurs victimes, ces vainqueurs barbares leur refusaient la sépulture, et se plaisaient à voir les vautours se repaître de leurs cadavres.

Le sénat, opprimé et décimé, déclara Sylla ennemi de la république. On démolit sa maison, on vendit ses biens à l'encan; aucun de ses amis ne fut épargné. Catulus et Mérula, cités en jugement pour avoir exercé les fonctions de consuls après le bannissement de Cinna, se dérobèrent au supplice par une mort volontaire.

Tandis que Rome proscrivait Sylla, cet illustre guerrier étendait sa gloire par de nobles succès. Métella, sa femme, échappant par la fuite à la violence des proscripteurs, vint le rejoindre dans la Grèce, et lui apprit qu'on venait de jurer sa perte, de piller ses richesses, et de vendre ses terres. Archélaüs, informé de ces événements, crut l'occasion

favorable pour regagner par la négociation ce qu'il avait perdu par les armes. Ayant demandé une conférence à Sylla, il lui proposa de s'unir à Mithridate, qui lui fournirait de puissants secours contre son ingrate patrie. Sylla, sans répondre à sa proposition, lui conseilla de quitter le parti de Mithridate, et lui offrit l'appui de Rome pour le placer sur le trône. Archélaüs ayant rejeté avec horreur ce conseil : « Eh quoi! lui dit Sylla, toi, le serviteur
» d'un roi barbare, tu connais assez l'honneur pour
» avoir honte d'une perfidie, et tu m'oses proposer
» une trahison, à moi lieutenant du peuple romain,
» à moi Sylla! Souviens-toi donc que tu parles à ce
» même homme qui, lorsque tu commandais cent
» vingt mille guerriers, te contraignit à fuir de Chéronée, et te força ensuite à te cacher dans les
» marais d'Orchomène. »

La conférence étant rompue, Sylla poursuivit le cours de ses succès, et chassa les Barbares de la Grèce. Sa flotte battit celle du roi de Pont; passant ensuite en Asie, il conclut la paix avec Archélaüs, et força Mithridate à la ratifier.

On raconte que ce fier monarque, lui ayant demandé une entrevue en Troade, s'approcha de lui, et, avant de lui adresser une seule parole, lui présenta la main. Sylla, sans avancer la sienne, lui dit : « Consentez-vous au traité que j'ai conclu avec Ar» chélaüs? » Le roi hésitait à répondre; Sylla re-

prit : « Songez que c'est à ceux qui demandent la
» paix à parler, et que les vainqueurs n'ont qu'à se
» taire et à écouter leurs suppliques. » Mithridate
ayant alors déclaré qu'il ratifiait la paix, Sylla l'embrassa et le réconcilia ensuite avec Nicomède et
Ariobarzane. Ces deux rois, détrônés par le roi de
Pont, reprochaient au général d'épargner un prince
cruel qui avait, dans un seul jour, fait massacrer
cent cinquante mille Romains en Asie. Mais la position de Sylla, l'armement de l'Italie contre lui, et
l'approche de Fimbria, qui commandait des légions
en Asie, et suivait le parti de Marius, lui ôtaient toute
possibilité de consommer la ruine de Mithridate. Il
se borna donc, par ce traité, à le dépouiller de ses
conquêtes en Grèce et en Asie, à lui faire payer les
frais de la guerre, et à le renfermer dans les limites
de ses états.

Délivré de la guerre étrangère, il s'occupa de la
guerre civile, et marcha d'abord contre Fimbria :
mais il ne lui fut pas nécessaire de le combattre;
les légions de ce général l'abandonnèrent, et il
se tua.

Sylla, de retour en Grèce, fit le siége d'Athènes,
triompha de la résistance opiniâtre de ses habitants,
et dit avec mépris à ses orateurs qu'il venait pour
punir des rebelles, et non pour entendre des harangues. Il emporta les murs d'assaut; et acheva la
ruine de la liberté de la Grèce par la prise et par la

destruction de cette cité célèbre. Cependant, après avoir assouvi sa vengeance contre Athènes, il lui rendit ses lois, et se fit initier aux mystères d'Éleusis. Il découvrit dans cette ville les œuvres d'Aristote et de Théophraste, dont il enrichit sa patrie.

Sylla s'embarqua ensuite pour se rendre en Italie. Elle lui opposait quinze armées. Les premières qu'il attaqua furent celles que commandaient le jeune Marius et Norbanus. Il les défit et leur tua six mille hommes. On lisait dans ses mémoires dédiés à Lucullus que cet événement décida de sa destinée, et que, sans ce premier succès, toute son armée, qui commençait avec regret la guerre civile, se serait débandée, et l'aurait livré sans défense à la fureur de ses ennemis.

Cependant Rome avait élu Marius consul pour la septième fois. Le peuple racontait que, dans son enfance, sept aigles avaient plané sur sa tête, et qu'un augure, expliquant ce présage, lui prédit qu'il parviendrait sept fois au pouvoir suprême.

Ce vieillard ambitieux et cruel, accablé par l'âge et par les chagrins, jaloux de la gloire de Sylla et effrayé de son retour, ne pouvait plus goûter aucun repos. Pendant le jour, la fureur agitait son ame; la nuit, le sang versé par lui pesait sur son cœur, et son sommeil était troublé par des songes funèbres. Voulant s'arracher à ses sombres pensées, il se livra, contre son ancienne coutume, aux festins et à la débauche, tomba malade et mourut.

Marius, habile général, intrépide guerrier, mauvais citoyen, également célèbre par ses exploits et par ses crimes, devint à la fin de ses jours aussi odieux au peuple romain qu'il en avait été chéri dans sa jeunesse. Ce fut lui qui, le premier, fit essayer à Rome la servitude. Son dernier consulat n'avait duré que dix-sept jours. Il était âgé de soixante-dix ans. Son fils ne succéda point à sa gloire; il n'hérita que de ses vices et de sa cruauté.

Le peuple donna le consulat à Cinna et à Carbon. Ils se hâtèrent d'armer l'Italie, et d'enrôler toute la jeunesse pour compléter les légions.

Le sénat venait de recevoir des lettres menaçantes de Sylla, qui lui rendait compte de ses exploits, faisait l'énumération de ses griefs, et annonçait sa vengeance, promettant seulement d'épargner les citoyens vertueux et paisibles. Les sénateurs, délivrés de la tyrannie de Marius, et obéissant à une autre crainte, défendirent aux consuls de continuer leurs levées : ceux-ci méprisèrent ce décret; Cinna fit même embarquer ses troupes pour la Dalmatie; mais un vent contraire les ayant ramenées au port, elles se déclarèrent contre la guerre civile, et refusèrent de se rembarquer. Cinna accourut dans l'espoir d'apaiser cette révolte; sa présence aigrit la sédition au lieu de la calmer, et, comme il voulait faire punir les rebelles, ils se jetèrent sur lui et le massacrèrent.

Carbon, resté seul consul, tenta de se réconcilier avec Sylla, qui rejeta ses propositions. Le peuple donna Scipion pour collègue à Carbon : tous deux, avec Norbanus et le jeune Marius, firent les plus grands efforts pour arrêter la marche de Sylla; mais on vit avec surprise Céthégus, ancien ami de Marius, embrasser la cause de son ennemi. Dans les temps de factions tous les liens perdent leur force, l'intérêt efface tous les droits, et l'ambition éteint tout autre sentiment.

L'armée de Scipion, abandonnant son chef, céda aux promesses et aux menaces du vainqueur de Mithridate, et se rangea sous ses enseignes. Le consul lui-même fut pris, et Sylla lui rendit généreusement la liberté. Carbon, admirant à regret la vaillance et les ruses de Sylla, disait qu'il trouvait à la fois en lui un renard et un lion, et que le renard lui faisait encore plus de mal que le lion.

Sylla, soit par superstition, soit par politique, parlait avec respect des présages, et regardait les songes comme des avis envoyés par les dieux. Lorsqu'il descendit en Italie, la terre, près de Brindes, se fendit tout à coup, et il en sortit une flamme vive et claire qui s'élança vers le ciel. Les augures expliquèrent ce phénomène en annonçant qu'un homme grand et blond s'emparerait de l'autorité, et rendrait la paix à la république. Sylla, dont les cheveux étaient très-blonds, s'appliqua cet oracle, qui ranima la confiance de l'armée.

Norbanus, battu de nouveau par un des généraux de Sylla, n'osa se fier à sa générosité, et prit la fuite. Les armées de Sylla et de Carbon exerçaient les plus affreux ravages en Italie. Toutes les villes, déchirées par ces deux factions, n'étaient plus qu'un théâtre sanglant de meurtres et de brigandages.

L'année suivante, les généraux de l'heureux Sylla, Pompée, Crassus, Métellus, Servilius, éprouvèrent comme lui les faveurs de la fortune. Métellus défit complètement Norbanus, qui se tua de désespoir; Pompée remporta une victoire sur Marcius, lieutenant des consuls; Sylla lui-même, rencontrant le jeune Marius près de Signium, lui livra bataille, lui tua vingt mille hommes, et le pressa si vivement qu'il le força de se renfermer dans Préneste.

Marius, furieux, et ne voulant pas que les patriciens pussent se réjouir de son infortune, écrivit à Brutus de massacrer dans Rome tous ceux qui, cédant à la crainte, auraient abandonné son parti; cet ordre atroce fut exécuté.

Métellus, poursuivant toujours ses succès, défit l'armée de Carbon. Celui-ci, découragé par ce revers et par la désertion d'une partie de ses troupes, se sauva en Afrique, quoiqu'il eût encore trente mille hommes sous ses ordres.

Sylla, vainqueur du jeune Marius, entra sans obstacles dans Rome, et borna d'abord sa vengeance à faire vendre les biens des fugitifs. Ayant ensuite laissé une garnison dans cette ville, il marcha contre Préneste pour combattre une armée qui venait la secourir; tandis qu'il était occupé de cette expédition, les Samnites, commandés par Télésinus, parurent inopinément aux portes de Rome, et répandirent l'effroi dans la ville.

Appius Claudius, à la tête d'un petit nombre de soldats, défendait les portes avec plus de courage que d'espérance. Sylla accourt avec une partie de son armée; et, quoique fort inférieur en nombre, il livre audacieusement bataille à ces anciens et redoutables ennemis de la république.

Malgré tous ses efforts, l'aile gauche qu'il commandait est enfoncée; enveloppé lui-même par les Samnites, il invoque Apollon Pythien, dont il portait toujours une image d'or, rallie ses soldats, et, redoublant en vain de courage et d'opiniâtreté, il se voit enfin obligé de chercher son salut dans la fuite. Mais, au moment où il se croyait perdu et sans ressource, il apprend avec étonnement que Crassus, commandant son aile droite victorieuse, venait de mettre les ennemis en déroute et de remporter une victoire complète.

Sylla, furieux du danger qu'il avait couru, ordonna le massacre de trois mille prisonniers, et fit jeter dans Préneste les têtes des généraux Marcius et Carinus. Les habitants de la ville, consternés de la défaite des Samnites, et désespérant d'être secourus, se révoltèrent contre leur chef, et se rendirent à Lucullus. Le jeune Marius, abandonné par eux, se poignarda. On envoya sa tête à Rome, et Sylla la fit clouer sur la tribune aux harangues.

Cependant Carbon, qui avait rassemblé des troupes en Afrique, débarqua en Sicile. Pompée le combattit, le défit et le poursuivit jusqu'à Corcyre, où il le fit prisonnier. Pompée, égaré par les fureurs et par la haine, funestes effets des guerres civiles, accabla d'injures cet ancien consul tombé dans ses fers, le fit tuer, et envoya sa tête à Sylla. Celui-ci, maître de Rome, ne déguisant plus ses fureurs, déclara en présence du peuple que, s'il voulait récompenser dignement ceux qui lui étaient restés fidèles, il savait aussi se venger de ceux qui l'avaient offensé. Plus cruel encore que Marius, et plus implacable dans ses vengeances, il inonda la ville de sang.

Ses listes de proscription, dictées par la cupidité autant que par la haine, grossissaient chaque jour. Dans le seul Champ-de-Mars on égorgea huit mille citoyens. On était coupable pour avoir servi sous Marius et pour avoir obéi aux consuls ou à leurs généraux. L'amitié, la pitié même pour un proscrit exposaient au supplice. L'indépendance, l'honneur, l'humanité se voyaient punis comme des forfaits; le soupçon tenait lieu de conviction; la plainte devenait un délit; la possession d'une terre fertile, d'une grande maison, d'une belle ferme, mettait en péril et tenait lieu de crimes; car Sylla, froid dans ses violences et profond dans ses cruautés, tuait pour confisquer, enrichissait ses officiers, ses partisans, ses soldats des dépouilles de ses ennemis, et même de ceux qui s'étaient montrés neutres dans ces troubles. Il s'assurait par ce moyen l'appui constant des armées, d'un immense parti devenu complice de ses vengeances, et aussi intéressé que lui à maintenir son pouvoir et ses décrets.

Les mêmes scènes de pillage et de massacre se répétèrent dans toutes les villes d'Italie. La cupidité, la délation, le poignard poursuivaient partout leurs victimes.

Sylla, craignant que quelques proscrits n'échappassent à son courroux, mit leurs têtes à prix, et menaça de mort ceux qui leur donnaient asile. On creva les yeux du frère de Marius, et, avant de le tuer, on lui coupa les mains et la langue. Les hommes les plus pervers obtenaient la faveur de Sylla par leurs crimes.

Catilina avait assassiné son propre frère; il pria Sylla, pour couvrir ce meurtre, de placer sa victime sur la liste des proscrits; et, après avoir acheté cette horrible grace par une reconnaissance digne de cette infâme faveur, il poignarda un des ennemis de Sylla, lui apporta sa tête, et lava ses mains sanglantes dans les eaux lustrales du temple d'Apollon. L'avarice fit encore plus de victimes que la haine. On dénonçait, on égorgeait l'innocence pour obtenir un salaire. Aurélius, citoyen pacifique et étranger à tous les partis, voyant son nom sur la liste fatale, s'écria : « Ah! malheureux! c'est ma » maison d'Albe qui me proscrit. » A quelques pas de là il fut assassiné.

Au milieu de cette ville superbe, dominatrice du monde et vile esclave d'un tyran sanguinaire, peu de citoyens bravèrent courageusement la mort, et montrèrent quelques restes de l'antique liberté.

Surfidius osa représenter à Sylla que, s'il voulait régner sur Rome, il ne devait pas en massacrer tous les habitants. Métellus lui dit: « Si tu ne veux par- » donner à aucun des condamnés, rassure au moins » ceux qui ne doivent point l'être, et qu'un Romain » sache s'il doit exister ou mourir. »

Caton, destiné plus tard à périr pour la cause de la liberté, n'avait alors que quatorze ans; et, comme on le conduisait quelquefois dans la maison de Sylla, il demanda un jour à son gouverneur comment les Romains pouvaient laisser vivre un tyran si odieux. « Parce qu'il est encore plus craint » que haï. — Eh bien, reprit ce fier enfant, donne- » moi un glaive pour le tuer. »

Sylla, pressentant l'ambition et la haute destinée de son gendre, Jules César, qui déjà s'attirait l'affection du peuple, conçut le dessein de le faire périr. Ses amis l'en détournèrent : « Vous avez tort, » leur dit Sylla ; les mœurs efféminées et la ceinture lâche de ce jeune Romain vous cachent son » caractère; mais moi, je vois en lui plusieurs » Marius. » Enfin la mort des deux consuls termina cette sanglante proscription. Sylla, sortant de la ville, fit nommer par le sénat un inter-roi, suivant l'ancienne coutume. Valérius Flaccus, revêtu de cette dignité, et fidèle aux instructions qu'il avait reçues, représenta aux sénateurs la nécessité de créer un dictateur, afin de rétablir l'ordre dans la république. Il proposa en même temps de ne point fixer de limites à son pouvoir. Sylla, désigné par lui, offrit au sénat ses services. Les sénateurs, n'osant résister, et croyant trouver dans les formes de l'élection une ombre de liberté, élurent l'heureux Sylla dictateur pour tout le temps qu'il lui plairait de conserver cette charge. Ce fut l'an 672, quatre-vingts ans avant Jésus-Christ, que Rome, victorieuse des rois, se courba sous le joug d'un maître.

CHAPITRE IV.

Consternation dans Rome. — Tableau des proscriptions. — Portrait de Sylla. — Son gouvernement. — Son consulat. — Premier plaidoyer de Cicéron. — Guerre entre Muréna et Mithridate. — Adoption d'un édit de Sylla. — Abdication et retraite de Sylla. — Repas public donné au peuple. — Mort de Sylla. — Ses funérailles. — Guerre civile entre Lépidus et Catulus. — Défaite, fuite et mort de Lépidus. — Habileté de Sertorius. — Guerre civile entre Métellus et Sertorius. — Arrivée de Perpenna en Espagne. — Traité entre Sertorius et Mithridate. — Descente de Pompée en Espagne. — Victoire de Métellus en Andalousie. — Bataille entre Pompée, Métellus et Sertorius. — Retraite de Sertorius. — Troubles à Rome. — Hostilités des Ciliciens. — Rome sauvée de la disette par Cicéron. — Exploits du proconsul Curius. — Révolte en Espagne. — Conspiration de Perpenna contre Sertorius. — Mort de Sertorius. — Punition et mort de Perpenna. — Fin de la guerre d'Espagne.

Les troubles de la république étaient apaisés; mais le remède violent que Sylla avait employé pour les guérir jetait Rome dans la consternation, et son immobilité différait peu de la mort.

Les rigueurs sanglantes de Marius, de Cinna, de Carbon, de Sylla et de leurs lieutenants frappaient encore les esprits d'effroi. L'invasion de Brennus et celle d'Annibal avaient coûté moins de larmes et de sang à l'Italie. Les vainqueurs tremblaient comme les vaincus.

On se rappelait que Sertorius, ne trouvant pas de moyens pour comprimer les six mille soldats qui avaient fait entrer dans la ville Marius triomphant, lui persuada de les cerner et de les tuer à coups de flèches. On frémissait en pensant à ces jours affreux où l'on voyait des fils, outrageant les noms les plus saints, dénoncer leurs pères, des femmes impudiques livrer leurs époux aux bourreaux et solliciter le vil salaire de leurs crimes. Dans ce temps de délire et d'horreur où la nature égarée ne reconnaissait ses liens qu'après les avoir brisés, on vit un frère, ayant combattu et immolé son frère, se tuer sur son corps après l'avoir reconnu.

Le sénat ne devait-il pas être encore glacé de crainte à la vue du dictateur, lorsqu'il se souvenait qu'un jour, un bruit horrible troublant ses délibérations, Sylla dit froidement : « Que ces cris ne vous » inquiètent pas, pères conscrits ; ce sont quelques » misérables que je fais châtier ? » Et ces affreux gémissements étaient ceux de huit mille prisonniers égorgés par ses ordres.

Le peuple pouvait-il compter sur la force des lois contre un homme qui, ayant fait massacrer arbitrairement un sénateur candidat au consulat, et l'un de ses propres généraux, vainqueur de Préneste, s'était contenté de répondre pour toute

justification : « Je l'ai tué parce qu'il m'a résisté ? »
Enfin pouvait-on conserver l'espoir de trouver un asile au pied des autels, lorsque le sang du pontife Mérula fumait encore dans le temple même de Jupiter, où son siége demeura vacant pendant soixante-dix-sept années ?

Rome entière portait le deuil de quatre-vingt-dix sénateurs, de quinze consulaires, de deux mille six cents chevaliers; et ces dernières proscriptions paraissaient d'autant plus effrayantes que, loin d'être l'effet d'une effervescence momentanée, elles signalaient le triomphe et les vengeances du parti des grands sur celui du peuple.

La fureur populaire, violente comme un orage, n'en a que la durée. La multitude, n'étant point organisée, ne peut former ni suivre aucun plan. Les excès commis par l'aristocratie sont moins féroces, mais plus prolongés. Elle proscrit, non par masses, mais par listes. Revêtue de formes plus légales, couverte du masque de l'honneur et de la justice, et se servant du mépris comme d'une arme empoisonnée, elle s'efforce de diffamer ceux qu'elle condamne et de flétrir ceux qu'elle tue. L'esprit de corps qui l'anime la rend constante dans ses haines, et veut conserver le mal qu'elle a fait.

Le parti populaire ne se venge que sur les corps, le parti des grands attaque l'honneur ainsi que la vie. Cette tactique, qui fait quelque temps sa force, cause ensuite infailliblement sa ruine, car elle inspire de justes et de profonds ressentiments ; et comme, après le triomphe, les grands substituent l'esprit de faction à l'esprit national, ils se déchirent bientôt entre eux en se disputant l'autorité, et se voient forcés, pour se détruire, d'avoir recours à ce peuple même qu'ils ont méprisé et opprimé.

Ce qui est remarquable dans les vengeances de Sylla, c'est qu'on les vit empreintes du double caractère des deux partis qui divisaient depuis si longtemps la république : elles furent féroces comme celles de la multitude, longues comme celles de l'aristocratie; et jamais on ne ternit de plus belles actions par de plus lâches cruautés.

Cependant tels étaient la lassitude des Romains et le besoin général de l'ordre et du repos, que Sylla, lorsqu'il eut mis enfin un terme à ses rigueurs, parut conserver la confiance du sénat, le respect du peuple et la faveur de l'armée.

Quand les mœurs, plus fortes que les lois, commencent à se corrompre, le peuple ne peut espérer de repos que dans la monarchie : un troisième pouvoir, s'élevant au-dessus des deux autres et limité par eux, peut les contenir et préserver le pays des maux qu'entraînent l'orgueil aristocratique et la licence populaire; mais, si les mœurs sont entièrement détruites, si l'esprit national est totalement éteint, la dissolution est inévitable, et la nation tombe sous le joug du despotisme d'un ambitieux ou dans les chaînes de l'étranger. On peut guérir la fièvre politique; mais contre la gangrène morale il n'existe aucun remède.

Le caractère de Sylla offre un mélange inconcevable de qualités et de vices, de grandeur et de petitesse. Peu d'hommes de génie l'égalèrent en audace, peu d'esprits vulgaires eurent plus de superstition. Un songe effrayait cet ambitieux qui attaquait sans crainte Rome, maîtresse du monde. On le vit long-temps adonné aux lettres, ami des plaisirs, modeste dans ses succès, doux avec ses égaux, soumis à ses chefs, familier avec ses inférieurs; mais, proscrit par Marius, la perte de ses biens, le massacre de ses amis, la passion de la vengeance changèrent tout à coup ses mœurs. Il montra souvent dans Athènes et dans Rome la grossière férocité d'un Cimbre. Conservant cependant encore quelques-unes de ses premières habitudes, quelques vestiges de ses anciennes vertus, il dut paraître aux Romains le plus capricieux des hommes. On le voyait tantôt arrogant jusqu'à l'insolence, tantôt affable jusqu'à la flatterie, pardonnant quelquefois les délits les plus graves, et punissant par le dernier supplice les fautes les plus légères. Généreux pour Scipion, il lui rend la liberté; implacable pour le jeune Marius, il l'outrage même après sa mort. Pompée, auquel il refusait le triomphe, brave son

pouvoir, et lui dit : « Le peuple est plus disposé à
» adorer le soleil levant que le soleil couchant. »
Sylla, moins irrité qu'étonné de son audace, la laisse
impunie et s'écrie : « Eh bien, que ce jeune homme
» triomphe donc, puisqu'il le veut. » Ce même
Sylla fit mourir peu de temps après Ophella,
parce qu'il briguait le consulat contre son avis.

Ce guerrier, si fier avec le sénat, si dur pour le
peuple, inaccessible à la pitié comme à la crainte,
ne pouvait résister à l'ascendant qu'avait pris sur
lui sa femme Metella. Seule elle savait fléchir son
orgueil et sa haine. Les Romains ne lui arrachaient
quelque grace ou quelque acte d'humanité qu'en
invoquant le nom de Métella. Lorsque cette épouse
si chère fut au moment de mourir, Sylla, cédant à
la superstition et craignant qu'un cadavre ne souil-
lât sa maison, la fit transporter expirante dans un
autre logement; mais, dès qu'elle fut morte, il
donna les marques du plus violent désespoir, et
lui prodigua les hommages et les regrets de l'amour
le plus passionné.

Parvenu au pouvoir suprême, Sylla récompensa
Valérius Flaccus de sa complaisance servile, en le
nommant maître de la cavalerie. Voulant ensuite
consoler les Romains de leur dépendance actuelle,
en leur offrant quelque image de l'ancienne liberté,
il fit élire consuls par le peuple Marcus Tullius Dé-
cula et Cnéius Cornélius Dolabella.

Les lois qu'il publia eurent toutes pour objet le maintien de l'ordre, l'affermissement de l'autorité du sénat et l'abolition des priviléges que le peuple s'était arrogés. Il renouvela la défense de solliciter le consulat avant d'avoir exercé la préture, ordonna qu'après avoir été consul on restât dix ans sans pouvoir solliciter une seconde fois cette dignité. Il compléta les colléges sacerdotaux, fit entrer trois cents chevaliers dans le sénat, enleva aux tribuns les droits qu'ils avaient usurpés, et borna, comme autrefois, leurs fonctions à celles de protecteurs des intérêts du peuple. Exerçant sa puissance dans toute l'étendue de l'empire romain, il exigea un tribut des provinces conquises, des villes, des peuples et des rois alliés. Il donna dans Rome le rang et les droits de citoyens à dix mille affranchis, et étendit dans toutes les villes d'Italie cette mesure, qui lui assurait un peuple dévoué. Ces nouveaux citoyens portèrent le nom de Cornéliens.

Toutes les terres d'Italie acquises au fisc par les proscriptions furent distribuées aux vieux soldats qui avaient conquis avec lui l'Asie, la Grèce et Rome. Cherchant à flatter l'orgueil de cette Rome, qu'il privait de sa liberté, il agrandit son enceinte, rebâtit le Capitole, qui avait été brûlé pendant la guerre civile, et fit chercher par toute la terre quelques copies des livres sibyllins consumés dans cet incendie.

CICÉRON.

PUBLIÉ PAR FURNE, A PARIS.

Attentif à détruire les restes du parti de Marius partout où il cherchait à se relever, le dictateur envoya Pompée en Afrique pour combattre Domitius Énobarbus, gendre de Cinna, dont les forces s'étaient accrues par l'alliance de Juba, roi de Numidie. Pompée, en quarante jours, détruisit l'armée de Domitius, battit Juba et conquit la Numidie, dont il donna le trône à Hiempsal. Sylla le rappela en Italie. Ses soldats voulaient le retenir au milieu d'eux; mais il obéit au dictateur. Celui-ci, content de sa soumission, lui donna le surnom de Grand, qui lui demeura toujours. Ce fut à cette époque que Pompée arracha, plutôt qu'il n'obtint, les honneurs du triomphe.

Sylla, exerçant toujours le pouvoir absolu sous des formes républicaines, se fit nommer consul avec Métellus. Méprisant sans pudeur l'opinion publique, on le voyait quelquefois assis sur son tribunal, substituant ses caprices aux lois, accorder les revenus d'une ville et même ceux d'une province à des histrions et à des femmes perdues. Un mauvais poète lui présentant un jour ses ouvrages, il lui fit un présent magnifique, à condition qu'il ne composerait plus de vers.

Sous son consulat, Roscius fut cité en jugement par Chrysogonus, qui avait assassiné son père, l'avait fait placer sur la liste des proscrits, et voulait s'emparer de son héritage. Cicéron parut pour la première fois à la tribune, et plaida courageusement la cause de l'héritier du proscrit en présence du proscripteur.

Sa brillante éloquence excita l'admiration générale, et annonça un grand homme aux Romains. Après ce début glorieux, il se rendit à Athènes pour perfectionner son talent. Apollonius Molon, un des plus grands orateurs de la Grèce, l'ayant entendu parler, rêvait tristement et ne l'applaudissait pas. Cicéron lui demanda la cause de son silence. Molon lui répondit en soupirant : « Je vous » admire sans doute; mais je plains le sort de la » Grèce. Il ne lui restait plus que la gloire de l'élo- » quence; vous allez la lui enlever et la transpor- » ter à Rome. » Cicéron, de l'ordre des chevaliers, était né l'an 647, la même année que Pompée.

Tandis que Sylla cherchait à consoler la république, par quelques années de repos, des maux que lui avaient fait souffrir tant de guerres extérieures et civiles, Muréna, son lieutenant, qui commandait en Asie, n'écoutant que son ambition, recommença, sans y être autorisé, la guerre contre Mithridate, sous prétexte que ce prince grossissait ses troupes et s'obstinait à garder quelques villes de la Cappadoce.

Muréna livra au roi une bataille dont le succès resta indécis. La perte des deux armées fut égale, et toutes deux, se retirant en même temps, s'éloignèrent du lieu du combat. Cependant Sylla, pour rabaisser l'orgueil de Mithridate, qui s'attribuait la victoire, fit décerner le triomphe à Muréna; mais il lui envoya en même temps l'ordre de cesser toute hostilité.

Un des actes les plus absolus du dictateur fut l'édit qu'il fit adopter par le sénat et par le peuple pour ratifier tous ses décrets de proscriptions, d'exils, de confiscations, et tout ce qu'il avait ordonné avant et depuis son élévation à la dictature. Cicéron refuse avec raison le nom de loi à cet édit despotique, qui consacrait tant d'atrocités, et qui voulait en rendre complice tout le peuple romain.

Il paraissait probable qu'un homme qui avait versé tant de sang pour conquérir le rang suprême ne voudrait le quitter qu'avec la vie. Quand un trône est fondé sur des crimes, on peut en tomber; on n'ose pas en descendre. Le peuple, déjà fait au joug, offrit au dictateur un troisième consulat; mais, à la grande surprise de Rome et de l'univers, il le refusa et abdiqua la dictature déclarant qu'il voulait désormais vivre en simple citoyen.

Ce génie ardent et superbe ne trouvait plus d'aliment digne de lui dans les soins d'une administration paisible. Le pouvoir sans danger n'avait plus de charmes à ses yeux; et, n'ayant plus à conquérir ni à proscrire, toute autre occupation lui paraissait insipide et vulgaire.

Sa retraite, plus audacieuse que ses victoires, prouva qu'il était trop dégoûté des hommes pour aimer à les gouverner, et qu'il les méprisait trop pour les craindre.

Comme il descendait de la tribune aux harangues, un jeune citoyen l'accabla d'injures. « Votre imprudence, lui répondit froidement Syl- » la, empêchera un autre dictateur d'abdiquer » comme moi. »

Si l'on est d'abord saisi d'étonnement en voyant ce farouche Sylla, naguère précédé de vingt-quatre haches qui répandaient partout la terreur et la mort, se promener sans pouvoir et sans crainte au milieu d'une ville qu'il avait inondée de sang, et se livrer sans armes aux vengeances de la foule innombrable de familles plongées par lui dans le deuil et dans la misère, on sent peu à peu diminuer cette surprise en se rappelant l'immense quantité de complices qu'il s'était donnés par ses confiscations, les partisans que lui faisait dans le sénat le rétablissement des priviléges de ce corps, le dévouement des Cornéliens, qui lui devaient leur nouvelle existence, et l'affection ardente de ce grand nombre de soldats, vainqueurs sous ses ordres et enrichis par ses bienfaits en Italie.

Attaquer Sylla, c'eût été les attaquer tous, et leur propre intérêt en formait une garde perpétuelle qui garantissait sa sûreté et le maintien de ses lois.

Le parti des mécontents, nombreux, mais réduit à l'impuissance, se vit borné à se venger de ses maux réels par de vaines railleries. Il donnait à son autorité absolue, revêtue des formes républicaines, les noms de *royauté négative* et de *tyrannie avouée*.

Après avoir abdiqué, Sylla offrit à Hercule la dixième partie de ses biens, et donna une grande fête, dans laquelle il invita tout le peuple à un repas public. La profusion y fut telle, qu'on jeta dans le Tibre une immense quantité de viandes.

N'éprouvant plus d'ambition que pour ses enfants, il leur donna les surnoms de Faustus et de Fausta, espérant sans doute qu'ils seraient comme lui toujours favorisés par la fortune. Après la mort de leur mère Métella, il épousa Valéria, sœur du célèbre orateur Hortensius.

Sylla, éloigné des affaires et retiré à Cumes, se livra aux plaisirs, termina sa carrière comme Marius, et succomba aux excès de la débauche, à laquelle il se livrait peut-être pour échapper aux remords.

Deux jours avant sa fin il écrivait encore ses mémoires [1]; mais, toujours superstitieux, il prétendit que sa femme Métella lui était apparue en songe et l'avait averti qu'il devait bientôt la rejoindre. Un accès de colère fit crever un abcès dans ses en-

---

[1] An de Rome 675. — Avant Jésus-Christ 77.

trailles, et termina ses jours. Il était âgé de soixante ans.

Son ombre sembla vouloir encore réveiller les discordes civiles, et ses funérailles devinrent le sujet d'une violente contestation entre les consuls. Lépidus demandait qu'on l'enterrât sans pompe, et qu'on abolît ses décrets. Catulus, soutenu par Pompée, entraîna les suffrages du sénat; et, conformément au décret qu'il fit rendre, le corps du dictateur, revêtu de la robe triomphale, porté sur un lit d'or et précédé de vingt-quatre licteurs, parcourut l'Italie, fut accueilli par les hommages de tous les peuples, et vint recevoir les derniers honneurs à Rome.

Tous les soldats qui avaient vaincu sous lui accompagnèrent ses restes; les vestales, les pontifes, le sénat, les magistrats, les chevaliers et une foule de peuple formèrent son cortége. On chantait en chœur ses louanges, et son bûcher fut dressé dans le Champ-de-Mars. Du temps de Plutarque, on y voyait encore son tombeau, avec cette épitaphe, composée, dit-on, par lui-même :

<blockquote>
ICI REPOSE SYLLA :
NUL N'A FAIT PLUS QUE LUI DE BIEN A SES AMIS
ET DE MAL A SES ENNEMIS.
</blockquote>

Cet homme, aussi célèbre par ses crimes que par ses exploits, s'était montré, dans sa jeunesse, digne des beaux jours de Rome. Dans d'autres circonstances on n'aurait connu que ses vertus; les discordes civiles développèrent ses vices. L'impunité de ses excès et le maintien de ses actes, même après son abdication, apprirent aux ambitieux que Rome pouvait souffrir un maître. Toutes ses entreprises, couronnées par la fortune, lui firent donner le surnom d'*Heureux*, que démentirent son abdication, son dégoût du monde, sa triste fin et ses remords.

Ses cendres fumaient encore, lorsque le consul Lépidus, qui n'était point découragé par un premier échec, entreprit de relever la faction populaire, de rappeler les bannis, de restituer aux familles des proscrits les biens confisqués, et de recommencer ainsi les troubles civils.

Plus ambitieux qu'habile, Lépidus était peu capable d'accomplir un si vaste dessein. Il paraissait sans doute soutenir la justice en embrassant la cause des opprimés; mais les réactions politiques enveniment les plaies qu'elles veulent guérir; et, comme le dit Florus, la république ressemblait alors à ces malades qu'on tuerait en rouvrant leurs blessures : ils ne peuvent supporter aucun remède violent, et leur seul besoin est le repos.

Catulus, appuyé par un grand nombre de sénateurs, s'opposait vivement aux projets de Lépidus, qui, de son côté, voyait pour lui la multitude et tous les partisans de Marius. Des discussions on passait aux menaces, et déjà les deux partis prenaient les armes. Le sénat, alarmé, conjura les consuls de ne point déchirer de nouveau la patrie, épuisée par de si longs malheurs. Ils cédèrent momentanément à sa voix, suspendirent leurs débats, et tirèrent au sort les départements. Celui de la Gaule échut à Lépidus, qui s'y rendit. Mais, peu de temps après, rappelé dans la capitale, au lieu d'y venir seul, comme il le devait, il s'avança en Italie à la tête de son armée, dans l'intention de forcer les comices à l'élire une seconde fois consul.

Le sénat différa l'élection, et chargea l'inter-roi, Appius Claudius, ainsi que Catulus, sous le titre de proconsul, de veiller à la sûreté de la république.

Catulus, soutenu par Pompée, marcha contre Lépidus, lui livra bataille, le défit, et le contraignit de se retirer en Étrurie. Après sa défaite, les comices élurent consuls Décimus Brutus et Mamercus Émilius. Pompée, leur lieutenant, conduisit ses troupes dans la Gaule cisalpine, battit Marcus Brutus, lieutenant de Lépidus, le renferma dans Modène, le força de se rendre, et lui fit trancher la tête.

Catulus, commandant un autre corps d'armée, livra en Étrurie une seconde bataille à Lépidus: celui-ci disputa la victoire avec un tel courage, qu'il se voyait au moment de la remporter, lorsque Pompée, arrivant au secours de Catulus, changea la fortune. Lépidus, vaincu, se sauva en Sardaigne, où il mourut de chagrin. Ce fut alors qu'on dut sentir que Sylla avait cessé d'exister; car une amnistie entière fut accordée aux vaincus.

Pompée, qui comptait plus d'exploits que d'années, avait triomphé, en Sicile, en Afrique, en Italie, de la faction de Marius, sans avoir pu obtenir encore aucune des dignités qui donnaient le droit de commander les armées. Son mérite lui tenait lieu de titres, et sa gloire avait précédé sa fortune. A cette époque, le parti de Marius, partout terrassé, ne montrait plus de vie et de force qu'en Espagne, où Sertorius le relevait et le soutenait par un courage et par des victoires qui répandaient dans Rome une vive inquiétude.

Tous les généraux envoyés dans cette contrée s'étaient laissé successivement vaincre par lui; et Métellus lui-même, malgré sa longue expérience dans l'art de la guerre, reculait devant le génie de cet habile général. Dans cette circonstance critique, le sénat crut que Pompée seul pouvait être opposé avec succès à un si redoutable adversaire.

Sertorius, ferme dans ses desseins, rapide dans ses opérations, fertile en ressources, exempt de crainte dans les périls et d'ivresse dans la prospérité, s'était acquis autant de considération par ses vertus que par ses talents. Aucun vice ne les ternissait. Cet antique Romain, déplacé dans ces jours de corruption, se trouva, par la force des circonstances, entraîné dans les discordes civiles, et illustra son parti par ses exploits, sans jamais partager ses fureurs ni ses crimes.

Né dans le pays des Sabins, il brilla d'abord au barreau par son éloquence : il combattit ensuite vaillamment contre les Cimbres. Ayant appris leur langue avec soin, il s'introduisit, sous leur costume, dans leur camp, reconnut leur position, en rendit compte à Marius, et contribua puissamment à ses victoires. Il perdit un œil dans les combats, et s'en consolait en disant que c'était une marque d'honneur plus évidente que toute autre, et qui ne le quitterait jamais.

Revenu à Rome, il sollicita le tribunat. Sylla l'empêcha de l'obtenir; dès-lors il s'attacha invariablement au parti de Marius.

Partageant sa gloire et non ses excès, il lui montra son horreur pour les proscriptions, et le décida à faire périr les six mille brigands qui avaient rempli Rome de massacres.

Après la mort de Marius, voyant le peu d'accord qui existait entre ses lieutenants, dont les uns se faisaient battre par leurs fautes, tandis que les autres laissaient corrompre et débaucher leurs troupes, il prédit leur ruine infaillible, et se retira en Espagne avec mille hommes dévoués.

Les Espagnols, méprisant une troupe si peu nombreuse, ne se bornèrent pas à lui refuser les tributs ordinaires; ils exigèrent qu'il payât sa nourriture, celle de ses troupes et son logement. Les Romains qui le suivaient ne pouvaient supporter cet affront fait à un proconsul, et voulaient qu'il refusât tout paiement. Sertorius, souriant d'une vanité si déplacée, leur dit : « Laissez-moi les sa- » tisfaire; par ce moyen j'achète du temps, et c'est » ce qu'un homme qui forme de grandes entrepri- » ses ne saurait jamais trop payer. »

Comme il ne pouvait rassembler de forces assez considérables pour lutter contre Annius, chargé par Rome de le détruire en Ibérie, et qui avait déjà battu Salinator, son lieutenant, au pied des Pyrénées, il se vit forcé de céder quelque temps à l'étoile de Sylla, et s'embarqua pour l'Afrique. Soutenant dans cette contrée la renommée qu'il s'était faite, il rétablit sur le trône de Mauritanie Ascalius, qu'une faction en avait chassé, et il lui fit remporter plusieurs victoires sur les princes voisins, ses ennemis.

Le triomphe complet de Sylla, son pouvoir absolu, ses vengeances cruelles, la bassesse des Romains, qui souffraient sa tyrannie, remplirent d'indignation l'ame indépendante et fière de Sertorius.

Las des caprices de la fortune, irrité de l'inconstance de la multitude, et honteux de sa patrie, il forma, dit-on, le projet de s'éloigner de la scène du monde et de se retirer dans les îles Fortunées, où il espérait, d'après le récit des voyageurs, trouver des habitants simples et hospitaliers, une terre fertile, des mœurs pures, une paix constante et un printemps éternel; mais l'amour de la sagesse et de la retraite parle bien faiblement à une ame née pour l'ambition et pour la gloire. Les Lusitaniens implorèrent en ce moment son secours pour défendre leur indépendance contre les lieutenants de Sylla. Sertorius ne pouvait refuser de combattre pour une si noble cause, qui lui offrait, d'ailleurs, l'espoir de relever son parti. Il se rendit donc aux vœux des Lusitaniens.

Aussi entreprenant et plus habile que Viriate, il se vit bientôt à la tête d'une forte armée, composée de tous les Romains dispersés en Espagne, et d'une foule immense de guerriers de différentes nations. Employant tantôt la force, tantôt la ruse, toutes ses opérations furent couronnées de succès. Il contraignit Annius à sortir de la Lusitanie; et, s'étendant en Espagne, il battit successivement tous les généraux qui osèrent l'attaquer.

Sa douceur et sa justice lui attiraient l'amour des peuples. Les patriciens, les chevaliers romains, proscrits par Sylla, accouraient de toutes parts autour de lui, et trouvaient à la fois sous ses drapeaux un asile inviolable, l'image de la liberté et l'espoir de la vengeance. Il opposait ainsi, sous ses tentes, un sénat fier et indépendant au sénat servile de Sylla. Entouré de consuls, de préteurs, de questeurs et de tribuns, il semblait avoir transporté Rome dans son camp.

Tandis que les Romains retrouvaient la liberté protégée par ses aigles, les Espagnols, soumis à ses ordres, rassurés par son courage, armés et disciplinés par ses soins, le chérissaient comme leur père et le respectaient comme leur monarque.

Sertorius, habile dans l'art de gouverner les esprits, et profitant de la superstition des peuples pour augmenter leur confiance et son pouvoir, leur avait persuadé qu'il était en commerce avec les dieux, dont il recevait, disait-il, des conseils par l'intervention d'une biche blanche qui le suivait partout, même au milieu des batailles.

Métellus, chargé par le sénat de combattre ce grand capitaine, vit échouer contre lui ses talents et sa vieille expérience. A la tête de ses légions pesamment armées, il faisait la guerre méthodiquement, et ne savait combattre qu'en bataille rangée.

Sertorius, plus jeune, plus actif, plus rusé, commandait peu de troupes régulières, et une grande masse de guerriers ardents, rapides, mais étrangers à la tactique romaine. Il sut habilement éviter toute affaire décisive. Profitant de la difficulté des lieux, de la connaissance du pays, de l'affection de ses habitants, de la légèreté de ses troupes, il enlevait tous les convois, dressait partout des embuscades, paraissait et disparaissait comme un éclair, fuyait au moment où Métellus croyait le saisir, et tombait sur lui lorsqu'il le croyait éloigné. Il minait ainsi les forces romaines sans compromettre les siennes, et Métellus se trouvait vaincu par son ennemi, sans avoir pu le combattre.

Un renfort inattendu vint changer tout à coup la position et les plans de Sertorius. Perpenna arriva en Espagne avec les légions échappées à la défaite de Lépidus.

Ce patricien, fier de sa naissance, croyait que la Lusitanie, l'Espagne et toutes les troupes du parti de Marius lui décerneraient le commandement suprême; mais ses propres soldats, préférant la gloire à l'orgueil et le mérite à la naissance, le forcèrent de se réunir et de se soumettre à Sertorius, qui, depuis ce moment, se voyant à la tête d'une véritable armée, marcha contre Métellus, et remporta sur lui plusieurs avantages.

Sertorius reçut dans ce temps une ambassade de Mithridate, qui lui offrait son alliance et des secours puissants, à condition qu'il lui céderait toute l'Asie. Le général romain avait plus de vertu que d'ambition, et l'avantage momentané de son parti ne pouvait l'emporter dans son esprit sur les intérêts de son pays. Il répondit, non en banni, mais en consul de Rome, qu'il accepterait cette alliance si le roi voulait borner ses prétentions à la Bithynie et à la Cappadoce, qui n'avaient jamais dépendu des Romains; mais qu'autrement il serait son ennemi, puisqu'il ne combattait que pour relever la gloire et la liberté de la république, et non pour affaiblir sa puissance.

Cette réponse noble et fière augmenta l'estime de Mithridate pour Sertorius, et ce prince conclut le traité comme ce général le désirait.

Ce fut dans ce moment, où la gloire et la prospérité de Sertorius étaient à leur comble, que Pompée, décoré du titre de proconsul, descendit en Espagne avec une nouvelle armée. Il ne débuta pas heureusement. Il voulait secourir Laurone, qui était assiégée; Sertorius le battit et s'empara de la ville.

Après la victoire, une femme espagnole arracha les yeux à un soldat romain qui voulait l'outrager. Sertorius, ayant appris que la cohorte à laquelle appartenait ce soldat voulait le venger, qu'elle approuvait sa violence, et même en exerçait chaque jour de pareilles, la condamna tout entière à la mort. Cet acte rigoureux affermit la discipline dans l'armée et redoubla l'affection des Espagnols pour lui.

Métellus, plus heureux contre les lieutenants de Sertorius que contre leur chef, remporta une grande victoire en Andalousie sur Lucius Hirtuléius qui, depuis, se fit tuer en cherchant à réparer cet échec.

Bientôt les armées de Pompée et de Sertorius se trouvèrent de nouveau en présence à Sucrone, près de Tarragone. La victoire fut long-temps disputée, et le succès parut d'abord indécis. Affranius défit l'aile droite des Espagnols, et les poursuivit jusqu'à leur camp; mais Sertorius, vainqueur avec son aile gauche, força Pompée à la retraite, et tomba ensuite sur Affranius, qu'il mit en déroute.

Au milieu du tumulte de cette action, la biche favorite de Sertorius avait disparu, et sa perte était regardée par le peuple comme un présage funeste. Un soldat la lui ayant ramenée pendant la nuit, Sertorius cacha soigneusement son retour. Le lendemain, l'armée étant rassemblée, il déclara qu'un songe venait de lui annoncer que les dieux lui renverraient bientôt cette biche chérie.

A peine avait-il prononcé ces mots, que la biche se montra, courut à lui, et se coucha à ses pieds. Cette ruse dissipa la terreur des Lusitaniens, les confirma dans leur superstition et ranima leur courage.

Sertorius poursuivait ses succès : il espérait encore battre Pompée; mais, apprenant que Métel-

lus venait de le joindre, il se retira, et dit : « Si la
» vieille n'était pas venue, j'aurais renvoyé à Rome
» ce jeune enfant après l'avoir châtié. » De son côté Métellus, en parlant de Sertorius, ne l'appelait que « le fuyard de Sylla, échappé au naufrage de
» Carbon. » Tel est le langage des factions : elles éternisent les haines en les aigrissant par le mépris.

Métellus et Pompée réunis forcèrent enfin Sertorius à risquer une action générale : après une longue et sanglante mêlée, le corps de Pompée plia ; Sertorius mit en déroute celui de Métellus. Ce proconsul lui-même était blessé; et se voyait au moment d'être pris; mais ses troupes, ranimées soudainement par le péril où se trouvait leur général, se jetèrent avec furie sur les Espagnols, et les mirent en désordre. Les soldats de Pompée, encouragés par ce succès, se rallièrent et enlevèrent la victoire à Sertorius, qui se vit forcé à la retraite.

Métellus, vainqueur, ternit son dernier triomphe par un orgueil ridicule et par une lâche cruauté. Il se fit rendre les honneurs divins dans les villes qu'il parcourut, et mit à prix la tête de Sertorius, prouvant, comme le dit Plutarque, qu'il espérait plutôt vaincre un tel homme par la trahison que par la force des armes.

Tandis que ces événements se passaient en Espagne, la turbulence des tribuns répandait dans Rome une nouvelle agitation. Sicinius, l'un d'eux, voulait faire rendre au tribunat ses priviléges. Le consul Curion le fit assassiner; mais, l'année suivante, le peuple, porté à la sédition par une disette affreuse, arracha au consul Cotta un décret qui prononçait l'abolition d'une loi rendue par Cinna pour exclure de toutes les dignités les citoyens qui avaient exercé les fonctions de tribuns.

Dans ce temps la république se voyait attaquée par un ennemi nouveau et d'autant plus formidable que, s'étant rendu maître de toutes les mers, il interceptait tous les convois, et exposait continuellement Rome au fléau de la famine. Les Ciliciens, habitant sur les côtes d'Asie un pays montueux et presque impénétrable, se rendaient redoutables à tous les peuples par leurs pirateries. Ils se grossissaient par le concours des brigands de toutes les nations, qui venaient se joindre à eux. Leurs vaisseaux, nombreux et légers, se montraient dans toutes les mers, détruisaient le commerce et ravageaient les côtes. Cicéron, alors questeur en Sicile, sauva Rome de la disette, en lui envoyant un convoi considérable de grains qui échappa heureusement aux pirates.

Ce fut à son retour de cette île, où il avait rétabli l'ordre et les lois, que sa vanité, comme il le raconte naïvement lui-même, fut étrangement blessée, lorsqu'en débarquant en Italie il vit, par les questions que lui adressaient les citoyens les plus distingués, qu'on ignorait complètement ses travaux, ses succès, et que la plupart de ses compatriotes ne savaient pas même s'il revenait de l'Afrique, de la Sicile où de la campagne. Ce mécompte de son orgueil le décida à suivre la carrière du barreau, et il se fixa dans Rome avec l'intention de faire briller toujours ses talents sous les yeux de ses concitoyens, afin de leur ôter la possibilité de l'oublier.

La province de la Macédoine fut infestée à cette époque par les Dardaniens. Le proconsul Curius les subjugua, défit les Daces, conquit la Mœsie, et pénétra jusqu'au Danube. Ainsi, malgré les troubles que Rome voyait sans cesse se renouveler dans son sein, ses armes victorieuses repoussaient partout ses ennemis. On eût dit que, la fortune rendant les Romains invulnérables pour les Barbares, ils ne pouvaient être vaincus que par eux-mêmes.

En Espagne, la guerre civile continuait toujours; mais le sort inconstant, qui avait élevé si haut Sertorius, cessa tout à coup de le favoriser. Depuis quelque temps Perpenna, jaloux de sa gloire, las d'obéir, épuisait les soldats par de rudes travaux, leur infligeait les plus durs châtiments, et mécontentait les Espagnols en les accablant d'énormes tributs. Ce perfide, feignant d'en user ainsi d'après les ordres de Sertorius, les exécutait, disait-il, à regret, et rendait par ce moyen le général odieux au peuple et à l'armée.

Bientôt la révolte éclata de toutes parts; Sertorius, forcé de sortir de son caractère, exerça des rigueurs qui produisirent leur effet ordinaire, celui d'en nécessiter d'autres et d'aliéner de plus en plus les esprits. Peu sûr de la fidélité des légions ébranlées par les intrigues de son lieutenant, il confia la garde de sa personne aux Celtibériens, ce qui acheva d'aigrir les Romains contre lui.

Lorsque Perpenna les vit diposés comme il le souhaitait, il forma une conspiration contre la vie de Sertorius. L'indiscrétion de l'un des conjurés allait peut-être découvrir le complot; elle en hâta l'exécution. Perpenna invita Sertorius à un festin; on se permit devant lui, ainsi qu'on en était convenu, des propos obscènes, contraires, comme on le savait, à la sévérité de ses mœurs. Indigné de cette licence, Sertorius se coucha sur son lit, tournant le dos avec mépris à ces lâches convives, qui se jetèrent sur lui et le poignardèrent.

Perpenna, héritier de son pouvoir et non de son génie, ne tarda pas à éprouver le châtiment de sa trahison. Pompée, qui connaissait sa téméraire incapacité, fit disperser dans la campagne les soldats de plusieurs cohortes; Perpenna, donnant dans le piége, dissémina imprudemment ses troupes en marchant à la poursuite de ces fourrageurs. Pompée alors l'attaque subitement, détruit sans peine une armée sans ordre, et fait son indigne chef prisonnier.

Perpenna ne trouvait plus de ressources dans son courage; il crut en découvrir dans une nouvelle perfidie. Les papiers de Sertorius étaient dans ses mains, et contenaient de nombreuses correspondances avec une foule de sénateurs, de chevaliers et de citoyens de toutes les classes, qui favorisaient secrètement dans Rome son parti. Le lâche les livra au vainqueur, dans l'espoir de racheter sa vie. Pompée, justifiant alors le surnom de Grand qui lui avait été donné, étouffa cette funeste semence de discordes et de vengeances, jeta publiquement les papiers au feu sans les lire, honora de nobles regrets la mémoire de Sertorius, et vengea ce grand homme par le juste supplice de son lâche assassin.

Ces deux actes de générosité et de justice ramenèrent sous ses drapeaux les soldats de tous les partis. Ayant ainsi terminé la guerre d'Espagne qui avait duré dix ans, Pompée fit ériger des trophées dont on voyait longtemps après, dans les Pyrénées, quelques vestiges. Le sénat lui décerna, pour la seconde fois, les honneurs du triomphe.

CHAPITRE V.

(An de Rome 679. — Avant Jésus-Christ 73.)

Guerre avec les pirates. — Défaite et mort de Marc Antoine. — Guerre avec les esclaves. — Révolte de Spartacus. — Ses exploits. — Sa marche sur Rome. — Exploits du jeune Caton d'Utique. — Préture de Marcus Crassus. — Défaite et mort de Spartacus. — Portrait de Lucullus. — Bataille entre Lucullus et Mithridate. — Défaite et fuite de Mithridate. — Bataille entre Lucullus et Tigrane. — Défaite de Tigrane. — Sédition dans l'armée de Lucullus. — Défaveur de Lucullus. — Son entrevue avec Pompée. — Son retour à Rome et sa mort. — Portrait de Pompée. — Ses exploits. — Sa sévérité pour la discipline. — Sa politique habile. — Sa guerre avec les corsaires de Cilicie. — Sa victoire sur ces pirates. — Son autorité absolue. — Guerre entre Pompée et Mithridate. — Fuite de Mithridate. — Nouveaux exploits de Pompée. — Trahison et mort de Stratonice. — Réduction de la Syrie en province romaine. — Siége et prise de Jérusalem par Pompée. — Nouvelle apparition de Mithridate. — Révolte excitée par son fils Pharnace. — Mort de Mithridate. — Lâcheté de Pharnace. — Honneurs funèbres rendus à Mithridate par Pompée.

Cette même année, Publius Servilius battit sur mer les pirates, pénétra en Cilicie, et se rendit maître d'Isaure, leur ville principale; ce qui lui valut le surnom d'Isaurique. Les pirates vaincus, mais non subjugués, reparurent bientôt avec de nouvelles forces, et s'allièrent aux Crétois, qui les reçurent dans leurs ports. Marc-Antoine, fils de l'orateur et père du fameux triumvir, fut envoyé, avec une grande armée navale, pour les combattre; mais ils enfoncèrent sa ligne, prirent presque tous ses vaisseaux à l'abordage, et pendirent, à sa vue, ses matelots avec les chaînes dont il s'était présomptueusement vanté de les lier. Ce général téméraire et malheureux ne put survivre au chagrin d'une défaite qui rendit les pirates plus puissants que jamais.

Mithridate, voyant la mer presque fermée aux Romains, et Pompée avec Métellus occupés en Espagne par les forces de Sertorius son allié, concevait l'espérance, non-seulement de recouvrer l'Asie, mais encore de porter, comme Annibal, la terreur jusqu'au pied des murs de cette superbe Rome, éternelle ennemie des rois. Son espoir s'accrut encore lorsqu'il apprit que l'Italie était déchirée par les fureurs de la guerre civile; elles étaient excitées par le génie d'un Thrace qui, brisant ses fers, avait soulevé tous les esclaves, et s'en était fait une redoutable armée.

Mais, si Rome avait perdu ses mœurs, elle conservait encore son courage : sa population guerrière faisait face à tous les dangers; et, dans ces circonstances critiques, on la vit à la fois terminer la guerre d'Espagne par les exploits de Pompée, contenir les Gaules avec fermeté, lutter avec constance en Italie contre Spartacus, maintenir la Grèce dans l'obéissance, et opposer à l'ambition de Mithridate une forte armée, dont elle confia le commandement à Lucullus.

Si le sénat traita d'abord avec mépris la révolte des esclaves, Spartacus, leur chef, ne tarda pas à le faire revenir de cette erreur. Ce Thrace, égal en talents aux plus grands capitaines romains, s'était échappé des prisons de Capoue avec deux cents de ses compagnons, destinés, ainsi que lui, à se donner en spectacle au peuple, et à périr comme gladiateurs pour satisfaire la curiosité sanguinaire d'une multitude oisive et cruelle.

Spartacus, campé avec sa petite troupe sur le mont Vésuve, et secondé par la fourberie de sa femme, qui contrefaisait l'inspirée et passait pour prédire l'avenir, proclama la liberté de tous les captifs, et vit accourir près de lui tous les esclaves de la Campanie. A leur tête il défit Appius Claudius Pulcher, qui était venu l'attaquer avec trois mille hommes. Un autre préteur, Vatinius, mena contre lui des forces plus considérables; Spartacus le défit et le tua. Revêtu des dépouilles et des ornements du vaincu, il se montra depuis ce moment avec tout l'éclat d'un préteur, précédé de licteurs et de faisceaux. Il parut plus digne encore par sa vertu que par ses talents du rang imprévu où l'élevait la fortune ; mais, s'il inspirait son courage aux barbares qu'il commandait, il ne put leur communiquer ses sentiments généreux. Indigné des horreurs que ses troupes commettaient dans les villes et dans les campagnes d'Italie, il résolut de les licencier et de les renvoyer chacune dans leur patrie, satisfait, disait-il, d'avoir brisé les fers de tant d'infortunés.

La liberté ne suffisait point à ces féroces guerriers, passionnés pour la vengeance et pour le pillage. Ils refusèrent d'obéir. La discorde suivit bientôt la licence : les Gaulois, qui composaient la moitié de ses forces, se séparèrent de lui, et choisirent un nommé Crixus pour leur général. Spartacus ne conserva sous ses drapeaux que les esclaves thraces ses compatriotes.

Le destin de Rome était de triompher toujours par la désunion de ses ennemis.

Le consul Gellius marcha contre les Gaulois, et défit Crixus, qui périt dans le combat. S'étant joint ensuite au préteur Arius, il vint attaquer les Thraces; mais Spartacus, par l'habileté de ses manœuvres et par l'intrépidité de son courage, remporta la victoire, et mit en fuite l'armée consulaire. Vainqueur, il n'exerça qu'un seul acte de vengeance. Pour célébrer les funérailles de Crixus, et dans le dessein d'humilier l'orgueil de ses ennemis, il voulut leur faire éprouver une seule fois les malheurs dont ils accablaient les victimes de la guerre, et il força trois cents prisonniers romains à combattre en sa présence comme gladiateurs.

Poursuivant ensuite ses succès avec rapidité, il marcha contre Rome, et mit en fuite, presque sans les combattre, les troupes du proconsul Cassius et celles du préteur Manlius.

Au milieu de ces revers, le célèbre Caton d'Utique, âgé de dix-sept ans, fit briller une bravoure digne de l'ancienne Rome. On le voyait toujours le premier aux attaques et le dernier dans les retraites. Partisan austère des antiques règles, il refusa avec opiniâtreté les récompenses militaires que voulaient lui prodiguer ses chefs, en disant qu'elles devaient être le prix des actions et non celui de la faveur, et qu'il ne les avait pas assez méritées.

Marcus Crassus, qui se rendit plus célèbre dans la suite par son opulence, par son avarice et par sa présomption que par ses exploits, jouissait alors d'un grand crédit dans la république. Élève de Sylla et rival de Pompée, il obtint la préture, et fut chargé par le sénat de marcher contre les esclaves. Il est probable que Spartacus aurait triomphé facilement d'un tel adversaire; mais la division se mit encore dans ses troupes. Les Gaulois et les Germains révoltés le quittèrent, combattirent sans ordre en Lucanie, furent dispersés, et, dans leur déroute, perdirent trente-cinq mille hommes.

Spartacus, avec le peu de forces qui lui restaient, cherchant à gagner les Alpes, se vit atteint par les Romains qui lui livrèrent bataille. Avant de combattre, il mit pied à terre, tua son coursier, et dit à ses soldats : « Si je suis vainqueur, je ne man- » querai pas de chevaux ; si je suis vaincu, je n'en » aurai plus besoin. » Décidé à triompher ou à mourir, il se précipite impétueusement sur Crassus, enfonce ses rangs, et l'oblige à se retirer ; mais, s'étant livré trop ardemment à sa poursuite, il se vit enveloppé de toutes parts : blessé grièvement, il combattit long-temps à genoux, tenant son bouclier d'une main et de l'autre son glaive. Enfin, couvert de plaies, hérissé de dards et accablé sous une foule d'ennemis, il périt après avoir immolé un grand nombre de Romains, dont les corps entassés lui servirent à la fois de trophées et de tombeau.

Sa mort découragea ses troupes et décida leur défaite, qui termina cette guerre. Quarante mille esclaves furent tués dans cette journée ; les autres se dispersèrent. Cinq mille seulement, rassemblés sous les ordres du nommé Publipor, défendirent encore quelque temps leur existence et leur liberté. Pompée, nommé trop tard pour achever cette guerre, arrivait alors d'Espagne ; il marcha contre Publipor et détruisit sans peine ces faibles débris du parti de Spartacus. Trop fier d'une victoire peu glorieuse, il écrivit au sénat que, si Crassus avait vaincu les esclaves, lui seul venait de couper les racines de cette révolte.

Crassus n'obtint que le petit triomphe, appelé l'*ovation*. Le myrte y remplaçait le laurier. L'orgueil du triomphateur crut grandir sa victoire en la consacrant par une profusion jusque là sans exemple. Il fit servir dix mille tables pour le peuple romain, et donna à chaque citoyen assez de blé pour le nourrir pendant trois mois. Ce fut un vrai triomphe remporté par la vanité sur l'avarice qui souillait son caractère. Jaloux de Pompée, il voulait balancer son crédit en se rendant populaire, et son ambition rouvrit les plaies de Rome en faisant restituer aux tribuns l'autorité dont ils jouissaient avant la dictature de Sylla.

Ce fut cette même année [1] que Virgile naquit près de Mantoue, dans le temps où Cicéron parvint à l'édilité. Ainsi le sort semblait vouloir consoler Rome de sa décadence prochaine, en jetant sur les derniers moments de la république le vif éclat dont la firent briller le plus grand des poètes, le plus éloquent des orateurs et les plus illustres guerriers.

Le sénat, délivré du péril dont l'avait menacé Spartacus, chargea Métellus de faire la guerre aux

---

[1] An de Rome 684. — Avant Jésus-Christ 68.

Crétois, et de les punir de leur alliance avec les pirates. Ses armes victorieuses détruisirent le prestige de l'ancienne réputation militaire de ces insulaires. Il s'empara de Sydonie, de Gnosse et de Lictus. Pompée, qui ne voulait laisser de gloire et d'autorité à aucun de ses rivaux, était parvenu, par ses intrigues, à faire nommer Octavius son lieutenant, à la place de Métellus; mais ce général, irrité d'une telle injustice et encouragé à la désobéissance par tant d'exemples récents, garda le commandement, soumit entièrement l'île de Crète, rendit Octavius témoin passif de ses victoires, et le contraignit à se rembarquer. Le seul résultat des efforts de Pompée fut d'empêcher pendant trois ans Métellus d'obtenir le triomphe qu'il avait mérité.

Tandis que Rome combattait Sertorius en Espagne et Spartacus en Italie, le consul Lucullus attaquait dans l'Orient Mithridate, le plus habile et le plus redoutable ennemi qui eût menacé la république depuis Annibal.

Lucullus, égal en talents militaires à Sylla, supérieur à lui en vertus, plus ambitieux de gloire que d'autorité, voulait illustrer sa patrie et non l'asservir; un penchant trop vif pour les plaisirs était la seule tache qui ternît ses grandes qualités. Il ne fut pas non plus exempt du vice de son temps, et, loin d'imiter l'antique désintéressement des généraux romains, il profita de son pouvoir pour acquérir d'immenses richesses. Mais, opulent comme Crassus, il ne se montra point avare comme lui, et mérita au contraire le reproche d'avoir contribué, par une prodigalité voluptueuse devenue trop célèbre, à la corruption des mœurs et à la décadence de la république.

Comme général, Lucullus parut peut-être trop sévère pour le soldat, et ne sut point s'en faire aimer; mais, hors du commandement, il se distingua toujours par la douceur de son caractère et par son urbanité. Instruit dans les lettres grecques, éloquent à la tribune, soutenant la justice dans un temps de faction, il ne prit point de part aux crimes de Sylla, dont il avait été le questeur et l'ami. Malgré la liberté de ses opinions, il conserva toujours son ascendant sur cet homme farouche.

Sylla lui dédia ses mémoires, et le nomma tuteur de son fils. Cette tutelle excita la jalousie de Pompée; et, depuis ce moment, ils furent toujours rivaux et presque ennemis.

Lucullus avait obtenu ses premiers succès en Asie, sous les ordres de Sylla, et il s'y était illustré par la défaite de la flotte de Mithridate. Parvenu au consulat, il brigua le commandement de l'armée d'Orient. Pompée l'ambitionnait comme lui : ni l'un ni l'autre ne l'obtinrent. Lucullus reçut le département des Gaules, et comme Pompée menaçait de quitter l'Espagne et de revenir avec ses troupes en Italie, sous prétexte qu'il manquait d'argent, Lucullus, pour tenir éloigné ce rival dangereux, eut l'adresse de lui faire envoyer des subsides considérables et supérieurs à ses besoins. A son retour des Gaules, il demanda le commandement de la Cilicie, dans l'espoir de remplacer son collègue Cotta, qui commandait alors l'armée opposée à Mithridate. La fortune seconda ses vœux. Cotta, craignant de partager avec lui l'honneur de la victoire, ne l'attendit point, attaqua sans prudence le roi de Pont, et se fit battre complétement.

Lucullus venait alors de repousser les Ciliciens; il marcha rapidement au secours de l'armée de Cotta, et se vit enfin seul chargé d'un commandement depuis si long-temps l'objet de son ambition.

Mithridate, préparé de longue main à cette guerre, allié de Sertorius, uni par des traités aux pirates de la Cilicie, s'était emparé de la Cappadoce et même de la Bithynie, quoique son dernier roi eût légué par testament ses états aux Romains. Après tant de griefs, le roi de Pont ne pouvait se soustraire que par la victoire aux vengeances de Rome; et sa ruine, s'il était vaincu, devenait inévitable.

Ce prince venait de rassembler une armée de cent cinquante mille hommes. Réformant les mœurs de son peuple, dépouillant le luxe asiatique, il avait pris les armes et la tactique romaines; et Lucullus, qui ne pouvait lui opposer que trente mille hommes, devait combattre, non une troupe efféminée de satrapes, mais un nombre immense de légions couvertes de fer, disciplinées, instruites et aguerries par leurs succès.

L'armée royale formait le siége de Cyzyque; le général romain prit le sage parti de temporiser et d'éviter toute action, dans l'espoir que l'ennemi ne pourrait faire subsister long-temps de si grandes forces réunies. Les Romains, renfermés dans leur camp, s'irritaient de la timidité de leur chef: sa sagesse sut résister à leurs clameurs; l'événement ne trompa point son attente. Bientôt la rareté des vivres réduisit l'armée de Mithridate à une disette si affreuse, que les cadavres des morts servaient de nourriture aux soldats. Le roi voulut en vain employer les châtiments les plus rigoureux pour maintenir dans l'obéissance ses troupes affamées; elles se débandèrent et se retirèrent en désordre. Lucullus, sortant alors de son camp, se mit à leur poursuite, les atteignit sur les bords du Granique, et les tailla en pièces.

Cette seule victoire aurait peut-être terminé la guerre : Mithridate se voyait au moment d'être pris; mais ce prince rusé, semant ses trésors sur la route, dut son salut à l'avidité des soldats romains, qui ne songèrent qu'au pillage, et cessèrent de le poursuivre.

Lucullus, ayant obtenu la continuation de son proconsulat, conquit toute la Bithynie, détruisit deux flottes que le roi de Pont envoyait en Italie, contraignit ce prince à se renfermer dans son royaume, fit prisonnier Marcus Marius, ambassadeur et lieutenant de Sertorius, et punit de mort sa rébellion.

Mithridate, n'espérant plus vaincre Lucullus, tenta de l'assassiner. Le transfuge chargé de cet ordre fut arrêté, et le roi ne retira de ce lâche dessein que la honte de l'avoir formé.

Lucullus, loin d'effrayer Mithridate par une attaque trop brusque, feignit encore d'agir avec une timide circonspection; mais il épiait tous ses mouvements pour en profiter. Ce prince, trompé par cette conduite, attaqua imprudemment, dans une position désavantageuse, un convoi romain qui se défendit avec courage. Lucullus, se précipitant alors sur l'armée royale, la surprit et la mit dans un tel désordre, que Mithridate se vit forcé de fuir à pied et sans suite. Renversé dans ce tumulte, le roi dut encore la vie à l'ardeur des Romains pour le pillage : un mulet chargé d'or arrêta leur poursuite.

Mithridate, cruel dans la prospérité et féroce dans les revers, apprenant peu de temps après que le royaume de Pont se soumettait sans résistance à ses ennemis, fit signifier à ses femmes et à ses sœurs l'ordre de mourir. La reine Monime, célèbre par son malheur et par son courage, voulut vainement s'étrangler avec son bandeau royal, triste et brillante cause de ses infortunes; ne pouvant terminer elle-même ses jours, elle présenta intrépidement la poitrine au fer de ses meurtriers.

Mithridate s'était réfugié chez son gendre Tigrane, roi d'Arménie : Lucullus fit sommer celui-ci de lui livrer son beau-père, et le menaça des armes romaines en cas de refus.

Maître de la plus grande partie de l'empire de Cyrus, Tigrane voyait à ses ordres presque tous les peuples de l'Asie, comptait parmi ses courtisans, et au nombre des officiers de son palais, les rois et les princes de l'Orient, qui le servaient à genoux; il prenait orgueilleusement le titre de roi des rois. Surpris et indigné de l'insolence romaine, il renvoya l'ambassadeur Appius avec mépris, et déclara sans crainte à Rome une guerre dont ses flatteurs ne lui laissaient pas soupçonner le danger.

Lucullus, bravant ce colosse plus imposant par sa grandeur que par sa force, passa le Tigre et marcha en Arménie au devant de lui. Tigrane ne pouvait se persuader qu'une si faible armée osât l'attaquer. On ne parvint à l'en convaincre qu'en lui apprenant la défaite de son avant-garde. Cette nouvelle le décida à se retirer pour réunir toutes ses forces. Lucullus, poursuivant sa marche, mit le siége devant Tigranocerte, sa capitale. Le roi, comme il l'avait prévu, ne put souffrir cette humiliation, et s'avança pour secourir la ville. Le général romain, y laissant six mille légionnaires, marcha intrépidement avec vingt mille hommes contre lui.

Bientôt les deux armées se trouvèrent en présence : une rivière les séparait. Tigrane, dont les forces s'élevaient à quatre cent mille combattants, et qui comptait dans ses troupes plus de cinquante mille hommes de cavalerie, sourit de pitié en voyant le petit nombre de Romains, « S'ils arrivent » comme ambassadeurs, disait-il à ses courtisans, » ils sont trop, et trop peu s'ils viennent comme » ennemis. »

Lucullus fit un mouvement pour descendre la rivière, afin de trouver un gué praticable. Le roi, persuadé qu'il se retirait, triomphait présomptueusement de la terreur qu'il croyait lui inspirer; mais Taxile, un des rois qui se trouvaient à sa cour, lui dit alors : « Votre aspect et votre puis- » sance auraient fait, certes, un grand prodige, » s'ils avaient décidé, contre leur usage, les Ro- » mains à fuir sans combattre. Je vois leurs casques » nus et brillants, leurs boucliers sans couverture, » les riches cottes d'armes dont ils sont revêtus;

» croyez-moi, je les connais, ils ne se parent ainsi
» que pour livrer bataille. »

Au même instant on vit que Lucullus, après avoir passé la rivière, marchant par son flanc, s'avançait avec rapidité contre l'armée royale. Tigrane alors, saisi d'étonnement, s'écria : « Eh quoi! ils » osent donc venir jusqu'à nous ! »

Cependant les chefs des légions conjuraient leur général de différer le combat, parce que, depuis la défaite de Scipion par les Cimbres, ce jour était compté dans Rome au nombre des jours funestes. « Il a pu l'être, répondit Lucullus ; mais je vais en » faire un jour heureux pour les Romains. »

Tandis qu'il charge de front l'armée de Tigrane, un corps de cavalerie, envoyé par ses ordres, la tourne, l'attaque et lui coupe la retraite. Les Barbares cèdent à l'impétuosité des légions : ils veulent se retirer; mais leur grand nombre les embarrasse, leurs rangs se mêlent, ils ne peuvent ni combattre ni fuir : les routes sont obstruées d'hommes, d'armes et d'équipages ; tout est en confusion ; le combat se change en carnage, et les Romains ne s'arrêtent qu'après avoir tué près de cent mille hommes.

Cette destruction d'une armée immense ne fut achetée que par la mort d'un très-petit nombre de soldats. Le diadème de Tigrane tomba entre les mains de Lucullus, qui prit d'assaut Tigranocerte et fit un immense butin.

La modération de Lucullus après la victoire lui concilia l'amitié des rois et des villes d'Orient. Donnant alors un exemple trop rare de justice et de fermeté, il soulagea les peuples chargés d'impôts, et réprima les vexations odieuses des fermiers romains. Cependant le trésor de la république ne lui fournit rien pour cette guerre. Les dépouilles des rois vaincus en payèrent les frais.

Si cette conduite lui mérita l'estime du sénat et l'affection des étrangers, d'un autre côté elle lui fit perdre l'amour de ses soldats, qui comptaient sur le partage des trésors dont il enrichit le fisc.

Sur le bruit de ses succès, le roi des Parthes lui envoya une ambassade pour solliciter son alliance; mais comme il sut que ce prince perfide négociait en même temps avec Tigrane et lui promettait son appui s'il voulait lui céder la Mésopotamie, il renvoya son ambassadeur, et lui déclara la guerre.

L'armée romaine, accoutumée par les discordes civiles à l'indiscipline, refusa de marcher contre les Parthes. Lucullus, après avoir vainement tenté tous les moyens de rigueur, se vit forcé de céder aux factieux et de rester dans l'inaction. Mithridate et Tigrane, encouragés par cette révolte, réunirent de nouveau leurs forces, et se disposèrent à reprendre l'offensive. Le bruit de leur marche rétablit momentanément l'ordre dans l'armée romaine : elle rentra dans la soumission et reprit les armes. Lucullus la conduisit contre les rois, et remporta de nouveau sur eux, près d'Artaxate, une victoire complète. Il mit leur armée en déroute, et Mithridate lui-même prit un des premiers la fuite. La rigueur de l'hiver arrêta les progrès de l'armée romaine, qui borna ses succès, dans cette campagne, à la prise de quelques villes.

Jusque-là le sort avait constamment favorisé Lucullus; mais tout à coup sa fortune déclina, et, sans être vaincu, il perdit en peu de temps le fruit de ses victoires. L'esprit de sédition se renouvela dans son armée; les officiers et les soldats lui reprochèrent à la fois ses richesses et leur pauvreté : oubliant son caractère, il exerça des rigueurs qui aigrirent de plus en plus les esprits. Son beau-frère, Publius Claudius, souillé de tant de vices qu'ils le rendirent honteusement fameux dans ces temps de corruption, suborna et souleva contre le général les anciennes légions de Fimbria. En vain Lucullus, informé des nouveaux mouvements de l'ennemi, voulut rappeler ses légions à l'honneur; elles refusèrent de marcher jusqu'au moment où elles apprirent que Tigrane était rentré dans l'Arménie, et que Mithridate, reparaissant dans le Pont, avait battu Fabius, chargé de défendre ce pays.

La crainte les décida enfin à se soumettre; mais

Triarius, qui commandait un corps séparé, ne voulut pas attendre Lucullus, et perdit une bataille contre Mithridate, qui prit son camp après lui avoir tué six mille hommes.

Lucullus arriva trop tard pour le secourir, et ne put forcer le roi de Pont à combattre. Il voulait alors conduire son armée contre Tigrane, qui grossissait journellement ses forces; mais les révoltes continuelles de ses troupes ne lui permirent pas de hasarder une action avec des soldats si malintentionnés.

Les deux rois, profitant de cette anarchie militaire, s'emparèrent sans obstacles du Pont et de la Cappadoce, et menacèrent même la Bithynie. Pendant ce temps on accusait à Rome Lucullus de prolonger la guerre pour s'enrichir. Le tribun Manilius proposa une loi qui donnait à Pompée le gouvernement de l'Asie, en l'ajoutant au proconsulat des mers et au commandement des côtes d'Orient et d'Occident qu'il venait d'obtenir pour terminer la guerre des pirates : c'était presque lui accorder la royauté.

Catulus, président du sénat, et l'orateur Hortensius s'opposèrent inutilement avec opiniâtreté à l'adoption de la loi Manilia; le peuple, toujours passionné pour ses favoris, leur sacrifie souvent sa liberté. César et Cicéron soutinrent la loi : Cicéron, dans l'espoir de parvenir au consulat, et César, parce qu'il convenait à ses desseins secrets d'accoutumer les Romains à la domination d'un maître.

La loi fut adoptée. Pompée, arrivant en Asie, défendit aux troupes d'obéir à Lucullus, cassa toutes ses ordonnances, et ne lui laissa que seize cents hommes pour l'accompagner au triomphe qui lui était décerné.

Les deux généraux eurent une entrevue et un entretien que leur urbanité commença par des félicitations réciproques sur leurs victoires, et qu'ils terminèrent par des reproches mutuels d'ambition et d'avidité, qui n'étaient de part et d'autre que trop fondés.

De retour à Rome, Lucullus fit porter au trésor une immense quantité d'or et d'argent, ce qui ne le justifia qu'en partie des torts qu'on lui imputait. Le jour où il triompha fut le dernier de son ambition. Dégoûté de la gloire par l'inconstance de la fortune et par l'ingratitude des hommes, il parut rarement dans les assemblées du sénat, qui espérait opposer sa fermeté républicaine et ses talents à l'ambition de Pompée. Consacrant le reste de ses jours au repos, à l'étude et aux plaisirs, la fin de sa vie ne fut plus célèbre que par la magnificence de ses palais, par la beauté de ses jardins et par la voluptueuse profusion de ses festins. Ainsi les exploits de son jeune âge et le luxe de sa vieillesse présentaient une image vivante de Rome dans sa fleur, dans sa force et dans sa décadence.

Tous les pays du monde contribuaient aux dépenses de sa table ; il perça des montagnes, afin d'approcher la mer de sa maison de plaisance, et d'y nourrir des poissons monstrueux : ce qui lui fit donner par le peuple le nom de Xercès romain.

Après l'éloignement de Cicéron et de Caton, il ne se montra plus au sénat. Quelques historiens disent que l'excès des plaisirs troubla sa raison et abrégea ses jours; d'autres prétendent qu'un de ses affranchis, nommé Callisthène, l'empoisonna, croyant ne lui donner qu'un philtre pour s'emparer exclusivement de son esprit et de sa confiance.

Tout le peuple romain assista à ses funérailles, et ordonna qu'il fût inhumé comme Sylla dans le Champ-de-Mars ; mais son frère obtint qu'il serait porté à Tusculum, où il avait fait préparer sa sépulture.

L'esprit séditieux de l'armée romaine, donnant quelque relâche à Mithridate, avait empêché la consommation totale de sa ruine; mais il n'en est pas moins vrai que Lucullus, vengeant Rome des outrages et des cruautés de ce prince, et portant un coup mortel à sa puissance, avait défait plusieurs fois ses armées, battu Tigrane, délivré l'Asie de leur domination et conquis le Pont, l'Arménie, la Syrie; de sorte que Pompée n'eut plus qu'à recueillir les moissons semées et coupées par son rival.

Pompée, plus grand par sa fortune que par son génie, semblait alors destiné à hériter sans effort du fruit des travaux et de la gloire des plus fameux capitaines de la république. Le sort, qui le favorisait constamment, et le crédit que lui donnaient sur le peuple ses richesses, ses succès et l'aménité de son caractère, lui avaient fait obtenir sans crime cet empire presque absolu que Marius et Sylla conquirent par tant de sang et de forfaits. Strabon, son père, estimé comme général, s'était rendu odieux par son avarice. Un coup de tonnerre termina sa vie, et le peuple, le croyant frappé par les dieux, insulta son cadavre. Ce même peuple montra pour le fils, dès sa plus tendre jeunesse, autant d'affection qu'il avait fait éclater de haine contre le père.

Cnéius Pompée, doué d'une éloquence noble et persuasive, faisait admirer dans son caractère un mélange rare de gravité, de grace et de douceur. Il ressemblait si parfaitement aux portraits d'Alexandre-le-Grand, que souvent on lui donna le nom de ce héros.

Lorsque Cinna se fut rendu pour quelques moments le maître de Rome, il pressentit les talents et la destinée du jeune Pompée, et résolut de le faire périr. Pompée, ayant découvert ce complot, souleva quelques soldats en sa faveur, et, par leur secours, échappa aux poignards de Cinna. Appelé en justice quelque temps après, comme héritier de son père, il défendit sa cause avec tant d'éloquence, que le préteur Antistius, son juge, lui fit proposer la main de sa fille, et prononça en sa faveur. Le peuple, instruit des vues secrètes du magistrat, s'écria, en entendant le jugement : *Talassio, Talassio ;* cri d'usage à Rome lorsqu'on célébrait des noces.

La tyrannie de Carbon fut l'époque du commencement de la grande fortune de Pompée, et il la dut entièrement à son audace. Dans ce temps, où la violence faisait taire les lois, tous les citoyens que leur opulence ou leurs vertus exposaient au danger des proscriptions fuyaient loin de Rome, l'abandonnaient aux fureurs des féroces partisans de Marius, et couraient chercher un asile dans le camp de Sylla. Pompée n'y voulut pas paraître en fugitif; et, quoiqu'il n'eût aucun des titres qui donnaient alors l'autorité, il trouva le moyen, par ses discours, par ses promesses, par ses présents, et avec le secours des proscrits, de rassembler, d'organiser et d'armer trois légions dont il nomma lui-même les officiers. A leur tête il s'empare de plusieurs villes ; trois chefs du parti de Marius marchent contre lui et l'entourent. Il leur livre bataille, tue l'un d'eux de sa main, et met leur troupe en fuite. Il n'avait que vingt-trois ans quand il remporta cette victoire.

Le consul Scipion, alarmé de ses progrès, vint à sa rencontre pour le combattre; mais Pompée, ayant envoyé des émissaires adroits dans le camp ennemi, attira tous les soldats du consul à son parti. Ils vinrent se ranger sous ses drapeaux; et Scipion, abandonné par ses légions, n'eut de ressource qu'une prompte fuite.

Carbon lui-même ne put résister au jeune vainqueur : Pompée le battit complétement, et ce ne fut qu'après s'être ainsi couvert de lauriers qu'il vint, avec son armée victorieuse, se présenter à Sylla.

Ce fameux capitaine, dont l'orgueil traitait le sénat romain avec hauteur, et le peuple avec dureté, et qui jamais n'avait abaissé sa fierté devant aucune puissance, surprit étrangement la foule des courtisans qui l'entouraient lorsqu'on le vit, à l'aspect du jeune Pompée, descendre de cheval, le saluer et l'appeler *imperator*, titre qu'on n'accordait qu'aux consuls et aux généraux en chef, après les plus grandes victoires.

Cependant Pompée n'était alors revêtu d'aucune dignité; et, simple chevalier, il n'avait point encore pris place dans le sénat. Sylla, frappé de son mérite, voulait rappeler Métellus de la Gaule, et confier à son jeune lieutenant le commandement de cette province. Pompée savait que la gloire modeste désarme l'envie : il refusa de blesser l'amour-propre d'un vieux et illustre général en le remplaçant;

il demanda, au contraire, à servir dans les Gaules sous les ordres de Métellus.

Quand Sylla fut dictateur, il contraignit Pompée à répudier sa femme Antistia et à épouser sa propre fille Émilia, qu'il sépara violemment de son époux Scaurus, dont elle était enceinte. Pompée obéit. Les ambitieux ne savent pas braver la disgrace comme le danger. Émilia et sa mère moururent de chagrin; Antistius périt assassiné, et leurs ombres durent toujours obscurcir la brillante carrière de Pompée. Depuis ce moment il ne montra d'autres vertus que celles qui pouvaient le conduire à la souveraine puissance. Sa campagne brillante et rapide d'Afrique augmenta sa faveur, et Sylla l'honora du nom de Grand. Après la mort de ce dictateur, il chassa Lépidus et Perpenna d'Italie et de Sicile. La ville de Messine résistait à ses ordres; opposant les lois à son autorité, il lui répondit: « Comment osez-vous parler de lois à celui qui porte » le glaive à son côté ? » Tel était l'esprit de Rome dans sa décadence; la force méprisait la justice.

Pompée se montrait encore plus adroit qu'audacieux. Tandis qu'il conservait l'amitié de Sylla en exécutant publiquement ses ordres cruels, et en envoyant au supplice Carbon et Valérius, il se conciliait l'estime et l'affection du peuple, en cachant, sans se compromettre, et en sauvant secrètement un grand nombre de proscrits.

S'il récompensait magnifiquement ses troupes, d'un autre côté il les soumettait à une discipline sévère. On raconte qu'ayant appris que ses légions avaient commis beaucoup de violences, il punit les soldats en scellant leurs épées dans leurs fourreaux avec son cachet, de sorte qu'ils ne pussent les en tirer que par son ordre.

Politique habile, il connaissait la vanité du peuple, qui souffre qu'on l'enchaîne, pourvu qu'on paraisse le respecter. Aussi Pompée, général, vainqueur et honoré du triomphe avant d'avoir pris place au sénat, excita l'admiration de Rome en se soumettant aux anciennes règles, et en paraissant inopinément comme simple chevalier au tribunal du préteur, pour demander d'être exempté de l'enrôlement, en vertu du nombre des campagnes qu'il avait faites, conformément à la loi.

L'éclat de ses succès, sa modération apparente et la douceur de ses formes l'avaient rendu l'idole des Romains. Il n'y avait point de commandements et de dignités dont ils ne voulussent le revêtir; ils croyaient s'agrandir en l'élevant; les cœurs volaient au devant de son joug, et la république semblait l'inviter elle-même à la tyrannie.

Au moment où les corsaires de Cilicie, couvrant la mer de mille vaisseaux, détruisaient partout le commerce, ravageaient toutes les côtes et pillaient tous les temples, menaçant Rome d'un danger nouveau peut-être plus redoutable que les plus effrayantes invasions, le sénat et le peuple ne trouvèrent que Pompée capable de délivrer l'Italie d'un si grand péril; et, dans cette circonstance, oubliant cette méfiance salutaire, seule égide de la liberté, la faveur populaire le revêtit d'un pouvoir sans bornes. On lui donna cinq cents vaisseaux, quinze lieutenants à son choix, cent vingt-cinq mille hommes, et une autorité absolue sur toutes les côtes d'Afrique, d'Europe et d'Asie, avec le pouvoir de lever toutes les contributions qu'il exigerait, sans être obligé d'en rendre aucun compte.

Caton, défendant opiniâtrément la liberté sur les débris de la république, combattit sans succès cette loi, proposée par le tribun Géminius. Le peuple l'accusa d'humeur et d'envie. Catulus essaya tout aussi vainement de prendre une tournure plus adroite pour s'opposer à ce décret. « Comment, di-
» sait-il à la multitude, comment exposez-vous à
» tant de guerres, à tant de périls un homme si
» utile à la république et qui vous est si cher?
» Et si vous veniez à le perdre, qui trouveriez-vous
» pour le remplacer? — Toi-même, Catulus, » s'écria le peuple; et la loi passa.

Pompée justifia la confiance publique par des succès aussi éclatants que rapides. Ayant choisi treize sénateurs pour ses lieutenants, il partagea les mers en treize régions, et dans l'espace de quarante jours, attaquant partout à la fois les pirates, il en purgea toutes les côtes. Non content d'avoir ainsi détruit leurs flottes, il courut les combattre au fond de leur repaire, au pied du mont Taurus, prit leurs forts, s'empara de leurs villes, et termina cette guerre en les subjuguant.

Pompée était en Cilicie lorsque ses amis et ses agents à Rome, profitant des revers de Lucullus, lui firent décerner le commandement de l'armée d'Orient, en lui conservant son pouvoir absolu sur les mers et sur les côtes. Quand le tribun Manilius fit adopter ce décret qu'appuyaient Cicéron et César par des motifs d'intérêt, Catulus indigné s'écria : « Cherchez donc actuellement quelque roc plus » haut et plus inabordable que le mont Aventin, » sur lequel nous puissions nous retirer un jour » pour défendre notre liberté. » Mais au milieu d'une foule corrompue, la voix d'un homme libre parle dans le désert. Le peuple rendit le décret, le sénat l'adopta.

Pompée, apprenant en Asie l'adoption de la loi Manilia, qui comblait tous ses vœux, affecta autant d'affliction qu'il ressentait de joie réelle. « Quand » cessera-t-on, disait-il, de m'accabler de fatigues » et de travaux ? Ne pourrai-je donc jamais jouir » d'un repos si longuement mérité, à l'ombre de » mes bois et dans les bras d'une épouse chérie ? »

C'est ainsi que, cachant son désir de domination

sous un voile de modestie, cet adroit ambitieux était parvenu sans violence à une autorité presque monarchique, d'autant plus redoutable qu'elle semblait légale, et non usurpée.

Pompée, joignant ses légions nombreuses à celles que lui laissait Lucullus, marcha rapidement contre Mithridate, qu'il mit en déroute à la première rencontre. Ardent à le poursuivre, il l'atteignit encore près de l'Euphrate. On rapporte que Mithridate, troublé par un songe, avait prévu sa défaite. La bataille eut lieu la nuit. Les rayons pâles et trompeurs de la lune allongeaient tellement les ombres des soldats romains, en les étendant du côté des ennemis, que les Barbares, les croyant déjà près d'eux quand ils en étaient encore éloignés, lançaient leurs javelots et leurs flèches contre ces ombres vaines. Ils avaient ainsi épuisé leurs traits lorsque les Romains les attaquèrent. Frappés de terreur, ils se débandèrent; dix mille périrent dans cette déroute.

Mithridate, après avoir distribué des poisons à ses amis pour qu'ils ne tombassent pas vivants au pouvoir des Romains, prit la fuite, et courut chercher un asile chez son gendre Tigrane. Ce prince ingrat et lâche lui refusa l'entrée de ses états, et mit sa tête à prix. L'infortuné roi de Pont, ayant tout perdu hors son courage, traversa rapidement la Colchide et disparut dans les déserts de la Scythie, où il cacha deux ans son nom illustre et ses vastes projets de vengeance.

Pompée, accompagné du fils de Tigrane, qui s'était révolté contre son père, entra en Arménie. Tigrane, aussi faible dans le péril que superbe dans la prospérité, prit le parti honteux de venir soumettre à Pompée sa personne et ses états. Le général romain, le traitant d'abord avec le mépris qu'il méritait, ne lui permit pas d'entrer à cheval dans son camp. Ce lâche roi, l'abordant avec respect, détacha son bandeau royal, tira son épée, et voulut les déposer à ses pieds; mais Pompée, le relevant, lui permit de s'asseoir près de lui. « Je
» ne vous ai rien pris, lui dit-il; c'est Lucullus qui
» vous a enlevé la Syrie, la Phénicie, la Galatie et
» la Sophène. Ce qu'il vous a laissé, je vous le con-
» serve. Je donne même à votre fils la Sophène en
» apanage: vous paierez seulement six mille talents
» à Rome, pour l'indemniser du mal que vous avez
» voulu lui faire. »

Tigrane, qui ne pensait qu'à rester sur le trône, quelque dégradé qu'il fût, se soumit humblement aux conditions dictées par le vainqueur. Les Romains le saluèrent roi; le jeune Tigrane, qui ne trouvait pas sa trahison assez récompensée par la Sophène, refusa de signer le traité, resta dans les fers, et fut mené en triomphe à Rome.

Phraate, roi des Parthes, voulant s'opposer aux

progrès des armes romaines, envoya des ambassadeurs à Pompée pour le sommer de borner ses conquêtes aux rives de l'Euphrate. Le Romain répondit qu'il poserait ses limites où il le trouverait juste et convenable. Phraate n'osa l'attaquer, et se contenta de mettre ses frontières en état de défense.

Délivré de toute crainte du côté de l'Arménie, Pompée, cherchant les traces de Mithridate, franchit le Caucase, dompta les Albaniens, et défit en bataille rangée les Ibériens, qui, jusque-là, avaient défendu constamment leur indépendance contre les Mèdes, les Perses et les Macédoniens : de là il entra dans la Colchide, et pénétra jusqu'au Phase. Comme il parcourait cette contrée, apprenant que les Albaniens s'étaient révoltés, il marcha de nouveau contre eux, et leur livra bataille. Elle fut sanglante et long-temps disputée : le frère du roi, appelé Cosis, combattit Pompée, qui le perça de son javelot, le tua, et détruisit son armée. Après la victoire, on trouva sur le champ de bataille des brodequins de femmes, ce qui fit renouveler la fable des Amazones, et croire qu'elles avaient combattu dans les rangs des Albaniens.

Pompée voulait pénétrer en Hircanie. Plutarque dit que le grand nombre de serpents qui infestaient ce pays arrêta sa marche; ce qui paraît plus probable, c'est qu'il craignit de s'enfoncer dans ces déserts, en laissant derrière lui tant de peuples vaincus, mais non soumis.

A son retour dans les états de Mithridate, il mérita les mêmes éloges que Scipion, et respecta la pudeur des femmes du roi, que le sort de la guerre avait fait tomber dans ses mains.

Stratonice, courtisane et favorite du roi, avait conservé, dans un rang élevé, la bassesse de son premier état. Elle livra perfidement à Pompée une ville confiée à sa garde, ainsi que les trésors de Mithridate. Sa trahison, qui avait pour objet d'assurer à son fils Xipharès la bienveillance des Romains, fut cause de sa perte : son père le fit mourir.

Les papiers du roi de Pont tombèrent aussi par la perfidie de Stratonice dans les mains de Pompée. On y trouva les ordres qu'il avait donnés pour assassiner le roi de Cappadoce, pour faire mourir son propre fils, et pour empoisonner quelques-unes de ses femmes. La prise de ses archives devint plus funeste pour lui que la puissance de Rome. Elles publièrent ses crimes et souillèrent sa gloire.

Comme Pompée ne pouvait plus poursuivre Mithridate, dont il ignorait la retraite et la destinée, il conduisit son armée en Syrie. Antiochus l'Asiatique voulait y régner, et réclamait les anciens titres des Séleucides. Pompée déclara que Rome, après avoir vaincu Tigrane, héritait de ses droits. Il réduisit ce royaume en province romaine, et força Antiochus à se contenter d'un faible apanage.

Traversant ensuite la Phénicie et la Palestine, pour accomplir le vaste projet qu'il avait conçu d'étendre les frontières de l'empire romain à l'orient jusqu'à la mer d'Hircanie et jusqu'à la mer Rouge, comme il les avait reculées en Occident jusqu'à l'océan Atlantique, il marcha contre les Arabes, et combattit avec succès, mais sans pouvoir le soumettre, ce peuple plus facile à vaincre qu'à subjuguer, et que ses déserts garantirent toujours de toute domination étrangère.

La Judée était alors troublée par une contestation entre le prince Hyrcan et le roi Aristobule : Pompée voulut soumettre leurs différends à sa médiation; mais, Aristobule s'étant opposé à ses volontés, Pompée l'attaqua, le força de s'enfermer dans Jérusalem, fit le siége de cette ville fameuse, et la prit d'assaut. Après sa victoire, il augmenta sa renommée par sa modération. Respectant le culte des Juifs, il laissa au temple saint ses richesses, et visita avec respect son célèbre sanctuaire, abaissant, comme Alexandre, la gloire humaine aux pieds de la majesté divine. Cependant, l'entrée d'un profane dans ce lieu sacré parut aux yeux des Juifs si criminelle, qu'ils attribuèrent dans la suite ses revers et sa mort à ce sacrilége.

Tandis qu'il étendait ainsi sans obstacle ses conquêtes en Syrie et en Palestine, Mithridate vaincu, mais non terrassé, reparut tout à coup dans le Bosphore: démentant le bruit de sa mort, il conçut le hardi dessein, à la tête d'une armée de Scythes, de Dardaniens, de Bastarnes, et avec les débris de ses vieilles troupes, de traverser la Macédoine, la Pannonie, l'Illyrie, de se joindre aux Gaulois, de franchir les Alpes, et de se montrer, comme un autre Annibal, aux portes de Rome. Avant d'exécuter cette grande entreprise, dont l'audace imprévue aurait peut-être fait le succès, il écrivit à Pompée pour demander la paix, et, sur son refus, rassembla ses troupes.

La mort l'arrêta subitement dans ses projets. Pharnace, son fils, profitant du découragement d'une armée vaincue et de cette funeste disposition des peuples à la révolte contre les rois malheureux, souleva ses sujets, et le contraignit de se sauver dans une forteresse qu'il investit. Mithridate tenta vainement de le ramener à la soumission, et s'abaissa même au point de demander à ce fils dénaturé la vie et une retraite tranquille; le barbare répondit: « Qu'il meure! » « Puissent un » jour, s'écria le roi, ses enfants former le même » vœu contre lui! »

Mithridate, n'ayant plus d'autre espoir que la mort pour échapper à la captivité, essaya sans effet, pour s'y soustraire, différents poisons contre lesquels une longue habitude l'avait trop aguerri. Son épée lui offrit enfin un secours plus sûr; il l'enfonça dans son sein, et expira.

Pompée était à Jéricho, fort inquiet de la nouvelle apparition de Mithridate, lorsqu'il apprit sa mort par un courrier que lui envoyait Pharnace. Ce lâche prince soumettait aux Romains son trône acquis par un crime. Aussi méprisable qu'atroce, il envoya en tribut le corps de son père à Pompée. Mithridate s'était montré pendant quarante ans si redoutable, que les Romains, triomphant de son ombre, firent éclater sans pudeur la joie la plus vive à la vue des restes de ce formidable ennemi.

Pompée, ne partageant pas cette honteuse faiblesse, détourna ses regards avec horreur du funeste présent dont un parricide osait les souiller. « La haine de Rome contre Mithridate, disait-il, » doit finir avec sa vie. » Digne alors de sa gloire par sa générosité, Pompée rendit à la mémoire de ce roi célèbre tous les honneurs dus, malgré ses vices, à son rang et à son génie.

CHAPITRE VI.

Conjuration de Rullus et de Catilina. — Portrait de Cicéron. — Ses ouvrages. — Son accusation contre Verrès. — Exil de Verrès. — Édilité de Cicéron. — Aveuglement de Cicéron pour Catilina. — Loi de Rullus rejetée. — Plaidoyer de Cicéron pour Othon. — Conjuration de Catilina. — Portrait de Catilina. — Ses premiers crimes. — Ses satellites. — Son exclusion du consulat. — Son complot avec Autronius et Cnéius Pison. — Mort de Pison. — Nouveau complot de Catilina. — Sa harangue aux conjurés. — Leur serment redoutable. — Complot déjoué par Fulvie. — Crimes de la courtisane Sempronia. — Complot contre Cicéron. — Révolte des esclaves à Capoue. — Hardiesse de Catilina dans le sénat. — Harangue de Cicéron à Catilina. — Défense de Catilina. — Ses préparatifs hostiles. — Son départ pour le camp de Manlius. — Sa conspiration avec les Allobroges. — Leur trahison envers Catilina. — Arrestation des chefs de la conspiration. — Leur jugement — Discours de César dans le sénat. — Réplique de Caton. — Décret pour la condamnation à mort des conjurés. — Bataille entre Catilina et Pétréius. — Défaite et mort de Catilina. — Cicéron est nommé *père de la patrie*. — Retour et triomphe de Pompée.

Dans les beaux jours de la liberté de Rome, nous admirions les vertus et la dignité du sénat, l'énergie du peuple, l'émulation de tous les citoyens, qui ne disputaient entre eux que de dévouement à la république. Les lois, les mœurs de ce grand peuple fixaient nos regards, attiraient notre respect. Mais, depuis que la fortune et la puissance, ayant corrompu les mœurs, élevèrent les grands, abaissèrent les citoyens, ce n'est plus le sénat ni le peuple qui occupent notre attention; elle se porte tout entière sur un petit nombre de grands capitaines et d'orateurs célèbres qui se disputent l'honneur de commander aux maîtres du monde. Ce n'est déjà plus l'histoire de la république, c'est celle de quelques hommes que nous écrivons.

Au moment où Pompée étendait aux extrémités de l'Orient la gloire et la puissance de Rome, deux conjurations formées dans le sein de cette ville la menaçaient d'une subversion totale. Un tribun adroit, éloquent et factieux, Rullus, s'efforçait, en égarant le peuple, de ressusciter la tyrannie des décemvirs; et Catilina, patricien aussi célèbre par ses talents et par son audace que par ses crimes, rallumant la guerre civile, comptait, avec le secours de ses nombreux complices et d'une grande partie de l'armée d'Italie, égorger le sénat, et faire revivre dans Rome Sylla, Marius et leurs proscriptions.

Dans ce péril imminent, la république fut sauvée, non par un fameux capitaine, mais par un illustre orateur, par un magistrat prudent et ferme, par un consul habile, enfin par Cicéron, qui mérita, dans cette grande circonstance, le titre glorieux de *père de la patrie*.

Marcus Tullius Cicéron eut pour amis tous les hommes vertueux de son temps, et pour ennemis tous les citoyens dépravés qui cherchaient dans le crime une ressource pour rétablir leur fortune et pour augmenter leur pouvoir. Ceux-ci, forcés d'admirer ses talents, s'en dédommageaient en calomniant son caractère et surtout en affectant un profond mépris pour la bassesse de son origine. Il est cependant certain que Cicéron, quoiqu'il se qualifiât lui-même avec une noble fierté d'*homme nouveau*, devait le jour à une famille de l'ordre équestre, dans la ville d'Arpinum, dont les habitants étaient citoyens romains. Sa mère Helvia, sa femme Térencia, patriciennes, jouissaient d'une haute considération, et sa belle-sœur Fabia se trouvait même au nombre des vestales. Cicéron, doué par la nature du plus vaste génie, se livra dès sa jeunesse à l'étude des lettres grecques et latines, profita des leçons que lui donnèrent les orateurs et les philosophes les plus fameux, et acheva de mûrir dans la patrie de Démosthène le talent qui devait l'égaler un jour à cet homme immortel.

Malgré sa passion pour l'étude, Cicéron remplit d'abord le premier devoir imposé à tout citoyen romain. Ses armes défendirent sa patrie; il fit avec distinction la guerre des Marses, sous les ordres de Sylla. Ses premiers succès à la tribune, le courage avec lequel il avait plaidé la cause d'un proscrit en présence du dictateur, la vivacité de son imagination, la fécondité de sa mémoire, sa déclamation noble, animée, mais moins théâtrale que celle d'Hortensius, l'avaient placé, dès son début, au rang des premiers orateurs de Rome.

La faveur populaire, que son éloquence lui concilia, le fit nommer questeur en Sicile : intègre dans son administration, il pourvut habilement aux besoins de la république, et trouva en même temps le moyen de soulager les Siciliens de l'énorme fardeau des tributs que ses prédécesseurs lui avaient imposés. Ce fut lui qui leur fit retrouver le tombeau d'Archimède. Il découvrit dans un lieu désert, au milieu des ronces, une petite colonne sur laquelle on voyait la figure d'une sphère et d'un cylindre. L'inscription qu'on y lut ne laissa aucun doute sur ce monument. « Ainsi, disait-il lui-même,
» une des plus nobles villes de la Grèce, et autrefois
» des plus savantes, aurait toujours ignoré le lieu
» de la sépulture du plus illustre de ces citoyens,
» si un habitant d'Arpinum n'était venu la lui dé-
» couvrir ! »

Ses talents, sa justice, son humanité lui concilièrent l'amour des peuples de Sicile, qui lui décernèrent à son départ des honneurs jusque-là sans exemple.

Il faudrait un livre entier pour suivre Cicéron dans sa brillante carrière oratoire et littéraire : le temps nous a conservé un grand nombre de ses harangues et de ses plaidoyers, qui serviront dans tous les âges de leçons et de modèles. Enrichissant sa patrie des palmes de la Grèce, il y naturalisa la philosophie, et sut tracer habilement aux hommes tous leurs devoirs avec autant de talent qu'il en avait montré pour défendre leurs droits. Ayant reconnu les défauts de l'austère système des stoïciens et les erreurs séduisantes de celui d'Épicure, il préféra la secte académique, plus conforme par sa modération à son caractère et à la rectitude de son jugement.

Nous devons à son amitié pour Pomponius Atticus un recueil de lettres qui nous fait autant aimer dans Cicéron l'homme privé, que ses œuvres philosophiques et ses éloquents discours nous avaient fait admirer l'homme d'état. Ce monument, précieux pour l'histoire, a pour nous le mérite particulier de présenter à nos yeux le tableau fidèle et détaillé des mœurs de Rome dans ce temps d'éclat et de décadence, et de nous faire en quelque sorte assister à tous les événements, et vivre dans l'intimité des acteurs les plus célèbres de cette époque fameuse.

Un des actes de Cicéron qui lui attira la plus haute estime, et le fit regarder comme le plus propre par sa fermeté à diriger dans la tempête le gouvernail du vaisseau de la république, ce fut l'accusation qu'il intenta contre Verrès, patricien puissant, soutenu par tous les grands de Rome et par cette partie nombreuse du peuple qui vend toujours ses suffrages à l'opulence. Verrès, préteur en Sicile, s'y était conduit en tyran : jamais la vertu courageuse n'attaqua l'injustice et l'avidité avec plus de véhémence, ne peignit les vices sous de plus odieuses couleurs, et ne fit un tableau plus touchant des malheurs d'un peuple opprimé.

Attaquant son adversaire, tantôt par de vives apostrophes, tantôt avec les armes d'une ironie amère, et le pressant toujours par les arguments d'une logique irrésistible, variant sans cesse ses formes, ses mouvements, ses couleurs, et étouffant son ennemi sous le poids des preuves qu'il accumulait sur sa tête, il faisait passer dans l'ame des assistants toutes les passions des victimes du tyran qu'il accusait.

Accuser Verrès, c'était attaquer la plupart des grands de Rome, qui devaient leurs immenses fortunes à de semblables concussions; mais leur crédit, les intrigues de leurs clients, les clameurs des hommes corrompus et les prodigalités de Verrès échouèrent contre le courage et l'éloquence de l'orateur. Verrès fut condamné à l'exil, malgré les efforts opiniâtres des patriciens pour le sauver.

Cicéron, bravant leur courroux, disait audacieusement : « Je regarde ces nobles comme les enne» mis naturels de la vertu, de la fortune et des ta» lents des hommes nouveaux : c'est une race

» humaine différente de la nôtre. Toujours impla-
» cables pour nous, nos peines, nos démarches,
» nos services ne peuvent jamais nous attirer leur
» bienveillance ni même leur estime; mais leur op-
» position constante ne m'empêchera pas de pour-
» suivre ma course. C'est par mes actions seules que
» je veux m'élever; je ne prétends parvenir aux di-
» gnités de l'état que par mon mérite, et je ne cher-
» cherai à m'ouvrir un chemin à la faveur du peuple
» qu'en le servant avec fidélité, et sans craindre la
» vengeance dont la haine menace ma fermeté. Les
» hommes puissants déclament, les factieux s'agi-
» tent; je les brave tous; et, dans la cause impor-
» tante que je me fais un devoir de soutenir, si les
» juges ne répondaient point à l'opinion que j'ai de
» leur intégrité, je les accuserais eux-mêmes de cor-
» ruption. Si quelqu'un tente auprès des magistrats
» la menace ou la séduction pour dérober le cou-
» pable à la justice, je le citerai au tribunal du peu-
» ple, et je le poursuivrai aussi vivement que je
» poursuis Verrès. »

Le triomphe de Cicéron dans cette grande affaire eut des conséquences qu'on n'avait pas prévues. La chaleur de ses discours ralluma les vieilles haines du peuple contre les patriciens, et le porta à demander le rétablissement des tribuns dans leur ancienne autorité.

Jules César, qui voulait relever le parti populaire,

appuya fortement cette proposition : Pompée, dont le crédit était alors prédominant, eut la faiblesse d'y consentir, et fonda ainsi lui-même la fortune de son jeune rival ; car ce fut avec l'assistance des tribuns que César parvint dans la suite à renverser la république. Cicéron, par haine pour les patriciens, appuya l'avis de César, et ne tarda pas à s'en repentir.

Lorsque Pompée fut parti pour l'Asie, Cicéron, soutenu par la faveur du peuple, obtint l'édilité, qui lui ouvrait les portes du sénat. Cette charge l'obligeait à faire célébrer avec magnificence les jeux publics, les fêtes de Cérès, de Liber, de Libéra et de la mère Flora. Dans ce temps, où l'or avait plus de poids que la vertu, les grands ne s'occupaient qu'à acheter l'autorité, et le peuple à vendre ses suffrages. Ce peuple permettait aux grands de le dominer, pourvu qu'ils satisfissent sa passion pour l'argent et pour les plaisirs. Aussi les édiles cherchaient à se populariser par d'immenses distributions et par les plus folles dépenses.

On avait vu César les surpasser tous par ses profusions lorsqu'il donna des spectacles publics pour célébrer les funérailles de son père. Il fit faire en argent massif les planches et les décorations du théâtre ; de sorte, nous dit Pline, qu'on vit les bêtes féroces fouler à leurs pieds ce métal précieux.

Cicéron, dans ses fêtes, ne fit que ce qui était

convenable, et sut éviter également tout reproche d'avarice et d'ostentation. La reconnaissance des Siciliens avait voulu payer la dépense des jeux qu'il donna aux Romains; mais il n'accepta leurs présents que pour en distribuer le produit aux pauvres, et pour faire baisser le prix des vivres.

Lorsque les revers de Lucullus offrirent aux partisans de Pompée l'occasion et les moyens de faire décerner à leur chef une autorité sans bornes, Cicéron, pour la première fois, parut sacrifier l'intérêt général à son intérêt privé, et la liberté publique à son ambition; et quoiqu'en appuyant la loi Manilia, qui donnait un pouvoir presque royal à Pompée, il s'efforçât de persuader au peuple qu'il n'avait en vue que le bien public, il ne dut tromper personne; il était trop évident que, voulant parvenir au consulat, il cherchait à s'appuyer des amis de Pompée.

L'ambition aveugle les meilleurs esprits : elle ferma quelques temps les yeux de Cicéron sur les vices et sur les projets de Catilina. Le désir d'être soutenu par le crédit de ce patricien le rendit dupe de ses artifices; il s'engagea même à plaider pour lui devant un tribunal. « Je me flatte, écrivait-il à
» Atticus, que si Catilina est absous par mes soins,
» il en aura plus d'ardeur pour me seconder dans
» nos prétentions communes; s'il trompait mon at-
» tente, je supporterais l'événement avec patience. »

Il n'avait pas besoin d'un si indigne appui pour s'élever ; l'unanimité des suffrages du peuple le désigna pour le consulat. Dès qu'il fut nommé, uniquement occupé de l'intérêt public, il sacrifia sa fortune à ses devoirs ; et, pour se donner la certitude de n'être point contrarié par son collègue Antoine dans le bien qu'il voulait faire, il lui céda le département de la Macédoine, et promit celui de la Gaule cisalpine à Métellus. Dans ce temps où le monde entier était traité en pays conquis par une seule ville, les gouvernements de provinces assuraient aux proconsuls une richesse immense ; mais Cicéron n'avait pour but que la gloire. « Je veux, » mandait-il à son ami, me conduire dans mon » consulat avec une telle justice et une telle indé- » pendance, qu'on ne puisse pas me soupçonner » de m'être laissé influencer dans mes actes par » l'espoir d'aucun gouvernement ni d'aucune di- » gnité. C'est cette indépendance qui peut seule » me donner le droit et les moyens de combattre » avec succès la turbulence des tribuns. »

Le corps des chevaliers était dévoué au consul : ses talents illustraient cet ordre ; il était le premier des chevaliers qu'on eût vu parvenir au consulat avant d'être inscrit au rang des sénateurs. Au lieu de se laisser égarer par l'esprit de parti, Cicéron sentit la fausseté de cette vieille maxime qui conseille de *diviser pour commander;* et, certain au contraire que l'union fait la force réelle des états, il résolut de rétablir la bonne intelligence entre l'ordre équestre et le sénat, et il y parvint.

Le tribun Publius Servilius Rullus proposa au peuple une loi agraire. Son projet tendait à faire nommer des décemvirs revêtus pour cinq ans d'un pouvoir absolu; ils devaient être chargés d'établir un grand nombre de colonies nouvelles, de partager entre les citoyens les terres conquises en Europe, en Asie et en Afrique, d'examiner la légalité ou l'illégalité des propriétés acquises, et de faire rendre des comptes à tous les généraux, excepté à Pompée. La même loi excluait du décemvirat tout citoyen absent de Rome. Il était évident que l'auteur de la proposition espérait, sous le nom de chef des décemvirs, parvenir au pouvoir suprême; mais aucune passion n'aveugle autant que l'intérêt, il empêche de voir l'évidence : la loi nouvelle flattait trop l'avidité des pauvres et leur jalousie contre les riches et les grands, pour qu'ils pussent ouvrir les yeux sur le but secret du tribun et sur les dangers réels dont sa proposition menaçait la liberté.

Plus la loi semblait populaire, plus elle paraissait redoutable au sénat. Son adoption devait tout bouleverser; son rejet pouvait rallumer les haines et renouveler les guerres civiles. Cicéron releva le courage des sénateurs alarmés, les invita à la résistance, et, sans crainte de se dépopulariser, attaqua les tribuns dans l'assemblée même du peuple.

Sa position était difficile : homme nouveau, on pouvait l'accuser d'ingratitude en le voyant déserter la cause plébéienne; et la force d'une éloquente raison ne suffisait pas, dans cette circonstance, pour éclairer des esprits prévenus et passionnés, ni pour démasquer une ambition d'autant plus dangereuse qu'elle marchait à la tyrannie sous les couleurs de la liberté.

Jamais Cicéron ne montra plus d'adresse que dans cette lutte hardie de la justice contre la cupidité, et de l'intérêt public contre l'intérêt privé. Loin de paraître enorgueilli par la pourpre consulaire, il remercie d'abord le peuple d'une dignité qu'il lui doit, et lui rapelle avec art que c'est un magistrat populaire qui lui parle. Avant d'attaquer de front la nouvelle loi agraire, il donne son approbation à celles que les Gracques avaient autrefois proposées, et prodigue les plus magnifiques éloges à ces citoyens illustres et malheureux, dont les ombres chéries vivaient encore dans le cœur des Romains. Après avoir donné son assentiment aux principes qui les guidaient, en ordonnant un partage équitable, il s'oppose vivement à l'adoption du décret de Rullus, qui, sous un masque populaire, cache la création d'une tyrannie odieuse et la nomination de dix rois revêtus d'un pouvoir arbitraire. Pompée était alors le favori du peuple romain; Cicéron démontre adroitement que les tribuns, en paraissant affranchir ce grand homme de la règle commune, ne l'élèvent que pour l'abaisser, ne l'épargnent que pour le détruire, ne le dispensent de rendre des comptes que dans le dessein de prolonger son absence, et de l'exclure par là du décemvirat.

Employant les armes de l'ironie, il représente Rullus arrivant en triomphateur dans le royaume de Mithridate, précédé de licteurs, suivi d'une garde nombreuse, entouré de tout l'appareil de la royauté, prenant avec orgueil dans ses lettres les titres « de tribun du peuple, de décemvir, de ma» gistrat suprême, et ne donnant au conquérant » de l'Asie que celui de Pompée, fils de Cnéius. Ne » l'entendez-vous pas qui ordonne à ce grand hom» me de venir à son tribunal, de lui servir d'es» corte, et d'assister à la vente des terres conqui» ses par sa valeur? Qui donnera désormais des » ordres pour établir des colonies en Italie, en Asie, » en Afrique? ce sera le roi Rullus. Qui jugera les » préteurs, les questeurs, les citoyens, les alliés ? » ce sera le roi Rullus. Qui décidera de la fortune » publique et privée ? qui distribuera les récom» penses et les châtiments ? ce sera le roi Rullus. »

Parlant ensuite plus gravement des abus monstrueux d'un pareil pouvoir, et traçant avec les plus vives couleurs l'effrayant tableau de cette nouvelle tyrannie, il se félicite de la faveur avec laquelle on l'a écouté, et en tire un heureux présage pour la conservation de la liberté.

En vain les tribuns voulurent répondre à ses arguments par des injures, et détruire l'impression de son éloquence par des calomnies; en vain le représentèrent-ils au peuple comme un partisan de l'aristocratie et de Sylla : Cicéron prouva avec évidence que Rullus lui-même était le plus impudent défenseur des actes de ce tyran, puisque l'effet de son décret devait être de donner aux résultats de ses violences une sanction légale. La raison du consul triompha des passions du peuple : la conjuration de Rullus échoua; la loi fut rejetée.

Peu de temps après le sénat rendit un décret qui assignait aux chevaliers un rang distingué dans les spectacles publics. Othon, connu pour avoir proposé cette loi, entrant au théâtre, se vit sifflé par le peuple et applaudi par l'ordre équestre. La contestation s'échauffa entre les deux partis; des huées on en vint à l'altercation la plus violente, de là aux menaces. On était au moment de terminer la querelle par un combat. Cicéron, informé du tumulte, se rend au théâtre, commande au peuple de le suivre au temple de Bellone, et prononce devant lui un discours qu'on cita pendant plusieurs siècles comme un exemple admirable de l'empire de l'éloquence sur les passions. Cet orateur entraînant se rendit tellement maître en peu d'instants de l'esprit de la multitude, qu'on la vit, retournant au spectacle, combler Othon de témoignages d'estime et de respect. On a cru que Virgile avait voulu faire allusion à ce triomphe de l'orateur romain, dans ces beaux vers où il compare Neptune calmant les flots agités à un grave magistrat dont l'aspect majestueux et les paroles sévères répriment les fureurs d'une multitude irritée. Le charme de l'éloquence de Cicéron avait tant d'attraits pour les Romains, que, si nous en croyons Pline, le peuple, oubliant ses besoins et ses occupations, sacrifiait ses travaux, ses repas, ses plaisirs pour le suivre et pour l'écouter.

Bientôt le consul eut à combattre un ennemi plus formidable, et à sauver la république d'un plus grand péril. Un patricien, illustre par sa naissance, doué d'une grande force d'esprit et d'une extrême audace, incapable de modération dans ses désirs, de crainte dans les dangers, habile à s'attirer l'estime des honnêtes gens par son hypocrisie, l'amitié des méchants par ses vices, la bienveillance de la multitude par ses profusions, et le dévouement des soldats par sa vaillance, Lucius Sergius Catilina, nourri dans les discordes civiles, méditait depuis long-temps le dessein de renverser la liberté publique et d'arriver à la tyrannie par les chemins sanglants que Marius, Carbon et Sylla lui avaient tracés.

Si le portrait de ce conspirateur célèbre, peint par Cicéron lui-même, est ressemblant et fidèle, Catilina offrait dans son caractère un mélange inouï des qualités les plus opposées. On y voyait les traits, et, pour ainsi dire l'esquisse des plus grandes vertus ; mais chacune d'elles était défigurée dans le fond de son âme par des vices odieux. Lié secrètement avec tout ce que la république contenait d'hommes corrompus et de scélérats, il ne montrait extérieurement d'estime et d'admiration que pour les personnages les plus vertueux de la république. En entrant dans sa maison, la pudeur était offensée par la vue des peintures les plus lascives et par celle des objets qui excitent le plus vivement à la débauche; mais on y voyait en même temps tous ceux qui peuvent servir d'aiguillon au travail, à l'étude, à l'industrie. C'était à la fois un théâtre de vices et une école de philosophie et d'exercices militaires. Jamais monstre ne réunit tant de qualités contraires, et qui semblent mutuellement s'exclure; jamais aucun homme ne sut mieux séduire la vertu et plaire au crime ; nul ne professa de meilleurs principes, et n'en suivit de plus détestables ; nul ne fut plus outré dans la débauche, et plus patient pour supporter la fatigue et les privations. L'excès de ses prodigalités égalait celui de son avarice. Aucun ambitieux ne posséda mieux le talent de se faire des amis. Il partageait avec eux son argent, ses équipages, son crédit et ses maîtresses. Il n'était point de crimes qu'il ne fût prêt à commettre pour les servir. Son caractère souple prenait toujours la forme et la couleur les plus convenables à ses desseins. Parlait-il à des philosophes austères, à des hommes mélancoliques, l'air triste et chagrin lui devenait naturel; environné d'une jeunesse folâtre, il la surpassait en enjouement. Sérieux avec les hommes graves, léger avec les étourdis, plus audacieux que les plus téméraires, plus voluptueux que les plus débauchés, cette mobilité dans l'esprit, cette variété incroyable dans les mœurs, avaient rangé parmi ses partisans non-seulement tous les hommes sans conduite et sans principes de l'Italie et des provinces, mais plusieurs illustres personnages de la république, qui s'étaient laissé séduire par ses faux dehors de vertus.

Dès sa plus tendre jeunesse Catilina s'était souillé de beaucoup d'infamies, en achetant la faveur de Sylla par des meurtres. Il avait depuis débauché une jeune patricienne, et corrompu la vestale Fabia, belle-sœur de Cicéron. Violant les lois divines et humaines, il sacrifia la nature même pour satisfaire une passion honteuse. Enflammé d'amour pour Aurélia Orestilla, dont aucun honnête homme ne loua jamais que la beauté, il poignarda son propre fils dont l'existence et les droits empêchaient Orestilla de consentir à l'épouser, et il accomplit son infâme hymen dans la maison qu'il venait de souiller par cet exécrable meurtre. Il paraît que ce crime hâta l'exécution de ses desseins ambitieux. Son âme agitée avait besoin de grands mouvements pour échapper aux remords. Craignant le courroux des dieux et la vengeance des hommes, il trouvait un ennemi implacable au fond de son cœur. Il ne pouvait goûter aucun repos ni le jour ni la nuit; sa conscience était son bourreau : aussi son teint décoloré, ses regards sombres, sa marche tantôt lente et tantôt précipitée, montraient les symptômes d'une raison égarée.

Catilina, s'entourant avec soin d'une sorte de garde choisie parmi des scélérats, des brigands, des hommes sans mœurs et sans aveu, grossissait cette troupe en y faisant entrer une foule de jeunes gens endettés, qu'il pervertissait par ses artifices, qu'il formait au crime, et qu'il accoutumait à mépriser les lois, les périls et les caprices de la fortune. Il s'en servait comme de faux témoins, leur faisait faire de fausses signatures; et, certain de leur obéissance lorsqu'il avait une fois détruit leur réputation, il en exigeait des crimes plus hardis; souvent même il leur commandait sans motifs des assassinats, aimant mieux les rendre cruels sans nécessité que de laisser leur esprit s'engourdir et leurs mains se déshabituer du crime.

Sûr de leur dévouement, et comptant sur l'appui

des anciens soldats de Sylla, ruinés par leurs débauches et qui regrettaient la licence des guerres civiles, Catilina crut le moment d'autant plus favorable pour asservir la république, que les armées romaines qui auraient pu le combattre se trouvaient alors conduites par Pompée aux extrémités de l'Orient. L'éloignement de ce grand capitaine, le mécontentement des provinces, les murmures des alliés, la corruption du peuple et l'aveugle sécurité du sénat, lui donnaient l'espérance d'un succès prompt et facile. Mais, avant d'employer la force ouverte, appuyé par ses nombreux amis, il tenta de parvenir au consulat, dans l'intention de s'armer d'un titre légal pour renverser les lois.

Ce n'était pas la première fois qu'il recherchait cette dignité; ce n'était pas la première fois non plus qu'il méditait des crimes pour y parvenir. Quelque temps auparavant Publius Autronius et P. Sylla, convaincus de brigues, se virent exclus du consulat pour lequel ils avaient été désignés. Catilina sollicita vivement les suffrages du peuple, dans l'espoir de les remplacer; mais, accusé lui-même d'avoir commis beaucoup d'excès, de concussions et de rapines dans sa préture en Afrique, on refusa de l'admettre au nombre des candidats, et le peuple élut consuls Torquatus et Cotta.

Catilina, furieux de cet affront, voulut arracher par la violence l'autorité qu'il ne pouvait obtenir légalement; et, de concert avec Autronius et Cnéius Pison, il résolut, à la tête d'un nombreux parti, d'assassiner, le 1er janvier, les consuls, et de s'emparer de leur autorité. Pison devait ensuite être nommé par eux au commandement de l'Espagne. L'indiscrétion de l'un de leurs complices fit éventer le complot, et les força non d'y renoncer, mais d'en remettre l'exécution au 5 février. Une grande partie des sénateurs devait périr sous leurs poignards.

Au jour fixé Catilina, trop impatient de satisfaire sa vengeance et son ambition, donna trop précipitamment le signal convenu. Les conjurés qui se trouvèrent à la porte du sénat n'étaient pas encore arrivés en assez grand nombre pour seconder ses desseins. Ainsi son ardeur fit échouer cette première conjuration. Pison seul parut d'abord en recueillir les fruits; il obtint le gouvernement de l'Espagne par le crédit de Crassus, qui voulait, en le nommant, satisfaire sa haine contre Pompée, dont ils étaient tous deux ennemis. Les vices mêmes de Pison le servirent en cette circonstance, et le sénat consentit avec joie à l'éloignement d'un homme si dangereux. Il partit pour son gouvernement, où il périt dans une émeute que suscitèrent contre lui quelques agents de Pompée.

Catilina, loin d'être découragé par le peu de succès de son entreprise, s'occupa constamment à chercher les moyens d'en mieux assurer la réussite. Travaillant sans relâche à ranimer ses partisans, dont le nombre grossissait chaque jour, il encourageait les uns par des promesses, les autres par des présents, flattait toutes les passions, aigrissait les ressentiments, encourageait l'ambition, enflammait la cupidité, faisait espérer aux scélérats l'impunité, aux pauvres la fortune, aux esclaves la liberté, aux soldats le pillage, aux plébéiens l'abaissement des grands. Plusieurs membres du sénat, séduits par ses artifices et par l'espoir du partage de la suprême puissance, entrèrent dans cette conspiration. On y voyait le préteur C. Cornélius Lentulus, Céthégus, Autronius, Cassius Longinus, Publius et Servius Sylla, neveux du dictateur; Varguntéius, Quintius Annius, Porcius Lecca, Lucius Bestia, Quintius Curius; et, parmi les chevaliers, Fulvius Nobilior, Statilius, Gabinius Capito, et Caïus Cornélius. On crut même dans le temps que Crassus, par haine contre Pompée, favorisait secrètement, mais en évitant de s'y compromettre, une conspiration dont il se flattait de profiter si elle eût réussi.

Lorsque Catilina crut son parti assez fort et l'occasion assez favorable pour agir, il réunit les conjurés que, jusque-là, il n'avait vus qu'en particulier. « En vain, leur dit-il, tout conspirerait pour » me donner les plus grandes espérances; je n'irais

» point, aveugle en mes désirs, sacrifier le certain
» à l'incertain, si je n'avais pas déjà éprouvé votre
» courage et votre fidélité. Je vois en vous des âmes
» fortes; nous avons les mêmes amis, les mêmes
» ennemis; la conformité de nos intérêts, seule
» base des unions solides, et votre inébranlable in-
» trépidité, voilà ce qui m'inspire assez d'audace
» pour exécuter la plus haute entreprise. Les mal-
» heurs que nous éprouvons, et le sort qui nous
» attend si nous ne savons pas reconquérir notre
» liberté, m'affermissent dans mes projets. Rome
» est tombée sous le joug d'un petit nombre
» d'hommes avides et puissants. Les rois, les prin-
» ces, les peuples sont devenus leurs tributaires ;
» et nous voyons tout ce qui existe de citoyens hon-
» nêtes et courageux, dans l'ordre de la noblesse
» comme dans celui des plébéiens, confondus avec
» la populace, privés de tout crédit et de toute au-
» torité, et soumis aux caprices de ceux que nous
» ferions trembler si la république existait encore.

» Le pouvoir, les honneurs, les richesses, voilà
» leur partage; les périls, les affronts, les suppli-
» ces, voilà le nôtre. Jusques à quand, braves amis,
» souffrirez-vous une telle indignité? Ne vaut-il pas
» mieux risquer de mourir avec courage que de
» languir long-temps victimes et jouets de leur or-
» gueil, et de terminer sans éclat une vie aussi
» honteuse qu'infortunée?

» J'en atteste les dieux et les hommes, la victoire
» est dans nos mains : nous sommes à la fleur de
» l'âge et dans la vigueur de l'esprit ; nos ennemis
» sont cassés par les années, énervés par les riches-
» ses. Osons seulement les attaquer; ils tomberont
» presque d'eux-mêmes. Eh! qui pourrait suppor-
» ter le luxe de ces insolents? Ils comblent les mers,
» ils aplanissent les montagnes, ils remplissent
» Rome de leurs palais ; l'univers entier contribue
» à leurs débauches, et l'excès de leurs prodigalités
» ne peut épuiser leur fortune, tandis que nous
» sommes privés du nécessaire, et qu'ils nous lais-
» sent à peine un modeste foyer. La misère règne
» dans nos maisons; une foule de créanciers nous
» entoure ; notre situation présente est affreuse,
» l'avenir est encore plus terrible. Nous ne possé-
» dons de biens qu'une âme assez forte pour sentir
» vivement le malheur de notre existence. Quand
» vous réveillerez-vous donc? Ce que vous avez dé-
» siré si souvent, la liberté, les richesses, les digni-
» tés, la gloire, je les présente à vos regards ; ce sont
» les récompenses que la fortune destine aux vain-
» queurs. Que puis-je vous dire de plus? le péril,
» la pauvreté, l'occasion, l'intérêt public, les ri-
» ches dépouilles que nous promet la guerre, vous
» encourageront plus éloquemment que tous mes
» discours. Je m'offre à vous servir comme général
» ou comme soldat; mon âme et mon bras ne vous

» abandonneront jamais; tous vos vœux seront plus
» facilement satisfaits par moi, si vous parvenez à
» me faire nommer consul. Je compte sur vos efforts
» réunis; vous ne tromperez pas mon attente, et
» vous ne préférerez certainement pas l'opprobre
» à l'honneur et la servitude à l'indépendance. »

Après ce discours, ils se lièrent tous plus étroitement par un serment redoutable; et l'on dit que, Catilina leur ayant présenté un affreux mélange de vin et de sang humain, ils vidèrent cette horrible coupe, et dévouèrent ensuite leurs ennemis aux dieux infernaux.

L'ombre épaisse du mystère couvrait cette vaste conjuration : les consuls s'enivraient de la gloire de Pompée, le peuple se livrait à la joie d'un état prospère, le sénat s'endormait dans une aveugle sécurité; Rome, tranquille au bord d'un précipice, se trouvait au moment de périr sans être avertie du danger. L'inconstance d'une femme, l'indiscrétion d'un amant et la fermeté d'un consul la sauvèrent.

Quintus Curius, un des conspirateurs, avait follement épuisé sa fortune pour obtenir les faveurs d'une patricienne nommée Fulvie. Elle le méprisa dès qu'elle le vit ruiné; ses prières, ses larmes ne pouvaient la fléchir. Tout à coup le nouvel espoir que lui donnait la conjuration ranime sa confiance. Il ne s'abaisse plus aux supplications, il commande, il menace ; il annonce un changement prochain dans sa fortune. Fulvie étonnée, soupçonnant un important secret, raconte, sans nommer son amant, ce qu'elle a vaguement découvert de la conjuration. La nouvelle se répand, circule avec rapidité : on s'effraie d'autant plus qu'on ne sait rien de positif : l'imagination va toujours plus loin que la réalité. On était au moment des comices ; le danger commun fait taire la jalousie des patriciens contre Cicéron ; on ne se rappelle plus que ses vertus et ses talents : toutes les intrigues de Catilina échouent ; le peuple lui refuse ses suffrages, et choisit à l'unanimité pour consuls Marcus Tullius Cicéron et Caïus Antonius.

Cette élection, qui enlevait aux conjurés tout moyen légal pour arriver à leur but, ne fit qu'augmenter leur fureur. Catilina, redoublant d'activité, remplit de ses partisans les postes les plus importants de l'Italie, et leur distribua des armes. Ses complices nombreux, à force d'emprunts, de vols et de crimes, lui trouvèrent assez d'argent pour qu'il pût envoyer à Fésule Manlius, qui se chargea de lever une armée. Les soldats de Sylla et tous les hommes sans aveu de l'Italie entrèrent à l'envi dans ses légions : toutes les courtisanes, toutes les femmes corrompues de Rome fournirent aux dépenses de cet armement. Au milieu d'elles on remarquait Sempronia, aussi distinguée par la culture de son esprit et par ses talents que par sa naissance et par sa beauté. Dédaignant le bonheur domestique que lui offraient un époux vertueux et des enfants bien nés, elle s'était abandonnée aux voluptés, et n'avait pas plus ménagé sa fortune que sa réputation. Ruinée par ses excès, elle ne trouva de ressources que dans le crime, et commit beaucoup de forfaits dont l'audace étonnait les hommes les plus hardis.

Tels étaient les agents de Catilina. De concert avec eux, il forma le dessein de soulever les esclaves, d'égorger le sénat, d'incendier Rome, et d'établir sa domination sur les ruines fumantes de la république. Cicéron, destiné à la sauver, avait pénétré les projets de Catilina, et le surveillait avec une infatigable activité. Employant adroitement l'entremise de Fulvie, il sut déterminer par elle le faible Curius à trahir ses complices; et, pour qu'aucun obstacle n'embarrassât sa marche, il s'assura de son collègue Antoine, en promettant à sa cupidité le gouvernement de la Macédoine.

Les conjurés, redoutant la vertu du consul, et cherchant les moyens de se dérober à son œil vigilant, l'entouraient incessamment de leurs piéges, le menaçaient chaque jour de leurs poignards. Catilina ne croyait pas pouvoir renverser Rome sans abattre sa tête; mais le consul, toujours environné d'amis et de clients assidus, évita par sa prudence toutes les embûches qu'il lui dressait. Bientôt il apprit que Catilina rassemblait dans Rome des magasins d'armes, et plaçait des troupes d'hommes dévoués dans différents quartiers de la ville. Enfin ce hardi conspirateur, réunissant une seconde fois les conjurés au milieu de la nuit, se plaignit de leur lenteur, leur dit que Manlius prenait les armes, et qu'il devait partir lui-même pour le rejoindre; mais il leur déclara qu'avant tout il fallait se défaire de Cicéron. Cornélius Lentulus offrit de se rendre cette même nuit chez le consul, qui ne pouvait refuser la visite d'un préteur, et il jura de le poignarder. Varguntéius promit de le seconder. Curius, présent à cette délibération, fit à l'instant prévenir Cicéron par Fulvie du péril imminent qui le menaçait. Les assassins trouvèrent sa maison fermée, gardée, et ne purent consommer leur crime.

Cicéron avait enfin percé le voile qui couvrait cette horrible conjuration. Il n'ignorait aucun des projets de Catilina; et, quoiqu'il n'eût pas une connaissance très-positive de ses moyens d'exécution et des forces de Manlius, il crut cependant devoir, sans différer, communiquer au sénat toutes les lumières qu'il avait pu recueillir. Sur son rapport, les sénateurs rendirent un décret qui revêtit les consuls d'un pouvoir presque absolu, en les chargeant de veiller au salut de la république.

Peu de jours après, le sénat fut informé par eux

que Manlius venait de prendre les armes à la tête d'un corps considérable, que les esclaves de Capoue s'étaient révoltés, et qu'on faisait en Italie d'immenses transports de munitions de guerre. Un nouveau décret ordonna le rassemblement des légions, sous les ordres de Marcius, de Métellus Créticus et de Pompéius Ruffus.

Cicéron fit fortifier le lieu où se rassemblait le sénat, et distribua des corps de gardes dans toute la ville : il promit en même temps de grandes récompenses à tous ceux qui donneraient quelques indices sur les desseins des conjurés. La publication de ces décrets changea tout à coup la face de Rome : à l'ivresse des triomphes, au calme de la paix, à la licence des fêtes et des festins succédèrent une morne tristesse, une terreur générale, une consternation universelle. L'auteur de tous ces désordres se montrait seul sans crainte au milieu de cette ville agitée. Poursuivant intrépidement ses criminelles manœuvres, il eut même l'audace de se présenter au sénat et d'y prendre sa place accoutumée. Les sénateurs, saisis d'horreur à son aspect, s'éloignèrent tous de lui; et sa témérité excita l'indignation du consul Cicéron, qui improvisa, en le voyant, un discours dont l'éloquence égala justement sa renommée à celle de Démosthène.

« Jusques à quand, Catilina, dit-il avec véhé-
» mence, jusques à quand abuserez-vous de notre

» patience ? Serons-nous longtemps encore le jouet
» de votre fureur ? Où s'arrêtera votre audace effré-
» née ? Eh quoi ! cette garde qui veille sur le mont Pa-
» latin, ces soldats qui parcourent la ville, la conster-
» nation du peuple, les précautions prises pour dé-
» fendre ce temple où s'assemble le sénat, l'affluence
» des citoyens qui nous entourent, les regards des
» sénateurs fixés sur vous, rien ne vous étonne, ne
» vous effraie, ne vous arrête ! Ne comprenez-vous
» pas que vos complots sont découverts ? ignorez-
» vous encore que tous vos pas sont éclairés, que
» votre conjuration est, pour ainsi dire, enchaînée ?
» Croyez-vous qu'il existe ici un sénateur qui ne
» soit pas informé de ce que vous avez fait la nuit
» dernière et la nuit qui l'a précédée, du lieu de
» vos assemblées, des conjurés qui s'y sont rendus,
» des funestes résolutions que vous y avez prises ?
» O temps ! ô mœurs ! le sénat connaît toutes ces
» infamies, le consul les voit, et Catilina respire
» encore ! Il respire ! que dis-je ? il paraît au sénat,
» il s'assied parmi nous, il est présent à nos déli-
» bérations ; son œil farouche cherche et désigne
» entre nous ses victimes ; et nous, hommes cou-
» rageux, nous croyons remplir suffisamment nos
» devoirs en détournant de notre sein le poignard
» de ce furieux !

» Depuis longtemps, Catilina, le consul aurait
» dû vous envoyer au supplice. Depuis longtemps

» la mort que vous faites planer sur nos têtes au-
» rait dû frapper la vôtre. »

Cicéron rappelle ensuite les nombreux exemples qui auraient pu l'autoriser à faire périr Catilina. Il lui prouve qu'en l'envoyant au supplice il aurait plutôt à craindre qu'on l'accusât de lenteur que de cruauté. « Mais, ce que j'aurais dû faire depuis
» longtemps, ajoute-t-il, j'ai mes raisons pour le
» différer encore. Je vous ferai mourir quand il
» n'existera plus dans Rome de citoyens assez mé-
» chants, assez pervers, assez semblables à vous
» pour ne pas applaudir à votre supplice. Tant qu'il
» restera quelqu'un qui ose vous défendre, vous
» vivrez; mais vous vivrez comme aujourd'hui,
» entouré d'une garde nombreuse qui arrêtera
» toutes vos entreprises : partout je placerai autour
» de vous des yeux vigilants pour vous observer, et
» des oreilles pour vous entendre. »

Le consul développe aux yeux du conspirateur tout le plan de sa conspiration, et lui démontre qu'il connaît chacun de ses projets, qu'il voit toutes ses actions, qu'il lit dans toutes ses pensées.

« Catilina! s'écrie-t-il, sortez enfin de Rome! les
» portes sont ouvertes, partez! le camp de Man-
» lius demande son général! emmenez tous vos
» complices, purgez la ville de votre présence; je
» ne cesserai de prendre l'alarme que lorsque les
» murailles de Rome seront entre vous et moi. Vous

» ne pouvez rester plus longtemps parmi nous :
» non, je ne le souffrirai pas, je ne le permettrai
» pas, je n'y consentirai jamais. »

Après avoir tracé vivement le tableau de sa vie infâme, et lui avoir prouvé qu'il est l'objet de la crainte, de la haine et du mépris de tous les citoyens vertueux, il suppose que Rome elle-même se lève tout à coup, et lui adresse ces paroles :

« Depuis quelques années, Catilina, il ne s'est
» commis aucun crime dont tu n'aies été l'auteur
» ou le complice, aucune infamie dont tu ne te sois
» souillé. On t'a vu impunément piller les alliés,
» ravager l'Afrique, assassiner un grand nombre
» de citoyens. Tu es devenu assez puissant pour
» mépriser les lois, pour braver les tribunaux : j'ai
» longtemps gémi de ces excès sans les punir; mais
» aujourd'hui ton nom seul met tout en alarmes;
» le bruit le plus léger fait craindre les coups de
» Catilina; au moindre mouvement on croit voir
» briller ton poignard; on ne peut former contre
» moi aucune entreprise qui n'entre dans la chaîne
» de tes crimes. Je ne puis te supporter davantage;
» ma patience est à son terme; retire-toi donc, et
» calme mes terreurs ! Si elles sont fondées, je ne
» veux pas être la victime de ta perfidie; si elles
» sont vaines, je veux enfin cesser de te craindre. »

Cicéron, ayant ainsi terrassé le conspirateur par les foudres d'une éloquence dont nous ne donnons ici qu'une faible idée, prouve au sénat que la mort de Catilina ne ferait qu'éloigner l'orage sans le dissiper pour toujours, qu'on douterait peut-être de la conjuration, qu'on crierait à la tyrannie, mais qu'en forçant au contraire cet ennemi public à se bannir lui-même avec ses complices, et à faire éclater, les armes à la main, ses odieux projets, on arrachera jusqu'à la racine des maux qui menacent la patrie. Tel est le but de la péroraison de cette fameuse harangue.

« Partez, Catilina, dit le consul; hâtez-vous de
» commencer une guerre impie; et toi, puissant
» Jupiter, que nous avons nommé *Stator*, parce
» que sous les mêmes auspices on bâtit Rome et
» on institua ton culte, toi, auguste protecteur de
» cette ville et de cet empire, préserve-nous, je
» t'en conjure, de la fureur de Catilina et de ses
» complices. Embrasse la défense de tes autels, de
» nos temples, des maisons, des remparts de Rome,
» de la fortune, de l'existence de tous les citoyens;
» extermine ces brigands de l'Italie, ces ennemis
» de toute vertu, ces bourreaux de leur patrie,
» tous liés étroitement par des serments exécrables
» et par une association de forfaits! Que, frappés
» de tes foudres pendant leur vie, et châtiés par ta
» justice après leur mort, ils soient tous condamnés
» à d'éternels supplices! »

Catilina, contraignant sa violence, et s'abaissant,

contre sa coutume, à la prière, supplia les sénateurs de ne pas croire légèrement à des calomnies dictées par une haine personnelle. Il vanta pompeusement ses services, ceux de ses ancêtres, et s'efforça de prouver qu'il était absurde de craindre un patricien intéressé par son rang et par sa naissance à la conservation de la république, tandis que l'on confiait imprudemment le salut de l'état à un homme nouveau, et qu'on armait d'un pouvoir presque despotique un étranger, un habitant d'Arpinum, qui ne possédait pas une maison dans Rome, et qui décidait insolemment de l'honneur et de l'existence des plus nobles citoyens. Enfin, ne pouvant plus contenir son courroux, il éclata en menaces et en injures contre le consul; mais de toutes parts alors on l'interrompit, et les sénateurs, se levant, l'accablèrent tous à la fois des noms de *traître* et de *parricide*. Catilina, transporté de fureur, s'écria : « Puisqu'on me pousse à » bout, et puisque mes ennemis m'y forcent, j'é- » teindrai dans un incendie les feux qu'on lance » sur moi; et je vous entraînerai tous dans ma » ruine. »

A ces mots, il sort du sénat, rassemble les conjurés, les charge de grossir les forces du parti, de hâter la perte du consul, et de tout préparer pour remplir Rome de flammes et de carnage, au moment où il se présentera aux portes de la ville, à la tête de son armée, ce qu'il promet de faire sous peu de jours. Après avoir ainsi enflammé leur courage et ranimé leurs espérances, il part suivi de quelques amis, et se rend au camp de Manlius. Celui-ci répandait déjà dans toute l'Italie des proclamations pour soulever le peuple contre la tyrannie du sénat, contre l'avidité des grands, contre l'injustice des lois, et promettait aux pauvres le partage du domaine public.

Catilina, ne pouvant perdre l'habitude de tromper, au moment même où il commençait la guerre civile, écrivit à Catulus et à d'autres sénateurs pour se disculper, et les assura qu'il ne sortait de Rome que dans le dessein de se soustraire à l'injuste persécution de ses ennemis. En arrivant au camp, il prit audacieusement les faisceaux, toutes les marques de la dignité consulaire, et fit porter devant lui l'aigle d'argent qui avait autrefois servi d'enseigne à Marius.

La crainte qu'inspiraient son nom et son armée protégeait tellement ses complices, que, malgré toutes les récompenses promises aux dénonciateurs, aucun citoyen n'osa déposer contre eux, et qu'aucun conjuré ne déserta sa cause. Le péril devenait imminent : les soldats, les esclaves, les prolétaires et presque tous les artisans se montraient favorables à la conjuration. Lentulus profitait de sa charge de préteur pour grossir journellement son parti. Désirant augmenter ses forces par le secours de quelques peuples étrangers, il chargea Umbranus de faire entrer dans la conspiration les députés des Allobroges qui se trouvaient alors à Rome. Ces ambassadeurs, mécontents d'un lourd tribut qui endettait et ruinait leur pays, se plaignaient hautement alors des rigueurs et de la dureté du sénat. Umbranus avait servi dans les Gaules, et connaissait les principaux personnages de ce pays. Profitant adroitement de la circonstance, il plaignit le sort des Allobroges, et leur fit entrevoir l'espérance de libérer leur république. Accueilli favorablement par eux, et croyant pouvoir les décider à obtenir par les armes une justice qu'on refusait à leurs réclamations, il les conduisit chez Décimus Brutus, et leur développa en présence de Gabinius tout le plan de la conjuration. Il leur montra même avec une extrême imprudence la liste qui contenait les noms de tous les conjurés.

Les députés, tentés par l'occasion et frappés de la force du parti qui s'offrait à eux pour soutenir les intérêts de leur patrie, s'engagèrent à entrer dans la conspiration; mais, après avoir quitté les conjurés, ils réfléchirent aux dangers qui les menaçaient si cette conjuration échouait. Ils flottaient ainsi entre la crainte et l'espérance, lorsque le génie de Rome, comme le dit Salluste, paraissant tout à coup les inspirer, leur fit prendre la résolution de tout découvrir au sénateur Quintus Fabius Sanga, protecteur de leur république; car, dans ce temps, chaque peuple avait alors dans Rome son protecteur, comme chaque client son patron.

Fabius Sanga informa promptement Cicéron de tout ce qu'on venait de lui découvrir. Le consul s'attacha les députés par des promesses, les tranquillisa sur les intérêts de leur patrie, et leur enjoignit de feindre un zèle ardent pour les conjurés, afin d'être mieux informés de leurs projets et de leurs démarches.

On sut bientôt après par eux que les agents de Catilina excitaient de grands mouvements dans l'Apulie, dans le Picenum et dans les Gaules; que l'armée rebelle s'approcherait incessamment; que Lentulus, au moment convenu, ferait convoquer le peuple par le tribun Bestia, et citerait le consul en jugement; que Statilius et Gabinius mettraient le feu à douze principaux quartiers de la ville, et qu'à la faveur du tumulte Céthégus attaquerait et tuerait Cicéron, tandis que plusieurs de ses complices poignarderaient les autres proscrits.

Conformément aux instructions du consul, les Allobroges demandèrent une entrevue aux conjurés; elle eut lieu chez Sempronia. Les ambassadeurs pressèrent Lentulus, Céthégus, Statilius et Cassius de ratifier les promesses qu'ils leur avaient

faites, par un engagement écrit, revêtu de leurs signatures et de leur sceau, et qui pût inspirer une juste confiance à leur république. Les chefs des conjurés y consentirent et signèrent le traité. Lentulus chargea un de ses complices, Volturtius de Crotone, d'accompagner les députés jusqu'au camp. Il lui remit pour Catilina une lettre ainsi conçue : « Celui que je t'envoie te fera connaître qui
» je suis : conduis-toi en homme de courage ; songe
» à ce que les circonstances exigent de nous, cher-
» che des secours partout, ne néglige pas même
» ceux de la populace. »

Volturtius fut de plus verbalement chargé de lui dire qu'il avait tort de s'opposer à l'armement des esclaves, et qu'il devait surtout accélérer la marche de ses troupes.

La nuit fixée pour le départ des députés, Valérius Flaccus et Caïus Pomptinus, placés en embuscade par Cicéron sur le pont Milvius, arrêtent les ambassadeurs, qui ne leur opposent aucune résistance, et leur abandonnent Volturtius avec les dépêches qu'il portait.

Le consul, muni de toutes les preuves du crime, arrête lui-même, à la tête de ses gardes, Lentulus avec les autres chefs des conjurés, et les conduit au temple de la Concorde, où il avait convoqué le sénat. On interrogea les accusés ; Volturtius, renonçant bientôt à une dénégation inutile, sur la promesse qu'on lui fit de lui accorder sa grace, avoua tout. Les Gaulois confirmèrent sa déposition; Lentulus cherchait vainement à se défendre; on lui opposa ses lettres, sa signature, et plusieurs témoins attestèrent qu'il avait souvent cité un oracle des sibylles qui promettait la souveraineté de Rome à trois Cornéliens, ajoutant que Cinna et Sylla y étaient déjà parvenus, et que lui-même il achèverait d'accomplir cette prédiction. Tous les conjurés complétèrent la conviction en reconnaissant leur sceau; on destitua Lentulus de la préture; et on le plaça, ainsi que ses complices, sous la garde de différents sénateurs chargés d'en répondre.

L'inconstante multitude, qui peu de jours auparavant traitait la conjuration de chimère, plaignait le sort des conspirateurs, et accusait Cicéron de tyrannie, passa subitement de la bienveillance la plus prononcée pour Catilina à la haine la plus violente contre lui, et fit retentir la ville des éloges qu'elle prodiguait au consul.

Un citoyen, nommé Tarquinius, arrêté près du camp de Catilina, donna de nouveaux détails sur ses projets; mais, comme il prétendait avoir été envoyé à ce rebelle par Crassus, les amis de celui-ci accusèrent le dénonciateur de faux témoignage, et obtinrent par leur crédit qu'on le jetât dans une prison. Chacun, dans les moments de trouble, veut profiter de l'inquiétude publique pour perdre ses ennemis. Catulus et Pison répandirent des soupçons sur la conduite de César. L'opinion générale le croyait favorable à Catilina : ils firent même des démarches pour engager les Allobroges à les appuyer dans leur accusation. Plusieurs chevaliers romains, animés par leurs discours, menacèrent César de leurs glaives à la sortie du sénat; Cicéron les contint et le sauva de leur ressentiment.

Cependant les nombreux clients des accusés travaillaient activement à corrompre la populace; ils en soulevèrent une partie, qui s'efforça de mettre les conspirateurs en liberté. Le consul vigilant déjoua leurs complots, multiplia les gardes, convoqua de nouveau le sénat, et le pressa vivement de délibérer sans perdre de temps sur le sort des prisonniers, qui tous étaient déjà convaincus de crime d'état par leurs propres aveux.

Le salut de la patrie exigeait leur châtiment; mais, dans une république où l'aristocratie conservait tant de pouvoir, Cicéron s'exposait à de grands périls et à de longs ressentiments en provoquant la perte de tant de patriciens puissants par leurs clients, leurs familles et leurs dignités. Il ne l'ignorait pas, mais il n'écouta que son devoir, et sacrifia son intérêt à celui de Rome.

Le sénat assemblé, Silanus, consul désigné, opina le premier, et dit que, pour expier les crimes des conjurés, il fallait les condamner à la mort. Tibère

Néron fut d'avis qu'on devait prendre de plus amples informations : plusieurs sénateurs se rangeaient à l'opinion de Silanus, lorsque César se leva pour la combattre : « Pères conscrits, dit-il, tous ceux
» qui veulent juger une cause importante et dou-
» teuse doivent se défendre avec soin de toute haine,
» de toute affection, de toute colère, de toute pi-
» tié. L'esprit troublé par de pareils sentiments
» est incapable de distinguer la vérité; on ne peut
» écouter à la fois l'intérêt et la justice, et l'ame
» qui se laisse pénétrer par une passion est bien-
» tôt dominée par elle. Je pourrais sans peine vous
» rappeler une foule de décisions injustes, prises
» par des rois ou par des peuples qui sacrifièrent
» l'intérêt général et le bien public à la faveur ou
» au ressentiment; mais j'aime mieux citer les traits
» de justice et de sagesse de nos ancêtres, qui ont
» toujours su généreusement maîtriser toutes ces
» faiblesses.

» Tandis que nous combattions le roi Persée, la
» ville de Rhodes, célèbre par son opulence, et
» qui devait sa grandeur aux bienfaits du peuple
» romain, nous manqua de foi, rompit les traités,
» et porta ses armes contre nous. La guerre achevée,
» on délibéra sur le sort des Rhodiens; nos ancêtres
» les renvoyèrent impunis, afin qu'on ne crût pas
» que Rome ne cherchait à se venger d'une injure
» que pour s'enrichir.

» Dans le temps des guerres puniques, les Car-
» thaginois, violant des trèves conclues, commi-
» rent contre nous plusieurs crimes atroces. Rome
» les combattit sans les imiter, et se contenta de
» les vaincre sans user de représailles.

» Nos aïeux consultaient plutôt leurs devoirs que
» leurs droits; vous devez éviter de même, pères
» conscrits, de vous laisser emporter, par les cri-
» mes de Lentulus et de ses complices, au-delà des
» bornes que vous prescrit votre dignité. Écoutez
» moins votre colère; occupez-vous plus de votre
» renommée.

» S'il n'était question que de trouver une peine
» proportionnée à la grandeur du délit, j'approuve-
» rais l'innovation que vous propose Silanus; mais,
» quoique l'atrocité de ce forfait surpasse tout ce
» que l'imagination pouvait craindre et concevoir,
» je pense que l'horreur qu'il nous inspire ne doit
» pas nous faire sortir des règles que nous nous
» sommes tracées, et que nous ne pouvons lui ap-
» pliquer que les peines établies par nos lois.

» Les orateurs qui m'ont précédé ont employé
» leur magnifique éloquence à nous effrayer sur
» la situation de la république. Ils ont fait un ta-
» bleau pathétique des horreurs de la guerre civile
» et du malheur des vaincus. Ils nous ont rappelé
» la cruauté des proscripteurs, les violences du
» soldat, les vierges outragées, les enfants arrachés

» des bras de leurs parents, les mères de famille
» exposées à la licence des vainqueurs, les maisons
» démolies, les temples profanés, Rome en deuil,
» inondée de sang et consumée par les flammes.
» Mais, par les dieux immortels, où tendent ces
» discours ? leur objet est-il de nous faire détester
» la conjuration ? Celui qui serait assez insensible
» pour n'être point ému par un crime si atroce,
» croyez-vous que vos harangues enflammeraient
» son indignation et son courage ? Rassurez-vous;
» personne ne peut être indifférent à des injures
» personnelles et au péril qui menace son existence.
» Ce que vous devez plutôt craindre, c'est que de
» pareils forfaits ne nous irritent plus que la justice
» et la raison ne le permettent.

» Nous ne pouvons pas, pères conscrits, nous
» abandonner à notre ressentiment comme des par-
» ticuliers : peu importe qu'un citoyen obscur se
» laisse égarer par son courroux; sa renommée ne
» s'étend pas plus loin que sa fortune; mais les
» hommes qu'un rang élevé et qu'un grand pou-
» voir mettent en lumière doivent penser que tous
» les mortels jugent leurs actions. Plus ils sont puis-
» sants, plus ils sont obligés à se contenir. Comme
» hommes publics, il ne leur est permis ni d'aimer
» ni de haïr, encore moins de s'emporter. Ce qu'on
» appellerait chez les autres colère, prend pour eux
» le nom et les couleurs de la cruauté.

» Quant à moi, pères conscrits, je crois qu'il
» n'est pas de supplices qui ne soient trop légers
» pour des hommes aussi coupables : mais telle est
» l'opinion publique; elle ne se souvient que de la
» fin des choses; elle oublie les forfaits des crimi-
» nels, et ne condamne que leur châtiment pour
» peu qu'il ait été trop sévère.

» Je suis convaincu que Décimus Silanus, aussi
» vertueux qu'intrépide, n'a consulté que son zèle
» pour la république, et que, dans une si grande
» circonstance, il ne s'est laissé aveugler ni par la
» faveur ni par la haine : je connais ses mœurs, ses
» actions, sa modestie, son courage; aussi je n'ac-
» cuse point son opinion de cruauté : et qui pour-
» rait en effet paraître cruel lorsqu'il s'agit de tels
» hommes ? mais je combats son opinion, parce
» qu'elle me paraît contraire à nos lois et à nos
» usages.

» Qui peut donc porter le consul désigné à nous
» propose cette grande innovation? Ce n'est sûre-
» ment pas la crainte, il en est incapable; et d'ail-
» leurs l'illustre consul qui nous préside nous a mis,
» par sa vigilance, par ses conseils et par ses armes,
» à l'abri de tout danger. Serait-ce pour trouver
» une peine aussi forte que le délit ? Je crois qu'à
» cet égard il se trompe; car, dans les grands cha-
» grins et dans l'extrême misère, la mort est plu-
» tôt un repos qu'un supplice; elle termine toutes

» les souffrances : au-delà du tombeau il n'existe
» plus ni peines ni plaisirs.

» Mais, par les dieux immortels, pourquoi faire
» jouir de ce repos de tels coupables ? Pourquoi,
» Silanus, n'avez-vous pas au moins proposé qu'a-
» vant de les tuer on les frappât de verges ? La loi
» Porcia, dites-vous, défend qu'on inflige ce châ-
» timent à un Romain; mais d'autres lois, aussi in-
» violables, défendent qu'on ôte la vie aux citoyens.
» Comment craignez-vous d'enfreindre une loi moins
» grave lorsque vous en violez une autre plus impor-
» tante? Et qui osera, me dira-t-on, blâmer un décret
» rendu contre des parricides ? Qui ? le temps, la
» postérité. Tous les hommes sont gouvernés comme
» nous par les circonstances, par les vicissitudes de
» l'opinion, par les caprices de la fortune. Quelle
» que soit votre décision, les accusés ne recevront
» sans doute que ce qu'ils ont mérité; mais vous,
» pères conscrits, considérez les conséquences de
» l'arrêt que vous allez rendre. Les exemples les
» plus funestes doivent quelquefois leur naissance
» à de bons principes. Mais, lorsque l'autorité passe
» ensuite entre les mains d'hommes moins vertueux,
» on s'autorise de ces exemples pour en faire le plus
» indigne usage.

» Les Lacédémoniens, vainqueurs des Athé-
» niens, chargèrent trente hommes de les gouver-
» ner : ces magistrats commencèrent par tuer les

» factieux les plus coupables; le peuple entier ap-
» plaudit à leur supplice; mais bientôt la rigueur
» du gouvernement devint despotique, arbitraire,
» cruelle, il immola dans sa furie la vertu comme
» le crime; et cette grande cité, réduite en servi-
» tude, expia sévèrement sa joie insensée.

» De nos jours, lorsque Sylla vainqueur ordonna
» la mort de Damasippe et de quelques autres
» scélérats souillés d'un grand nombre de forfaits,
» quel est celui d'entre les citoyens qui ne loua pas
» sa sévérité? L'approbation fut universelle, et ce-
» pendant leur mort devint le signal des plus hor-
» ribles proscriptions et du plus affreux carnage.
» On vit bientôt les hommes ambitieux ou cupides
» inscrire sur la liste fatale tous les citoyens dont
» ils enviaient les palais, les jardins, la richesse. La
» plupart de ceux qui s'étaient réjouis de l'exécu-
» tion arbitraire de Damasippe se virent traînés eux-
» mêmes au supplice, et le massacre ne cessa que
» lorsque Sylla eut rassasié d'or ses avides par-
» tisans.

» Je ne crains point de semblables malheurs au-
» jourd'hui, et sous le consulat de M. Tullius. Mais
» notre grande cité renferme tant d'hommes d'es-
» prits et de caractères différents! n'est-il pas pos-
» sible que, dans un autre temps, un autre consul,
» revêtu du même pouvoir et maître de l'armée,
» ne se laisse égarer par de funestes passions; et

» lorsque ce consul, autorisé par le décret qu'on
» vous propose de rendre, aura tiré le glaive, qui
» se chargera d'arrêter son bras ? qui pourra mo-
» dérer ses coups ?

» Nos ancêtres, pères conscrits, montrèrent
» toujours autant de prudence que d'audace. Un
» fol orgueil ne les empêchait pas d'imiter ce qu'ils
» trouvaient de bon et d'utile dans les lois et dans
» les coutumes étrangères. C'est ainsi que, plus
» disposés à l'émulation qu'à la jalousie, ils prirent
» l'armement des Samnites, les formes et les signes
» de la magistrature des Toscans; ils adoptèrent
» même l'usage des Grecs, qui punissaient les cou-
» pables par les verges ou par la mort : mais, lors-
» que la république perdit la pureté de ses mœurs
» en même temps qu'elle s'élevait à un plus haut
» degré de puissance et de fortune, lorsque l'esprit
» de parti et la chaleur des factions mirent souvent
» en péril l'innocence comme le crime, alors nos
» sages aïeux publièrent la loi Porcia et plusieurs
» autres semblables, qui, prévenant toute erreur,
» permettaient aux citoyens condamnés d'éviter la
» mort par l'exil.

» La sagesse qui éclaira nos aïeux peut nous ser-
» vir encore de guide, et doit nous empêcher d'a-
» dopter l'innovation qu'on nous propose. Ne nous
» flattons pas d'être plus sages que nos pères; avec
» de faibles moyens ils ont fondé un grand empire;

» et nous, à peine savons-nous conserver l'édifice
» élevé par leur génie.

» Quelle est donc la conséquence de toutes mes
» observations? Serait-ce de mettre en liberté les
» conspirateurs, afin qu'ils puissent se jeter dans
» l'armée de Catilina? Je suis loin d'ouvrir un pareil
» avis : je pense qu'il faut confisquer leurs biens,
» et qu'on doit les retenir prisonniers dans quel-
» ques villes fortes d'Italie. Je demande de plus
» qu'aucun citoyen ne puisse jamais parler en leur
» faveur dans les assemblées du sénat et du peuple,
» et que celui qui contreviendrait à cette défense
» soit déclaré ennemi de la république. »

Lorsque César se fut assis, les autres sénateurs parlèrent, les uns pour appuyer son opinion, les autres pour soutenir celle de Silanus : l'assemblée était indécise; les paroles énergiques de Caton la tirèrent d'incertitude. Il prouva que, dans une affaire d'une nature différente, on pouvait délibérer avec maturité, et attendre la consommation du crime pour le punir; mais que, dans cette circonstance, pour peu que l'on retardât la décision du sort des conjurés, la fureur et peut-être le triomphe de leurs complices ne permettraient plus d'avoir recours à la justice; et que, dans un moment où il s'agissait de savoir, non si la république serait plus ou moins puissante, mais si elle existerait encore, il était bien étrange d'entendre invoquer la clémence, et proposer le sacrifice de tous les gens de bien au salut de quelques scélérats. « César, » dit-il, ne croit pas à une autre vie; c'est pour ne » pas abréger leur supplice que sa sévérité leur re- » fuse la mort : il veut qu'on éloigne ces factieux » de Rome, dans la crainte sans doute que leurs » complices ne trouvent moyen de les enlever. Il » demande qu'on les enferme dans d'autres villes ; » mais n'existe-t-il donc pas des méchants autre part » que dans Rome? J'avoue, pères conscrits, que nous » devons trembler vous et moi, soit que César re- » doute tant les conjurés, soit qu'il se trouve seul » à ne pas les craindre. Songez-y bien, sénateurs ; » ce que vous allez prononcer sur la destinée de » Lentulus décidera du sort de Catilina : tout dé- » pend ici de votre vigueur ou de votre faiblesse. » Eh quoi! Manlius immola son propre fils parce » qu'il avait enfreint les règles de la discipline, et » vous épargneriez des hommes qui n'ont rien res- » pecté! Si le salut de votre patrie vous touche si » peu, que le vôtre au moins vous réveille! Mes » mains et mon cœur ont toujours été purs : je » vous ai souvent reproché votre avarice, vos con- » cussions; j'ai souvent tonné contre votre luxe » indécent, contre l'énormité de vos richesses : eh » bien! c'est, aujourd'hui, pour la conservation de » ces mêmes richesses que je vous conjure de vous » armer; ce n'est plus la fortune publique seule-

» ment, c'est la vôtre que vous devez dérober à
» l'avidité des conspirateurs. Espérez-vous sauver
» vos richesses du pillage, vos palais de l'incendie,
» vos jours du carnage ? Catilina furieux s'avance
» avec son armée; son glaive nous menace, ses par-
» tisans sont dans nos murs, ses complices au mi-
» lieu de nous. Ils épient nos démarches; ils exa-
» minent notre maintien, ils entendent nos délibéra-
» tions. N'hésitons plus, sénateurs; frappons. Mon
» avis est que les conjurés sont convaincus par
» leurs aveux d'avoir projeté la ruine de la républi-
» que, et que nous devons, suivant l'usage de nos
» aïeux, faire subir à ces scélérats le dernier sup-
» plice. »

Tout le sénat applaudit à la fermeté de Caton. Cicéron, résumant les opinions, répondit avec ménagement à celle de César, et fit sentir avec force la nécessité de la rigueur. On alla aux voix, et le décret qui condamnait les coupables à la mort fut rendu conformément à l'avis de Caton.

Le consul, qui avait tranquillisé le sénat sur l'exécution de ses volontés, plaça partout des corps de garde; bravant les murmures d'une multitude égarée, que les factieux s'efforçaient de soulever, il mena lui-même Lentulus et ses complices dans une prison, les fit étrangler en sa présence; et, en sortant, dit au peuple agité: « Ils ont
» vécu. »

Catilina n'avait pu rassembler encore qu'une partie de ses forces; il attendait le succès des conjurés dans Rome pour compléter son armée. La nouvelle de leur supplice détruisit son espoir, et la désertion lui enleva beaucoup de soldats. Dans cette circonstance critique, il prit le parti de se retirer sur les montagnes par le territoire de Pistoie, avec l'intention de chercher un asile dans les Gaules; mais sa marche fut coupée par Métellus Céler, qui se porta rapidement au pied des Alpes. D'un autre côté, Antoine s'avançait à grandes journées contre lui : Catilina, ne voyant plus aucun moyen de retraite, se décida à tenter le sort des armes. Haranguant ses soldats avec énergie, il leur fit sentir l'impérieuse nécessité de vaincre ou de mourir, et descendit de cheval pour combattre à pied avec eux.

Le consul Antoine se trouvant alors retenu par une maladie feinte ou réelle, Pétréius, son lieutenant, prit le commandement des troupes. Les deux armées se joignent et se chargent avec impétuosité. Catilina, au premier rang de ses guerriers, déploie l'habileté d'un général et la valeur d'un soldat. Il appuie ceux qui avancent, rallie ceux qui plient, porte devant lui la mort et l'effroi; et, malgré la supériorité du nombre, par son opiniâtre résistance, il rend longtemps la fortune incertaine : mais enfin Pétréius, à la tête des prétoriens, enfonce le centre de l'ennemi, et, l'ouvrant à droite et à gauche, jette le désordre dans les rangs des rebelles. Catilina, voyant la défaite de ses troupes, prit une résolution digne du rang qu'il avait occupé ; il se précipita au milieu des légions, et tomba percé de coups, et entouré de victimes. Après le combat, l'aspect du champ de bataille fit admirer au vainqueur l'intrépidité des vaincus. Chacun des soldats de Catilina, blessé à la poitrine, s'était fait tuer dans le poste que le général lui avait assigné. Nul d'eux ne rendit les armes ; tous moururent. Le triomphe de l'armée victorieuse fut mêlé de tristesse et de deuil ; chacun retrouvait parmi les morts le corps d'un parent ou d'un ami.

Les Romains, délivrés d'un si grand péril, rendirent aux dieux de solennelles actions de graces, et décernèrent au consul le nom glorieux de *père de la patrie ;* titre que la flatterie de Rome asservie prodigua aux empereurs, et que Rome libre ne donna qu'au seul Cicéron.

Tandis que l'activité du consul et la fermeté du sénat sauvaient la république de l'ambition d'un nouveau Sylla, Pompée étendait ses limites dans l'Orient et achevait la conquête de l'Asie. Après avoir détruit Mithridate, soumis Tigrane, conquis la Judée, réduit le Pont et la Syrie en provinces romaines, il s'embarqua pour retourner dans sa patrie.

Tous les pas de son voyage furent marqués par des actes d'une généreuse magnificence; il combla de présents les savants de Rhodes, les philosophes d'Athènes, et donna aux Athéniens cinquante talents pour relever les murs de leur port. Il affranchit Mitylène de tout tribut, et fit lever le plan du théâtre de cette ville pour servir de modèle à celui qu'il voulait faire construire à Rome.

Si le bruit de ses triomphes avait enorgueilli les Romains, la nouvelle de son retour les saisit de crainte : chacun crut qu'il arrivait avec son armée dans le dessein de s'emparer du pouvoir suprême.[1] Crassus et un grand nombre de sénateurs s'étaient déjà éloignés de la ville; Pompée, pour dissiper cette terreur, licencia son armée dès qu'il fut débarqué en Italie, et renvoya tous ses soldats dans leurs foyers.

Sa modestie apparente ne fit qu'augmenter les jouissances de son orgueil : tous les peuples de la campagne, tous les habitants des villes, voyant avec admiration un si fameux conquérant sans armée, et le vainqueur de tant de rois isolé comme un simple citoyen, s'empressèrent à l'envi, malgré ses instances, de l'accompagner jusqu'à Rome. Il arriva ainsi aux portes de cette ville avec un cortége dix fois plus nombreux et plus imposant qu'une armée.

Comme, suivant l'usage, il ne pouvait entrer dans la capitale qu'en triomphe, il pria le sénat de différer l'élection des consuls jusqu'au moment où cette cérémonie serait terminée. L'inflexible Caton s'opposa à cette innovation; et, quoique Pompée, pour l'attirer dans ses intérêts, lui demandât sa fille en mariage, il ne put vaincre sa résistance ni lui faire accepter un lien qu'il regardait comme une chaîne.

Le triomphe du vainqueur de l'Asie dura deux jours. Les tableaux qu'on y portait contenaient les noms de quinze royaumes conquis, de mille châteaux emportés, de neuf cents villes prises d'assaut, de trente-neuf cités rebâties, et de huit cents vaisseaux enlevés. L'état des acquisitions du trésor prouvait que ses conquêtes avaient doublé les revenus de la république.

Le chef des corsaires de Cilicie, le fils de Tigrane, Zozime, reine d'Arménie, Aristobule, roi des Juifs, cinq fils de Mithridate, plusieurs femmes scythes, les otages livrés par les peuples d'Ibérie, d'Albanie et de Comagène, suivaient le char du vainqueur. Pompée jouissait d'un honneur que n'avait pu recueillir encore aucun général romain; il avait triomphé des trois parties du monde, et l'on aurait peut-être comparé sa gloire et sa fortune à celles d'Alexandre-le-Grand, si ce dernier triom-

POMPÉE.

phe eût terminé sa vie; mais, depuis ce moment, son bonheur et sa renommée ne firent que décroître, et les débris de sa puissance ne parurent offrir encore une masse imposante que pour servir de base à l'élévation de César.

CHAPITRE VII.

Rivalité de Pompée et de César. — Sacerdoce de Caïus Julius César. — Sa fuite en Bithynie. — Sa captivité dans l'île de Pharnacuse chez des pirates. — Sa victoire sur eux. — Son retour à Rome. — Sa nomination de tribun militaire. — Son éloquence. — Son pontificat. — Loi pour le rappel de Pompée rejetée. — Union de César et de Pompéia. — Témérité de Publius Claudius. — Répudiation de Pompéia. — Claudius, appelé en jugement, est absous. — Triumvirat de César, de Pompée et de Crassus. — Départ de César pour l'Espagne. — Conquête de l'Espagne par César. — Retour de César en Italie. — Son consulat. — Inquiétude de Cicéron. — Ambition de César et de Pompée. — Domination de César. — Son habile politique. — Tyrannie des triumvirs. — Discours de Cicéron contre César. — Vengeance de César. — Précautions de César avant son départ pour les Gaules. — Deuil de Cicéron, du sénat et de vingt mille chevaliers. — Exil de Cicéron. — Spoliation exercée envers lui. — Mission de Caton en Chypre. — Son désintéressement.

Tandis que Pompée remplissait l'univers de l'éclat de sa renommée, triomphait des trois parties du monde, et marchait à la puissance suprême porté par les vœux du peuple et par la confiance imprudente du sénat, le sort élevait peu à peu contre lui un rival qui, sans avoir fait encore aucune grande action et sans avoir commandé d'armée, balançait déjà son crédit sur le peuple romain, et se préparait à lui disputer l'empire du monde.

Le grand Pompée ne craignait cependant alors que l'éloquence de Cicéron, la vertu de Catulus, l'austérité des principes républicains de Caton, et surtout l'audace et l'ambition de Crassus. Moins politique que Sylla, moins clairvoyant que Cicéron, il n'avait pas deviné César, et regardait comme un instrument docile de sa puissance celui qui devait bientôt la renverser.

Caïus Julius César, gendre de Cinna, et neveu de Marius, obtint à seize ans la charge de prêtre de Jupiter. Sylla voulait le forcer à répudier sa femme Cornélie; il résista au dictateur lorsque tout l'univers lui obéissait. Poursuivi par sa vengeance, il se sauva dans le pays des Sabins, et corrompit les satellites qui le poursuivaient pour lui donner la mort. Sortant alors de l'Italie, il chercha un asile en Bithynie chez le roi Nicomède. César, né pour surpasser tous les autres hommes en vices et en vertus, scandalisa, par l'excès de ses débauches, la cour la plus corrompue de l'Asie.

Il s'embarqua peu de temps après sur un navire marchand, fut pris et conduit dans l'île de Pharnacuse par des corsaires ciliciens, qui lui demandèrent vingt talents pour sa rançon. Souriant de la modicité de cette somme, il leur promit cinquante talents, et envoya deux esclaves à Rome pour rassembler l'argent nécessaire. Resté à la merci de ces pirates grossiers et sanguinaires, loin de leur montrer quelque crainte il leur parlait en maître, et leur ordonnait de se taire quand ils troublaient son sommeil. On l'aurait pris pour leur prince plutôt que pour leur prisonnier.

Sa captivité dura quarante jours. Il récitait devant eux des vers et des harangues; et, lorsqu'ils n'applaudissaient pas, il les appelait barbares, et leur disait en riant qu'un jour il les ferait pendre. Cette menace, qu'ils prenaient pour une plaisanterie, ne tarda pas à être réalisée. Après avoir payé sa rançon, il partit, arma quelques vaisseaux à Milet, revint à Pharnacuse, y retrouva les corsaires, les battit, pilla leurs richesses, les fit prisonniers à son tour, et les envoya au supplice.

Ses amis, ayant obtenu de Sylla sa radiation de la liste des proscrits, il fit ses premières armes en Asie, sous le préteur Thermus, mérita la couronne civique au siége de Mitylène, et se distingua en Cilicie sous les ordres de Servilius Isauricus. De retour à Rome, il parut à la tribune, fit admirer son éloquence, et s'attira bientôt un nouvel ennemi par son audace. Il accusa devant le peuple Dolabella, personnage consulaire, honoré de plusieurs triomphes; n'ayant pu le faire condamner, et voulant éviter son ressentiment, il partit pour Rhodes, et s'y livra avec ardeur à l'étude des lettres grecques, que lui enseigna Apollonius, fils du célèbre orateur Molon.

César, apprenant dans cette île que Mithridate, après avoir battu quelques généraux et ordonné le massacre d'un grand nombre de Romains, parcourait l'Asie en vainqueur, rassembla les troupes de plusieurs princes alliés, ranima leur courage, défit les généraux du roi de Pont, et revint en Italie. Le peuple admire l'audace et suit la fortune. César, jeune, éloquent, prodigue, triomphant sans flotte des pirates, et vainqueur des lieutenants de Mithridate avant d'être revêtu d'aucun grade, se vit nommer tribun militaire par les suffrages unanimes de ses concitoyens. Nourri dans les principes de Marius et de Cinna, proscrit dès sa jeunesse par Sylla, chef du parti des patriciens, il ne tarda pas à faire éclater son animosité contre les grands et son désir de relever la faction populaire.

Ses premiers efforts eurent pour objet de rendre aux tribuns leur ancien pouvoir. L'audace, les progrès de ce jeune ambitieux dans l'esprit du peuple, auraient dû éveiller plus tôt l'inquiétude du sénat; mais son amour pour les plaisirs, son luxe, sa familiarité confiante, son apparente légèreté, la recherche presque puérile de sa parure, l'affectation de mollesse qu'il portait même au point de laisser, contre toute convenance, sa robe flottante et sa ceinture lâche, masquaient aux yeux de beaucoup de gens ses ambitieux projets. On le croyait plus enflammé du désir de séduire toutes les femmes, que de celui de commander à tous les hommes.

Cicéron, qui le pénétra le premier, disait : « Je » crois qu'il aspire à la tyrannie; cependant j'ai » encore peine à me persuader qu'un jeune volup- » tueux qui s'occupe avec tant d'afféterie de sa » coiffure, et qui ne touche sa tête que du bout » de ses doigts, puisse avoir conçu l'audacieux » projet de renverser la république. »

César augmentait sans cesse par ses largesses le nombre de ses partisans. Il ranimait le courage des proscrits, réveillait l'espérance des soldats de Marius, et faisait entrevoir aux hommes endettés, aux pauvres et aux factieux, de nouveaux moyens de révolutions et de fortune. Tout en cherchant à se montrer populaire, il n'ignorait pas que le peuple se laisse toujours éblouir par l'éclat d'une haute naissance; qu'il croit aux fables plus qu'à l'histoire; qu'il a plus de superstition que de vraie croyance, et que les chaînes qui le retiennent le plus fortement sont celles qu'il croit voir descendues des cieux. Aussi, lorsque César perdit sa femme Cornélie, et Julie, sœur de son père, obligé, selon l'usage, de prononcer en public leur oraison funèbre, il s'exprima en ces termes :

« Julie, par ses aïeux maternels, descend des rois, » et le sang de ses aïeux paternels l'alliait aux dieux

JULES CÉSAR.

PUBLIÉ PAR FURNE, À PARIS

» immortels; car sa mère tirait son origine d'Ancus
» Martius, et les ancêtres de son père, les Jules,
» descendaient de Vénus : ainsi vous voyez, Ro-
» mains, que notre famille brille à la fois de la di-
» gnité des monarques, dominateurs des hommes,
» et de la majesté des dieux, maîtres des rois. »

Avant de devenir le premier général du monde, César dominait déjà le peuple par son éloquence, et passait, après Cicéron, pour le plus grand orateur de son temps. Il plaida avec un éclatant succès en Macédoine, devant le préteur Lucullus, en faveur de la Grèce, contre Publius Antonius; et celui-ci, appelant du jugement à Rome, dit, en riant, aux tribuns du peuple, pour motiver son appel, qu'il lui était impossible de se défendre en Grèce contre un Grec.

La faveur populaire avait déjà tellement enhardi César, que, le souverain pontificat étant devenu vacant, il osa le disputer, malgré sa jeunesse, aux hommes les plus puissants de la république, Isauricus et Catulus. Tout le sénat, tous les riches, tous les clients des deux candidats s'opposaient à César; mais il avait pour lui la multitude, les factieux et les citoyens les plus hardis. Les scènes tumultueuses et sanglantes des Gracques semblaient près de se renouveler; la mère de César, en larmes, voulait l'empêcher de se rendre sur la place; il y courut en lui disant : « Tu me verras

» bientôt souverain pontife ou banni; » et le peuple l'élut malgré toutes les intrigues des sénateurs. Ce succès lui fit sentir sa force.

César s'étant lié plus intimement depuis cette époque avec les ennemis du sénat, on le soupçonna d'avoir pris part aux conjurations de Catilina. Curion le couvrit de sa robe pour le dérober à la fureur des chevaliers, et les vrais républicains reprochèrent toujours à Cicéron de lui avoir sauvé la vie dans cette circonstance.

La chute de Catilina n'effraya pas son ambition. Parvenu par les suffrages du peuple à l'édilité, il osa replacer dans le Capitole les statues et les trophées de Marius. Nommé préteur, il fit punir les satellites de Sylla et les exécuteurs de ses ordres sanguinaires. Comme édile, il dépensa toute sa fortune pour embellir la ville par des édifices et par des portiques somptueux. Rien ne peut être comparé à la magnificence des jeux qu'il donna au peuple : il avait acheté tant de gladiateurs, que le sénat alarmé rendit un décret pour en diminuer le nombre.

Les vigilants défenseurs de la liberté, Caton et Catulus, ne doutèrent plus alors de ses vastes desseins contre la république. César savait qu'il ne pouvait détruire la liberté qu'en renversant le crédit des hommes vertueux et en enlevant à Cicéron l'autorité dont il jouissait alors; mais, trop impatient d'arriver à son but, il fit proposer, par le tribun Métellus Népos, une loi pour rappeler Pompée avec son armée, sous prétexte de calmer la fermentation qui existait dans Rome, et dans le dessein réel d'anéantir la puissance du sénat. Caton et ses amis s'y opposèrent avec vigueur; César et ses partisans soutinrent leur proposition par les armes; Caton courut risque de la vie; mais sa fermeté l'emporta : il fit rejeter la loi, et César, après avoir opposé une vaine résistance, se vit obligé d'abord de se cacher, et ensuite de fléchir. Le sénat craignait d'aigrir le peuple révolté en sa faveur; il lui rendit sa charge.

Peu de temps après, César, accusé formellement comme complice de Catilina par Vettius, se défendit avec adresse, prouva qu'il avait lui-même éclairé Cicéron sur les détails de la conjuration, se justifia pleinement, et fit punir ses accusateurs. Il venait d'augmenter son crédit en épousant Pompéia, fille de Pompée, nièce de Sylla; et l'appui du parti de son beau-père lui fut très-utile lorsqu'on rendit compte au sénat de l'infraction qu'il avait osé faire aux lois en relevant les statues de Marius : aussi son audace resta impunie malgré les efforts de Catulus qui s'écriait : « Il est temps de penser à nous ; ce » n'est plus en secret, c'est ouvertement que César » attaque la république. »

Ce premier lien qui unissait César à Pompée ne

tarda pas à être rompu. On célébrait à Rome la fête de la bonne déesse Fausta : les femmes seules étaient initiées à ses mystères, et il était sévèrement défendu aux hommes d'y paraître. Cette année la fête avait lieu dans la maison de César, qui s'en absenta suivant l'usage. Publius Claudius, honteusement célèbre par ses vices, par son irréligion, par son avidité, par son mépris pour les lois, par sa haine contre les gens de bien, et par l'audace de ses entreprises, était devenu follement épris de Pompéia, femme de César. Entraîné par sa passion, il ose cette même nuit s'introduire, déguisé en femme, dans la maison où se célébraient les mystères. Une esclave le reconnaît, répand l'alarme ; la fête est suspendue, les mystères sont profanés, les femmes jettent de grands cris, et cherchent, à la clarté des flambeaux, le sacrilége, qui se dérobe précipitamment à leur poursuite. Le scandale fut affreux dans Rome, et quoique Pompéia n'eût pas été convaincue d'avoir favorisé la témérité de Claudius, César la répudia, disant: « Je crois qu'elle n'est pas coupable ; mais la » femme de César ne doit pas être soupçonnée. » Cet époux si fier exigeait une vertu dont il était fort loin de donner l'exemple; car Pompée, revenant peu de temps après en Italie, répudia sa femme Mucia que César avait séduite, et la corruption des mœurs était alors telle, que ce double divorce ne rompit point l'intelligence de ces deux hommes qui s'accordaient pour renverser la liberté; ils ne devinrent rivaux et ennemis que pour dominer sur ses ruines.

Claudius, appelé en jugement pour avoir profané les mystères, acheta ouvertement ses juges, et se fit absoudre malgré tous les efforts de Cicéron pour le faire condamner. Le fer des usurpateurs ne doit pas trouver beaucoup de résistance dans un pays assez amolli pour vendre la justice au poids de l'or. L'état est perdu dès que les grandes agitations politiques ont pour objet, non les opinions, mais les hommes, et que l'intérêt public n'y sert que de masque à l'intérêt privé.

Les grands hommes planent au-dessus de leur siècle; leur premier mérite est de le bien connaître. César voyait le parti républicain plutôt décoré que soutenu par la rigidité de Caton et par la vertu de Catulus, par l'éloquence de Cicéron et par un grand nombre de patriciens et de citoyens riches, qui, n'ayant pour eux ni la multitude ni les soldats, ne jouissaient à l'ombre des lois que d'une domination apparente et fragile, fondée sur un reste de respect pour le passé : ce n'était plus que la puissance des souvenirs.

La multitude, qui se vendait au plus prodigue, se laissait entraîner par le plus factieux. Les soldats, trop long-temps éloignés de Rome, n'étaient plus citoyens, et ils servaient plutôt leurs généraux que la république. Les hommes clairvoyants sentaient que, dans un siècle aussi corrompu, le colosse de l'empire romain avait besoin d'une tête, et chacun des grands aspirait à le gouverner, Caton par les lois, Cicéron par l'éloquence, Crassus par l'argent, Pompée par la faveur publique, César par les armes.

Celui-ci, supérieur en génie à tous ses rivaux, ne voulut pas continuer plus long-temps à ne lutter contre eux que d'éloquence à la tribune, d'intrigues dans les assemblées populaires et de magnificence dans les jeux publics. A la fin de sa préture il se servit adroitement du crédit de Pompée pour se faire donner le département de l'Espagne, et de l'or de Crassus pour payer ses dettes. Un esprit vulgaire aurait cru devoir profiter pour sa fortune de la rivalité de Crassus et de Pompée ; César, plus profond, s'aperçut que cette division, favorable à la liberté et contraire à ses vues, n'était utile qu'à Cicéron et à Caton. Il réconcilia donc les deux hommes les plus puissants de la république, parut s'associer à leurs intérêts, et les rendit ainsi, sans qu'ils s'en doutassent, les plus utiles instruments de ses vastes desseins.

Le triumvirat, fruit de cette réconciliation, rassurait les amis de l'ordre et de la paix en éloignant la crainte d'une guerre civile. Caton ne s'y trompa

point; lorsqu'il apprit cet accord, il dit : « C'en est
» fait, la république est perdue ; nous avons des
» maîtres. »

César, ayant emprunté trois mille talents à
Crassus et apaisé ses créanciers, partit pour l'Espagne, où il comptait faire une ample moisson de
richesses et de gloire. Son caractère, trop fort pour
supporter la gêne de la dissimulation, laissait souvent éclater sa passion pour le pouvoir suprême.
Plus d'une fois il avait dit au milieu de Rome : « On
» ne peut violer la justice que pour régner ; en
» toute autre chose il faut la respecter. »

Dans sa route il traversait en Étrurie un bourg
peu étendu et misérable : un de ses compagnons
de voyage, remarquant la pauvreté des habitants,
lui dit : « Rien n'est plus chétif que cette bourgade,
» et cependant je suis persuadé qu'on y voit autant
» d'intrigues qu'à Rome pour occuper la première
» charge. » « Pourquoi pas ? répondit César ; j'aime-
» rais mieux être le premier dans ce village que le
» second à Rome. »

En arrivant à Cadix, il vit une statue d'Alexandre-
le-Grand, et la contempla quelque temps en silence.
Un de ses amis s'aperçut qu'il versait des larmes,
et lui en demanda la cause. « Je pleure, dit César,
» en songeant que je n'ai rien fait encore de grand,
» et qu'à mon âge Alexandre avait déjà conquis
» l'Asie. »

Ce fut en Espagne que César développa d'abord ce génie militaire qui le mit dans la suite au rang des premiers capitaines du monde : il y fit admirer surtout cette incroyable célérité qui lui donna l'avantage sur tous ses rivaux. En peu de mois il s'empara d'un grand nombre de villes, gagna plusieurs batailles, et subjugua tous les peuples de la péninsule, qui, jusque-là, souvent vaincus, jamais soumis, avaient constamment opposé à Rome la plus opiniâtre résistance. Maître de l'Espagne, il prit soin d'y amasser d'immenses richesses, armes indispensables pour usurper le pouvoir dans une république corrompue.

A son retour en Italie, César demanda le triomphe et le consulat, quoique l'usage le mît dans la nécessité d'opter entre ces deux récompenses; car il fallait être dans la ville pour solliciter le consulat, et celui qui demandait le triomphe devait rester hors de Rome. Il écrivit au sénat pour obtenir la dispense de ces règles qu'il regardait comme de vaines formes. Caton et les vieux amis de la liberté firent rejeter sa demande. Forcé de choisir, il préféra l'autorité du consulat à l'éclat du triomphe.

Depuis la mort de Catilina, Cicéron, libérateur de Rome, décoré du titre de père de la patrie, soutenu par l'amour des chevaliers, dont il illustrait l'ordre, et appuyé par les républicains, dont il soutenait les principes, conservait une domination apparente sur les honnêtes gens par sa vertu, sur la multitude par son éloquence; mais, lorsque Pompée revint d'Asie, et qu'ayant licencié son armée il ne parut dans la capitale avec d'autre cortége que celui de sa gloire et de l'amour des peuples qui le suivaient en foule, les regards ne se fixèrent plus que sur lui. L'orateur se vit effacé par le héros, et le sauveur de la république disparut, pour ainsi dire, en présence du conquérant de l'Asie.

Pompée n'était plus général des flottes, commandant de l'armée, dominateur de l'Orient et de l'Afrique. Descendu en apparence au simple rang de sénateur, il paraissait cependant le maître de l'empire. Moins il affectait d'autorité, plus il recevait d'hommages; et, pendant quelque temps, la maison d'un citoyen eut toute l'apparence de la cour d'un roi.

Cicéron, inquiet du ressentiment que gardaient contre lui les amis des conjurés qu'il avait envoyés au supplice sans les faire juger par le peuple, s'efforça de déterminer Pompée à le soutenir. Il demandait qu'un décret populaire ratifiât tous les actes de son consulat; mais il n'obtint que des réponses équivoques, qui redoublèrent ses craintes. Cicéron avait déplu à Pompée en faisant obtenir à Lucullus les honneurs du triomphe. On savait d'ailleurs que Cicéron était, ainsi que Caton et Catulus, partisan zélé de la liberté ; et, quelque estime que des ambitieux tels que César et Pompée affectassent de lui montrer, ils ne devaient voir en lui qu'un obstacle à leurs projets, et qu'un ennemi dont la ruine leur devenait nécessaire ; car César et Pompée marchaient au même but par des moyens différents. Tous deux ne pouvaient supporter ni maître ni égal. Pompée voulait qu'on lui donnât le trône ; César se disposait à le prendre : c'était la lutte d'un grand talent contre un grand génie. Pompée, fier des hommages qu'on lui rendait, et trompé par les caresses de la fortune, commit une grande faute en licenciant son armée, dans le dessein d'ôter tout ombrage aux républicains ; et il tomba dans une grande erreur en croyant que, dans un état libre, on pouvait gouverner sans force, usurper sans violence, et arriver à la tyrannie par l'estime publique.

Il ne tarda pas à s'apercevoir de sa méprise : après les premiers transports de reconnaissance et d'admiration, les Romains, rassurés par le licenciement des troupes, n'accordèrent plus à Pompée que de vains honneurs, et lui firent promptement sentir qu'il n'était plus qu'un simple citoyen. Il voulait qu'on distribuât gratuitement des terres à ses soldats, qu'on le dispensât de rendre des comptes, et qu'on ratifiât sans examen tous ses actes, comme commandant des côtes et comme général de l'Orient. Il ne put obtenir ce qu'il souhaitait, et l'opposition de Lucullus, de Crassus et de Caton fit rejeter sa demande.

Ce fut alors que César, dont le génie perçait l'avenir, crut qu'il ne pourrait jamais arriver à la domination sans précurseur, et que son ambition serait étouffée dès sa naissance, s'il laissait les Romains revenir à la liberté et se déshabituer du joug : c'est ce qui le détermina à réconcilier Crassus et Pompée.

Unis par leur intérêt commun, ils formèrent donc le premier triumvirat, s'engageant par serment à se soutenir mutuellement et à réunir, pour assurer le succès de leur entreprise, le poids de leur crédit, l'affection de leurs cliens, l'influence de leurs richesses et la force de leurs armes.

Les triumvirs, fidèles à leurs promesses firent donner le consulat à César. Il voulait avoir pour collègue Lucius qui lui était dévoué ; mais les efforts du parti républicain prévalurent, et firent élire Marcus Calpurnius Bibulus. Ainsi le consulat de César devint le premier fruit du triumvirat que son adresse avait formé, et le premier acte de ses puissants rivaux fut de poser la base de sa puissance.

César, étant consul, ne commit point la faute de se tourner du côté des grands et de changer de parti ; toujours opposé au sénat, qui voulait la liberté, toujours soigneux de capter la bienveillance du peuple, ce mobile et aveugle instrument de ceux qui veulent l'opprimer, il proposa une nouvelle loi agraire.

Bibulus, sur l'appui duquel le sénat comptait, était peu capable de lutter contre un homme tel que César. Essayant cependant de balancer sa popularité, il déclara que tous les jours de son consulat seraient des jours de fêtes. Le peuple le laissa seul les célébrer, n'écouta que son collègue, et adopta la loi proposée.

Bientôt tout plia sous César : Caton seul, ferme, inaccessible comme le roc Tarpéien, voulait braver le consul, soulever les républicains, et s'exposer à l'exil pour résister au triumvirat. Cicéron parvint à modérer son ardeur, en lui représentant que, « s'il n'avait pas besoin de Rome, Rome avait besoin » de lui. »

César dominait le peuple en paraissant dévoué à ses intérêts. Il gouvernait le sénat par le crédit des triumvirs, et bientôt les triumvirs eux-mêmes furent subjugués par son adresse. Il donna en mariage à Pompée Julie, sa fille unique : Julie, adroite, spirituelle et dévouée aveuglément à son père, se rendit maîtresse absolue de l'esprit de Pompée, et Crassus, dès-lors, se vit forcé de condescendre à toutes les volontés du beau-père et du gendre réunis.

César n'était jamais assez aveuglé par un succès

pour négliger les moyens d'en obtenir d'autres. Jamais personne ne sut mieux employer tour à tour et plus à propos la douceur et l'autorité, l'adresse et l'audace. Les chevaliers romains, véritable armée de Cicéron, donnaient une grande force au parti républicain; le consul se concilia leur affection en leur accordant la diminution d'un tiers des redevances qu'ils payaient au trésor pour leurs fermes en Asie. César endormit la jalousie de Pompée, et combla ses vœux en faisant ratifier par le peuple tous les actes de son généralat, et en lui assignant le département de l'Espagne. Il satisfit l'avare ambition de Crassus en lui donnant l'Asie; mais le chef-d'œuvre de sa politique fut de se faire céder à lui-même le département de l'Illyrie et des Gaules, avec le commandement de quatre légions pour cinq ans. Il acquérait par là l'occasion de conquérir la plus brillante gloire. En subjuguant les plus anciens et les plus redoutables ennemis des Romains, il se donnait le temps d'aguerrir ses légions, de les attacher à sa fortune; et, par le commandement que l'imprudence du sénat lui laissait dans la Gaule cisalpine, il se trouvait chef d'une armée en Italie et maître de s'emparer de Rome, lorsqu'il aurait assez illustré ses armes pour se faire pardonner son élévation par un peuple plus avide alors de gloire et de richesses que de liberté.

Comme il voulait, pour assurer l'exécution de

ses grands desseins, grossir partout le nombre de ses partisans, il fit déclarer amis et alliés du peuple romain Arioviste, roi des Suèves en Germanie, et Ptolémée-Aulètes en Égypte.

Méprisant l'impuissante opposition de son collègue, il ne daignait pas même lui communiquer les décrets qu'il proposait au sénat et au peuple. Ce faible consul, aigri par ce dédain et honteux de sa nullité, borna sa vengeance à faire afficher des placards contre la tyrannie des triumvirs, et se tint renfermé huit mois dans sa maison; ce qui fit dire en plaisantant à Cicéron, qu'on devait mettre au bas des actes de cette année ces mots : *Faits sous le consulat de Jules et de César.*

Cependant l'abus que les triumvirs faisaient de leur puissance commençait à mécontenter le peuple. Ils absolvaient, condamnaient au gré de leurs caprices, prodiguaient les richesses de l'état à leurs serviteurs, bravaient les lois, maltraitaient les républicains, et employaient la violence pour faire passer leurs résolutions. L'animadversion publique se manifestait à tel point qu'au théâtre un acteur, dans une tragédie, ayant prononcé ce vers :

> Tu n'es devenu grand que pour notre malheur,

la multitude l'applaudit avec fureur, l'appliqua ouvertement à Pompée, et le fit répéter plusieurs fois.

Comme les hommes qui gouvernent accusent plutôt leurs ennemis que leurs propres fautes du peu de succès de leur administration, les triumvirs attribuèrent leur discrédit à l'opposition et aux railleries de Cicéron. Cet orateur, dans un de ses discours, parla avec force contre César. Le consul résolut de se venger, et choisit, pour servir son ressentiment, ce même Claudius qui avait porté une si funeste atteinte à l'honneur de Pompéia. Se réconciliant ainsi avec l'homme qui avait attaqué sa femme, pour punir celui qui attaquait son autorité, il employa tout son crédit pour le faire nommer tribun du peuple, et engagea même Vettius, son ancien accusateur, à perdre Cicéron dans l'esprit de Pompée, en l'accusant d'avoir voulu le faire assassiner.

L'éloquence de Cicéron triompha de la calomnie; Vettius fut condamné à la prison, et César, redoutant son indiscrétion, l'y fit étrangler.

Avant de partir pour les Gaules[1], César trouva le moyen de s'assurer l'appui des consuls désignés pour lui succéder. Il gagna Gabinius par des promesses, se lia étroitement avec Pison en épousant sa fille Calpurnie, et prit toutes les mesures nécessaires pour éloigner de Rome les deux plus fermes soutiens de la liberté, Cicéron et Caton. Le tribun

---

[1] An de Rome 695. — Avant Jésus-Christ 57.

Claudius, chargé de cette odieuse commission, séduisit la multitude, en ordonnant, par une loi, de distribuer gratuitement aux pauvres le blé que jusque-là on leur cédait à vil prix. Il rétablit les corporations d'artisans, supprimées précédemment par le sénat comme dangereuses. Claudius, par d'autres décrets, diminua l'autorité des censeurs, et augmenta la liberté des assemblées populaires. Après avoir ainsi disposé les esprits en sa faveur par tant d'actes agréables au peuple, il proposa la loi destinée à porter le coup décisif qu'il voulait frapper. Cette loi condamnait à l'exil quiconque serait convaincu d'avoir fait mourir un citoyen sans suivre les formes de la justice. C'était attaquer directement Cicéron, qui prit alors le deuil, ainsi que le sénat et vingt mille chevaliers. Ils voulaient prouver par ces habits lugubres la consternation où les jetait le danger auquel un tribun factieux exposait le sauveur de Rome et le père de la patrie.

Dans Rome antique, ce deuil aurait réveillé la vertu; dans Rome corrompue, l'indignation eût été plus utile que la douleur. La plainte est le langage du vaincu; ce n'est que par la force qu'on peut espérer de ramener les méchants.

Les consuls, qui favorisaient les projets des tribuns, ordonnent aux sénateurs de reprendre la pourpre. Claudius arme la multitude; il s'empare de la place publique. Cicéron avait encore une ressource; il devait ⬛⬛⬛ le courage à la violence, et prendre les armes contre ses ennemis. Les sénateurs, les patriciens, les chevaliers, et tout ce qui existait de citoyens vertueux dans Rome, se montraient disposés à le soutenir. Il est vrai, comme le disait Claudius, qu'un seul triomphe ne lui eût pas suffi; et, après avoir repoussé le tribun sur la place publique, il aurait fallu vaincre César, qui se trouvait encore aux portes de la ville avec ses légions. Cicéron était plus éloquent qu'intrépide : soit que sa faiblesse redoutât César, soit que sa vertu lui fît craindre de donner, pour son propre intérêt, le signal de la guerre civile, il laissa le champ libre aux séditieux et s'éloigna de Rome.

Ce départ découragea son parti, et redoubla l'ardeur et la confiance des factieux. Claudius fit rendre une loi pour confisquer ses biens; on les vendit à l'encan; on pilla ses maisons de ville et de campagne. Virgilius, son ancien ami, refusa de le recevoir en Sicile où il était préteur. Il ne trouva d'asile qu'à Thessalonique en Macédoine.

Claudius, pour récompenser les consuls d'avoir lâchement abandonné le libérateur de Rome, fit assigner la Syrie à Gabinius et la Macédoine à Pison. Il contraignit enfin Caton à sortir de l'Italie, en lui faisant donner l'ordre de réduire en province romaine l'île de Chypre, où régnait alors le frère de Ptolémée-Aulètes.

La république fondait ses prétentions à cette île sur un testament de Ptolémée-Lathyre, testament qu'elle n'avait pas voulu d'abord accepter. La vertu de Caton tira encore quelque gloire de cette odieuse expédition. Le roi de Chypre, ne pouvant défendre son trône, et ne voulant pas survivre à sa fortune, s'empoisonna. Caton recueillit ses immenses richesses, et les envoya toutes au trésor public, sans s'en approprier aucune partie. Ce désintéressement, commun autrefois, était alors sans exemple dans une ville où le peuple récompensait par les premières dignités de l'état l'opulence la plus mal acquise, pourvu qu'elle entretînt le luxe de ses plaisirs. On vit alors l'édile Scaurus faire tailler trois cent soixante colonnes de marbre, autant en cristal et autant en bois doré, pour orner un théâtre qui ne devait durer qu'un mois. Il plaça entre ces colonnes trois mille statues de bronze et plus de mille tableaux. Peu de temps après, un autre édile, Curion, fit construire en bois deux théâtres mobiles, adossés l'un à l'autre, et tournant sur des pivots, de sorte que les spectateurs, sans se déplacer, étaient portés de la scène où ils venaient d'entendre une tragédie, à l'amphithéâtre où combattaient les gladiateurs.

CHAPITRE VIII.

Départ de César pour les Gaules. — Guerre avec les Helvétiens. — Bataille de Bibracte. — Défaite et retraite des Helvétiens. — Traité de paix entre eux et César. — Guerre avec les Gaulois. — Découragement dans l'armée de César. — Harangue de César à ses officiers. — Conférence entre César et Arioviste. — Rupture de cette conférence. — Victoire de César sur les Germains. — Rappel de Cicéron à Rome. — Recouvrement de ses biens — Guerre avec les Belges. — Bataille avec les Nerviens. — Leur défaite. — Supplications en l'honneur de César. — Guerre avec les Vénètes. — Leur défaite. — Arrivée de Marc-Antoine près de César. — Troubles à Rome. — Départ de Crassus pour l'Asie. — Guerre avec les Germains. — Portrait des Suèves. — Victoire de César sur les Germains. — Sa descente dans la Grande-Bretagne. — Succès de Crassus sur les Parthes. — Nouvelle descente de César dans la Grande-Bretagne. — Son retour dans les Gaules. — Succès d'Ambiorix sur les Romains. — Cet échec réparé par César. — Nomination de nouveaux consuls. — Nouvelle guerre entre Crassus et les Parthes. — Défaite et mort de Crassus. — Nouveaux exploits de César dans les Gaules. — Pompée est nommé seul consul. — Guerre entre César et Vercingétorix. — Siège et prise d'Alize. — Défaite de Vercingétorix. — Soumission des Gaules. — Nouvelle guerre avec les Parthes. — Victoire de Cicéron sur eux.

César, délivré de Caton et de Cicéron, maître de l'esprit de Pompée par l'influence de sa fille, et redoutant peu Crassus, dont l'ambition était tranquille dès qu'on satisfaisait son avarice, partit enfin pour les Gaules avec ses légions. Il savait que Sylla n'était devenu maître de la république qu'après avoir vaincu Mithridate. Il avait vu Pompée, à son retour de l'Orient, au moment de s'emparer du pouvoir suprême s'il l'eût osé. Moins imprudent que l'un, moins timide que l'autre, déterminé à suivre leurs traces et à les dépasser, il conçut le vaste projet de subjuguer les Gaules, d'épouvanter la Germanie, de planter ses aigles sur les bords de la Tamise, de revenir en Italie à la tête de son armée victorieuse, et de fonder un trône solide sur les débris de la république.

Les Gaulois, autrefois la terreur de Rome, avaient long-temps passé pour les plus braves des peuples barbares. Leur vaillante et nombreuse population, maîtresse du nord de l'Italie, s'était répandue comme un torrent en Germanie, en Grèce et en Asie. Plus forts que les Romains par leur constitution physique et par leur nombre, ils auraient conquis plus rapidement qu'eux l'Europe et l'Asie, s'ils n'avaient formé, sous un seul chef, qu'un seul corps de nation. Mais, divisés en autant de petits royaumes ou de petites républiques qu'ils avaient de cités, ils ne purent suivre aucun plan régulier ni pour attaquer ni pour se défendre. Leurs diverses confédérations, jalouses l'une de l'autre, se firent mutuellement la guerre. Ils perdirent d'abord leurs conquêtes. Rome, maîtresse de la Gaule cisalpine, réduisit peu de temps après la Gaule narbonnaise (la Provence) en province romaine. La fertilité du sol, l'accroissement des villes, le voisinage des Romains apportèrent un grand changement dans les mœurs. Les Gaulois s'amollirent en se civilisant; le goût des plaisirs, l'habitude du luxe et du commerce éteignirent peu à peu chez eux l'amour de la guerre, si long-temps leur seule passion. Ils conservaient encore un grand courage; mais ils montraient moins d'ardeur dans le succès, moins de constance dans les revers. Aussi les Germains et les peuples du Nord, qui les avaient autrefois redoutés, se firent craindre à leur tour par eux, tentèrent de fréquentes invasions sur leur territoire, et rendirent tributaires plusieurs de leurs cités.

Si César n'eût pas connu cette grande altération dans leurs forces et dans leurs mœurs, aurait-il pu sans témérité se flatter de conquérir, avec quatre légions, une contrée si vaste et si belliqueuse? L'horizon des hommes de génie est plus étendu que celui de leurs contemporains : César prévit tout ce que pouvaient faire l'audace et la discipline contre des peuples vaillants, mais légers et désunis; et, au grand étonnement du monde, avec moins de trente mille hommes, il soumit à son joug, en huit années, ces fiers descendants de Brennus, dont le Capitole craignait encore le fer et la flamme.

Ce fut l'an 696 qu'il commença cette fameuse expédition. Nous savons, par ses commentaires, que ce pays était alors divisé en trois parties principales, la Belgique, l'Aquitaine et la Celtique. Les Romains donnaient le nom de Gaulois aux habitants de la Celtique. La Marne et la Seine séparaient la Gaule ou Celtique de la Belgique; la Garonne servait de limite aux Celtes et aux habitants de l'Aquitaine.

Les plus vaillants de tous les ennemis que combattit César furent les Belges et les Helvétiens (Suisses). Ces peuples, peu adonnés au commerce, étaient aguerris par leurs combats continuels contre les Germains.

L'ambition d'un noble helvétien offrit le premier prétexte à César pour commencer la guerre.

Orgétorix savait que ses compatriotes, mécontents de se voir resserrés dans leurs limites étroites entre le Rhin et le Jura, voulaient chercher une autre patrie, un climat plus doux, une terre plus vaste et plus fertile. Il voulut profiter de ces dispositions pour s'emparer du trône, bien convaincu qu'un peuple qui émigre tout entier ne peut espérer de succès dans son invasion que sous la conduite d'un chef. Enflammant les désirs de ses compatriotes, et leur montrant beaucoup de zèle pour seconder leurs projets, il chercha l'alliance des Séquanais (Francs-Comtois) et des Éduens (peuples d'Autun). Les agents chargés de cette négociation laissent entrevoir son espoir de régner et de partager avec ses nouveaux alliés l'empire des Gaules. On découvre ses intrigues ; le peuple helvétien se soulève et le cite en jugement ; il refuse de comparaître, arme ses partisans ; et, les trouvant trop peu nombreux pour espérer de se défendre, il se donne la mort.

Le projet d'invasion qu'il avait formé lui survécut; et les Helvétiens, brûlant leurs douze villes et leurs quatre cents villages, se décidèrent à pénétrer dans les Gaules. Le chemin qui les aurait conduits chez les Séquanais offrait entre le Rhône et le Jura un défilé trop étroit; et comme le pont de Genève leur appartenait, ils préférèrent la route qui traversait la province romaine, d'autant plus qu'ils espéraient attirer dans leur parti les Allobroges (Savoyards et Dauphinois).

César, informé de leurs desseins, en prévint l'exécution par sa célérité. Marchant à grandes journées, il arriva inopinément près de Genève, rompit le pont que les ennemis croyaient passer sans obstacles, et ordonna de grandes levées dans la province romaine.

Les Helvétiens, étonnés de son apparition imprévue, lui envoyèrent des députés chargés de lui demander la permission de passer sur le territoire romain. César ne voulait pas la leur accorder; mais, n'ayant pas encore assez de forces pour combattre sans se compromettre, il fit une réponse vague, promit une décision définitive dans un mois, et profita de ce temps pour construire un grand retranchement depuis le lac de Genève jusqu'au mont Jura. Il y plaça les troupes nouvellement levées dans la province, et déclara ensuite son refus aux Helvétiens. Ceux-ci s'adressèrent alors aux Séquanais, qui leur ouvrirent leurs frontières. Ils se mirent donc en marche dans l'intention de traverser la Gaule et de s'établir sur les côtes de l'Océan, dans la contrée qu'on nomme aujourd'hui Saintonge. César, informé de tous leurs mouvements, confia à Labiénus le soin de défendre ses retranchements, et courut en Italie. Il y prit trois légions, en leva deux nouvelles, franchit les Alpes, battit les peuples de la Maurienne et d'Embrun, qui s'opposaient à son passage, et arriva chez les Séquanais (Lyonnais), premier peuple gaulois qu'on trouvait au-delà des limites de la province romaine.

Il y reçut les plaintes des Éduens, dont le territoire était déjà ravagé par l'avant-garde des Helvétiens. César marche au secours de ce peuple, ancien allié de Rome, et atteint les ennemis sur les rives de l'Arar (Saône), au moment où les trois quarts de leur armée avaient passé le fleuve; il attaque, détruit leur arrière-garde, et construit un pont sur l'Arar.

Plus surpris que découragés par ce premier revers, les Helvétiens lui proposèrent avec fierté la paix, le menaçant, s'il la refusait, du sort de Cassius, autrefois vaincu et tué par eux.

César répondit qu'il ne connaissait pas la crainte, surtout lorsqu'il avait pour lui la justice; mais qu'il accorderait la paix aux Helvétiens, s'ils voulaient lui donner des otages. Divicon, leur général, répondit que leur usage était d'en recevoir et non d'en donner.

La conférence fut rompue; les Barbares s'éloignèrent du fleuve: César voulait les suivre, mais il manquait de vivres. Étonné de ne pas voir se réaliser les promesses des Éduens, qui avaient imploré son secours et qui devaient lui fournir des subsistances, il apprit par un homme puissant de ce pays, nommé Divitiacus, sur le dévouement duquel il comptait, que deux factions divisaient ce peuple, que l'une d'elles favorisait les Helvétiens, et que Dumnorix, frère de Divitiacus, s'était mis à la tête de ce parti, dans l'espoir d'arriver à la royauté.

César, sans perdre de temps, appelle devant lui Dumnorix, l'accable de reproches, lui pardonne en faveur de son frère, et fait cependant surveiller toutes ses démarches. Cette conjuration déjouée, les vivres arrivèrent, et l'armée romaine, marchant rapidement, se trouva bientôt en présence des ennemis campés au pied d'une hauteur, à deux journées de Bibracte (Autun). César, ayant reconnu leur position, envoya secrètement Labiénus tourner cette montagne, et s'emparer de son sommet. Ayant fait ensuite un mouvement pour se rapprocher de ses vivres, les ennemis prirent sa manœuvre pour une retraite, sortirent avec autant de confiance que d'ardeur de leur camp, et se précipitèrent sur lui. Ils étaient intrépides, très-supérieurs en nombre, enhardis par des guerres heureuses. Le succès de cette bataille pouvait décider toute la Gaule en leur faveur, détruire la renommée de César, et renverser, dès leur naissance, les vastes projets de son ambition.

César sentit que ce moment et cette première affaire décideraient de sa destinée. Communiquant à son armée le sentiment qui l'agitait, il ordonne à tous les officiers de renvoyer leurs chevaux, il descend lui-même du sien, et prouve ainsi qu'il est déterminé à faire de cette plaine le premier théâtre de sa gloire ou son tombeau.

Les légions attaquent de front les ennemis avec impétuosité, les enfoncent; mais leur corps de réserve, tombant sur les flancs des Romains, rétablit le combat et balance la fortune. Labiénus alors descend de la montagne, et attaque de son côté les Barbares. Leur opiniâtreté disputa la victoire depuis une heure après midi jusqu'au soir. Aucun d'eux, même en se retirant, ne tourna le dos aux Romains ; ils combattirent jusqu'au milieu de leurs bagages ; et, après avoir vu ces bagages pris et leur camp forcé, ils se retirèrent, au nombre de cent trente mille hommes, sur les terres des Lingons (habitants de Langres).

Parmi les prisonniers faits sur eux, se trouvèrent une fille et un fils d'Orgétorix. César envoya aux habitants de Langres la défense de donner asile aux vaincus. Lui-même, après avoir soigné les blessés et enterré les morts, il poursuivit l'ennemi, gagna quelques marches sur lui, coupa sa retraite, et le força d'implorer sa clémence. On fit une trêve; les Romains demandèrent des otages. Tandis qu'on négociait, six mille hommes du canton d'Urbigène (Berne) s'échappèrent pour se sauver en Germanie. César ordonna aux cités qui se trouvaient sur leur passage de les arrêter. Elles obéirent et les lui envoyèrent. Ils les réduisit en esclavage, et conclut la paix avec les Helvétiens, en exigeant d'eux qu'ils rentrassent dans leur pays, dont il craignait que les Germains ne voulussent s'emparer.

Les Helvétiens avaient quitté leurs foyers au nombre de trois cent soixante-huit mille hommes, dont quatre-vingt douze mille portaient les armes. Cent dix mille seulement retournèrent en Suisse ; tout le reste périt, à la réserve de vingt mille Boïens qui, avec le consentement de César, s'incorporèrent aux Éduens et s'établirent chez eux.

Les Gaulois redoutaient plus la domination romaine que l'invasion des Helvétiens; mais en tout temps, la victoire paraît commander à l'opinion; la crainte prend le langage de la flatterie, et la haine les apparences de l'amitié. Tous les chefs de la Gaule celtique vinrent féliciter César sur son triomphe. Les hommes vulgaires se laissent endormir par l'encens et par les hommages; les hommes de génie en profitent sans s'y fier.

César comptait plus, pour ses succès, sur les rivalités des différents peuples de la Gaule que sur leur affection. Il apprit, dans une conférence secrète qu'il eut avec Divitiacus, la véritable situation des affaires du pays. Depuis long-temps la confédération des Éduens et celle des Arvernes (Auvergnats) se disputaient l'empire. Les Arvernes, vaincus plusieurs fois se joignirent aux Séquanais, et appelèrent les Germains à leur secours. Tout parti qui commet cette faute sacrifie l'intérêt général à l'intérêt privé, et livre sa patrie au joug humiliant de l'étranger. Les Germains passèrent le Rhin, d'abord au nombre de quinze mille hommes; cent vingt mille de leurs compatriotes les suivirent bientôt. Les Éduens leur résistèrent avec courage; mais, après avoir perdu une grande bataille dans laquelle périrent leur sénat, leur noblesse, la plus grande partie de leur cavalerie et de leurs alliés, ils se virent forcés de se soumettre, de donner des otages et de descendre ainsi du premier rang dans les Gaules à celui de tributaires de l'étranger. Cependant leur malheur, non mérité, n'égalait point celui des Séquanais, et les vainqueurs portaient envie aux vaincus. Arioviste, roi des Germains, se montrait plutôt l'oppresseur des Séquanais que leur appui. Appelé par eux dans la Gaule, il s'était rendu le maître de leur pays, avait pris le tiers de leurs terres, et venait encore récemment d'en faire distribuer à vingt-quatre mille Harudes (habitants de Constance).

Ces barbares exerçaient sur eux les plus horribles cruautés, et, pour les maintenir dans l'assujettissement, ils gardaient en otage les enfants des plus nobles familles. « Moi seul, disait Divitiacus, » j'ai refusé au tyran de ma patrie le serment qu'il » a exigé des Éduens et des Séquanais. J'ai couru à » Rome pour implorer des secours que je n'ai pu » obtenir. Bientôt tous les peuples de la Germanie » fondront sur les Gaules : vous seul, César, vous » pouvez nous sauver; mais nous sommes perdus » si Arioviste découvre le secret de la négociation » dont mon pays me charge près de vous. Nous » pourrions encore à la vérité nous dérober à la » mort en abandonnant nos foyers; les Séquanais » n'ont pas cette ressource; Arioviste tient leur » existence dans ses mains, et il les exterminerait

» s'il pouvait les soupçonner d'implorer votre ap-
» pui. »

César, après avoir interrogé les députés des Séquanais, dont les larmes et la honte ne confirmaient que trop le récit de Divitiacus, promit de les délivrer du joug qui pesait sur eux.

Il était d'un grand intérêt pour Rome d'empêcher les Germains de s'établir dans les Gaules, d'où ces peuples féroces seraient bientôt sortis pour ravager la province romaine, pour franchir les Alpes, et pour faire renaître de nouveau en Italie la terreur que les Cimbres et les Teutons y avaient autrefois répandue. Le génie de César prévit et prévint ces malheurs dont, quatre siècles après, l'empire romain, dans sa décadence, se vit la proie et la victime.

César, déterminé à chasser les Barbares au-delà du Rhin, envoya des ambassadeurs à Arioviste pour lui demander une conférence. Le roi des Germains répondit, avec une fierté sauvage, que, si César avait affaire à lui, il pouvait le venir trouver dans son camp. César lui écrivit que, s'il voulait conserver l'amitié de Rome, il devait cesser d'attirer les Germains dans les Gaules, rendre aux Séquanais leur indépendance, aux Éduens leurs otages, et ne plus commettre contre eux d'hostilités; sinon, que le sénat et le peuple ayant, sous le consulat de Messala et de Pison, ordonné aux gouverneurs de la province romaine de protéger les Éduens et leurs alliés, il se verrait forcé de venger leurs injures par les armes.

Arioviste répliqua que de tout temps le droit des vainqueurs était de dicter des lois aux vaincus, que les Romains avaient constamment et largement usé de ce droit. « Les Éduens, ajoutait-il, ayant voulu
» courir les chances de la guerre, ont été défaits
» et soumis à un juste tribut; s'ils veulent le payer,
» ils vivront en paix ; s'ils prétendent s'en affranchir,
» je les châtierai. Vos menaces, César, ne m'effraient
» pas; tous ceux qui ont osé m'attaquer s'en sont
» mal trouvés, et vous apprendrez à vos dépens ce
» que peut un peuple qui ne s'est jamais laissé vain-
» cre, et qui, depuis quatorze ans, n'a pas couché
» sous un toit. »

Au moment où César recevait cette lettre, il apprit que les habitants des cent cantons des Suèves se préparaient à traverser le Rhin pour se réunir à l'armée d'Arioviste. Cette nouvelle accéléra sa marche; et, craignant que les Barbares ne se rendissent maîtres de Vésontio (Besançon), poste très-avantageux, il se hâta de s'en emparer.

Il comptait que l'ardeur des légions serait égale à la sienne; son espoir fut trompé. Les marchands et les voyageurs qui arrivaient dans son camp faisaient des récits exagérés de la vaillance, de la force, de la taille gigantesque et du regard terrible des Germains. Tous ces récits, qui se grossissaient en se répandant, refroidirent d'abord les courages, les ébranlèrent peu à peu, et finirent par jeter une terreur panique dans l'armée. Les préfets, les sénateurs, les chevaliers, qui avaient peu d'usage de la guerre, et qui n'avaient suivi César que par affection, demandent des congés et s'éloignent sous différents prétextes. Les officiers se cachent dans leurs tentes; le camp retentit de plaintes et de gémissements; les soldats, croyant leur perte certaine, ne s'occupent qu'à rédiger leurs testaments. Ceux qui, par un reste de pudeur, voulaient dissimuler leur crainte, ne parlent que de la difficulté des chemins, de la profondeur des forêts; enfin on en vint jusqu'à dire universellement que, si le général ordonnait de marcher, on n'obéirait pas.

César, seul sans effroi au milieu de cette armée terrifiée, rassemble les officiers des légions et leur dit : « Sous mon consulat, Arioviste s'est empressé
» de solliciter l'amitié de Rome, et je crois qu'il ré-
» fléchira mûrement avant que d'y renoncer. S'il
» est assez insensé pour braver notre puissance,
» que craignez-vous ? cet ennemi vous est-il incon-
» nu ? Qui peut vous faire douter de votre courage
» et du mien ? Valez-vous moins que vos ancêtres,
» et moi, suis-je inférieur à Marius ? les Cimbres et
» les Teutons ont fui devant eux. Récemment les
» Helvétiens, que vous venez de vaincre, ont mis en
» déroute ces Germains qui vous font trembler.

» Arioviste n'osait pas lui-même combattre les
» Éduens; il leur a refusé long-temps la bataille; et,
» s'il les a vaincus depuis, ce n'est que par surprise
» et par trahison. Ceux qui craignent de manquer
» de vivres peuvent se rassurer; j'y ai pourvu. La
» difficulté des chemins ne doit pas vous occuper
» davantage; je les ai reconnus; ils sont plus prati-
» cables que vous ne pensez.

» On parle de désobéissance; on menace, dit-on,
» de ne pas marcher : je ne puis croire à cette indi-
» gnité; jamais un général romain n'a éprouvé
» l'affront de se voir désobéi avant de s'être attiré
» la haine des troupes par son avarice, ou leur mé-
» pris par ses revers. Au reste, je comptais ne me
» mettre en marche que dans quelques jours; mais
» vos murmures me décident à partir demain avant
» l'aurore; je veux voir promptement si le devoir
» est chez vous plus fort que la peur. Si on refuse
» de me suivre, je suis au moins certain que la
» dixième légion ne m'abandonnera jamais; j'en
» ferai ma cohorte prétorienne; et, seul avec elle,
» j'irai sans crainte attaquer et vaincre l'ennemi. »

La fermeté de son maintien, la fierté de son regard, la hardiesse de ses paroles font une révolution soudaine dans les esprits. La tristesse des soldats se dissipe; la joie et l'espérance brillent sur leurs fronts. Ils ne voyaient que le danger et la mort; ils ne demandent que la guerre et la victoire.

Les tribuns de la dixième légion accourent aux pieds de César, le remercient de sa confiance, et lui promettent un éternel dévouement. Les autres légions lui députent leurs officiers pour lui jurer qu'elles le suivront partout et aussi loin qu'il le voudra.

César, ayant ainsi relevé leur courage, sort de son camp, et s'approche d'Arioviste, qui lui propose une entrevue. Le Barbare, voulant le tromper, avait demandé qu'on n'amenât de part et d'autre qu'une escorte de cavalerie. César soupçonna le piége, et ordonna à des soldats de la dixième légion de monter sur les chevaux de cette escorte; ce qui fit dire à un des légionnaires « que César faisait plus » pour eux qu'il n'avait promis, puisqu'ils ne de- » vaient être que des prétoriens, et qu'il en faisait » des chevaliers. »

Les deux escortes s'arrêtèrent à deux cents pas d'un tertre où la conférence eut lieu. César rappela au roi ses traités avec Rome et l'obligation où se trouvait la république de défendre les Éduens.

Arioviste répondit qu'il n'était venu dans la Gaule qu'à la prière des Gaulois; que, s'étant ensuite tous réunis pour fondre sur lui, il les avait vaincus; que le tribut imposé sur eux devenait le fruit légitime de sa victoire. « Les Romains, disait-il, » n'ont point soutenu les Éduens contre les Séqua- » nais. Pourquoi donc seraient-ils plus obligés à les

» défendre contre moi? Je soupçonne, César, votre
» vrai motif; vous ne prenez les armes que dans le
» dessein de vous rendre maître des Gaules. Je suis
» résolu à m'y opposer. Si, dans cette guerre, je
» pouvais vous ôter la vie, je vous préviens que je
» ferais une chose agréable à plusieurs grands per-
» sonnages de Rome, qui m'ont envoyé des courriers
» pour m'y engager. Mais, loin de nous nuire, unis-
» sons nos intérêts : si vous consentez à me laisser
» libre dans mes conquêtes, je promets de favoriser
» les vôtres de tout mon pouvoir. »

César commençait à lui répliquer qu'il ne voyait pas trop de quel droit la Gaule appartiendrait plutôt aux Germains qu'aux Romains, lorsqu'on vint l'avertir que la cavalerie ennemie s'avançait, insultait la sienne, et lui lançait des pierres. César rompit la conférence, et se retira en défendant aux Romains d'user de représailles ; car il voulait par là prouver sa bonne foi, et rejeter sur Arioviste seul le tort d'une si lâche infraction de la trève. Une conduite si perfide redoubla l'ardeur des Romains contre les Barbares. César savait que les Germains étaient supérieurs aux Romains dans les combats de troupes légères. Un fantassin agile accompagnait chacun de leurs cavaliers, le secondait dans l'attaque en lançant des traits, et le défendait de son bouclier et de son glaive s'il le voyait trop pressé. Aussi, loin de compromettre ses troupes en escarmouches, il retrancha son camp en présence de l'ennemi, et lui présenta la bataille. Arioviste la refusa et se tint renfermé dans ses tentes.

Les espions de César lui apprirent la cause de cette temporisation. Les Germains croyaient aux charmes et aux sortiléges; ils pensaient que leurs femmes lisaient dans l'avenir, et ils regardaient leurs paroles comme des oracles. Arioviste les ayant consultées, elles lui répondirent que les Germains ne pouvaient espérer de vaincre s'ils combattaient avant la nouvelle lune.

César, jugeant tout le parti qu'il pouvait tirer de cette aveugle superstition, attaqua le camp ennemi, et força ainsi les Barbares à en sortir. L'aile qu'il commandait rompit d'abord leur aile gauche; mais la droite de leur armée enfonça les Romains. Le jeune Publius Crassus, qui commandait la cavalerie, fit avancer la troisième ligne et rétablit le combat. Bientôt l'ennemi rompu prit la fuite de tous côtés, et ne s'arrêta qu'aux bords du Rhin. Arioviste et peu de ses gens traversèrent le fleuve à la nage et sur de petits bateaux; le reste se noya ou fut taillé en pièces. Une des filles d'Arioviste fut prise; on tua l'autre. Deux de ses femmes périrent. César retrouva vivants deux de ses députés jetés dans les fers par Arioviste. L'un d'eux, Procillus, avait vu tirer au sort trois fois pour savoir si on le brûlerait avant ou après d'autres prisonniers.

La défaite du roi de Germanie répandit la terreur parmi les Suèves, qui repassèrent promptement le Rhin.

César, après avoir terminé si glorieusement deux guerres dans une seule campagne, mit ses légions en quartier d'hiver chez les Séquanais, et revint dans la Gaule cisalpine pour y présider les assemblées. Aussi profond en politique qu'habile à la guerre, il s'établissait chaque hiver dans cette province, d'où il pouvait à la fois correspondre avec son armée, veiller sur la Gaule, et contenir ses ennemis dans Rome.

C'était alors loin de Rome qu'il fallait admirer les Romains. Tandis que la république plantait ses aigles sur les bords du Rhin, la tristesse et la confusion régnaient dans la capitale. Le sénat, qui croyait avec raison que l'exil de Cicéron était celui de la liberté, décida solennellement qu'il ne délibérerait plus sur aucune affaire jusqu'à son rappel. Par ce sénatus-consulte, tout le mouvement de l'administration se trouvait arrêté, et les vœux de toute l'Italie redemandaient le libérateur de Rome.

Plus l'opinion publique se prononçait contre les factieux, et plus Claudius redoublait d'insolence. Il avait triomphé en attaquant la justice et la vertu; mais il échoua lorsqu'il osa lutter contre la force et contre l'ambition. Il commit l'imprudence d'outrager dans un discours Pompée, dont les nombreux amis grossirent le parti de Cicéron, et lui donnèrent dans les tribus une majorité évidente. Le sénat, profitant de cette circonstance favorable, fit un décret pour rappeler l'illustre banni, et le peuple confirma le décret, malgré tous les efforts de Claudius, qui tenta vainement d'opposer la violence à la justice.

Le retour de Cicéron fut un vrai triomphe; il reçut des députations de toutes les villes d'Italie, qui rendirent aux dieux de solennelles actions de grâces. On célébra des fêtes en son honneur; le sénat et le peuple sortirent des murs pour le recevoir; enfin, comme il le dit lui-même, « Rome » entière sembla s'ébranler et quitter ses fondements » pour venir embrasser son libérateur. » Un tel jour suffirait à la vertu pour la dédommager d'un siècle d'adversité.

On lui rendit ses biens, et la république fit rebâtir sa maison. Cicéron, moins irrité de l'injure que reconnaissant du bienfait, et se laissant peut-être trop aller à cette gratitude excessive, faiblesse trop souvent inséparable de l'honnêteté, ne reprit pour la première fois la parole dans le sénat que pour faire donner à Pompée, pour cinq ans, la surintendance des vivres, avec un pouvoir sans limites sur tous les ports et sur toutes les côtes de l'empire.

Cet excès d'une joie trop vive et trop imprudente

mécontenta les républicains, et servit de prétexte aux premières plaintes de César. Les pirates de Cilicie ne servaient plus de prétexte à cette puissance trop étendue que l'on confiait à Pompée, et la disette momentanée, produite par la négligence de l'administration, n'était pas un motif suffisant pour élever un homme au-dessus des lois.

Ce fut cette même année (696) que mourut Lucullus, dont la gloire et même la raison s'étaient depuis quelque temps éclipsées.

César n'eut pas le loisir de s'occuper long-temps des progrès trop rapides de l'autorité de son collègue. La défaite d'Arioviste et la crainte de l'ambition romaine, qui étendait déjà sa puissance dans les Gaules, de Marseille jusqu'aux rives du Rhin et jusqu'aux sources de la Saône, éveillèrent l'inquiétude de la Belgique.

Les Belges, Germains d'origine, belliqueux et indépendants, résolurent de venger la Germanie, et de garantir la Gaule de la domination romaine.

César ne pouvait leur opposer que huit légions; mais il savait que la constance romaine lutterait avec succès contre la vaillance mal réglée et l'humeur mobile de ses ennemis. Nous l'avons suivi avec détail dans sa première campagne pour faire connaître son caractère, sa marche, ses moyens, et le pays dont il méditait la conquête; à présent nous allons tracer avec rapidité le cours de ses brillants exploits. Ses Commentaires, qui en rendent un compte détaillé, sont dans les mains de tout le monde, et les jeunes gens qui se destinent à la défense de leur patrie doivent sans cesse les relire pour y puiser les leçons du génie.

César ne laissa pas à la ligue qui le menaçait le temps de se grossir ; il marcha promptement sur les bords de l'Aisne, restant en masse, tandis que les Belges s'affaiblissaient en se séparant. Dès la première action il en fit un grand carnage, prit Reims, s'empara de Soissons, et se rendit maître de Beauvais et d'Amiens. Les Nerviens, peuples qui habitaient les rives de l'Escaut et de la Sambre, avec ceux de l'Artois et du Vermandois, lui livrèrent une bataille qui fut sanglante et disputée ; elle mit les Romains dans un péril imminent. César, voyant ses troupes plier, se saisit du bouclier d'un soldat, et se jette au milieu des ennemis ; les légions, honteuses de leur crainte, s'élancent sur ses pas et décident la victoire.

Il attaqua ensuite les peuples de Namur, qu'on nommait Aduatiques. L'effroi que leur inspirait l'aspect, nouveau pour eux, des machines de guerre de César, les détermina d'abord à capituler ; mais, prompts à rompre le traité comme à le conclure, ils sortent la nuit de leurs remparts, et tombent à l'improviste sur les Romains. César remédie avec célérité au désordre produit par cette attaque, rallie ses cohortes, enfonce les ennemis, s'empare de la ville, et en fait vendre tous les habitants.

Il se confiait tellement à sa fortune, à la puissance de sa renommée, à la terreur qu'inspiraient ses victoires, à la supériorité que la tactique des Romains, leurs armes et leur science pour les campements leur donnaient sur le courage bouillant mais sans ordre des Gaulois, qu'au moment même où il portait ses aigles dans le Nord contre les plus belliqueux de ses ennemis, il chargeait sans crainte ses lieutenants, avec des corps de troupes peu considérables, de parcourir et de soumettre les autres parties de la Gaule. Publius Crassus, fils du triumvir, exécuta ses ordres avec succès sur les côtes de la Celtique, de la Seine jusqu'à la Loire.

César, après avoir vaincu les Belges, revint, suivant son usage, au commencement de l'hiver, dans la Gaule cisalpine. Le sénat ordonna en son honneur des supplications. C'étaient des actions de grâces solennelles. Leur durée, qui alla jusqu'à quinze jours, fut plus longue que celle de toutes les solennités semblables qui les avaient précédées.

Les triumvirs crurent nécessaire à cette époque de conférer ensemble et de resserrer les liens qui les unissaient. César alla trouver Crassus à Ravenne et Pompée à Lucques. Ils convinrent que l'on prorogerait de nouveau pour cinq ans le proconsulat de César dans les Gaules, et que leurs clients réunis à

Rome porteraient Pompée et Crassus au consulat.

Cicéron aurait voulu, aurait dû peut-être s'opposer avec les républicains à la domination des triumvirs; mais son exil avait abattu son courage; et, quoique César eût été le promoteur de son bannissement, il se crut forcé à lui donner des éloges en plein sénat, et à opiner pour la prolongation de son commandement. Il s'accuse lui-même de faiblesse dans ses lettres à Atticus, et avoue « qu'il au- » rait dû imiter Philoxène, qui aima mieux retour- » ner en prison que de louer les vers de Denys. »

Une nouvelle confédération ne tarda pas à se former dans la Celtique contre Rome. Les Vénètes, habitants de Vannes, dans l'Armorique ou Bretagne, s'unirent aux peuples d'Évreux, de Coutances, de Lisieux, et envoyèrent même des députés en Belgique, avec l'espoir de soulever toutes les Gaules pour la cause sacrée de l'indépendance.

Les Vénètes, défendus par la mer, par une flotte bien exercée, par des marais presque impraticables et par d'épaisses forêts, se croyaient invincibles. On avait envoyé dans leur ville des députés romains pour leur demander des vivres; ils les maltraitèrent et les outragèrent.

César rejoignit promptement son armée, et marcha contre eux. Il trouva de grandes difficultés, non-seulement à les vaincre, mais même à les approcher. Aucun obstacle ne rebutait son courage :

il fit construire des vaisseaux, et, au moyen de ses machines, il aborda et détruisit tous les navires ennemis. Les Venètes, consternés par la ruine imprévue d'une flotte sur laquelle ils fondaient tout leur espoir, capitulèrent et se rendirent. César, vengeant sans mesure et sans pitié l'injure faite à ses envoyés, fit massacrer tout le sénat de Vannes, et réduisit en servitude tous les habitants. Il est difficile de concevoir, après le récit d'une telle action, que les contemporains, et même les ennemis de César, aient si fréquemment vanté sa clémence; mais tout dans le monde est relatif, et beaucoup de vertus de ces anciens temps nous sembleraient aujourd'hui barbares.

A l'époque où Décius Brutus, sous les yeux de César, avait vaincu la flotte des Venètes, un autre de ses lieutenants, Titurius Sabinus, défit complétement les peuples de Coutances, d'Évreux et de Lisieux; et le jeune Crassus, avec une seule légion, sans craindre le grand nombre de peuples armés qui l'entouraient, les attaqua, les battit et fit rapidement la conquête de toute l'Aquitaine.

Le fameux Marc-Antoine venait à cette époque de poser en Égypte le premier fondement de sa réputation et de sa fortune. Commandant les troupes romaines sous les ordres du proconsul Gabinius, il remit sur le trône Ptolémée-Aulètes que ses sujets en avaient chassé.

Ayant acquis, ainsi que son général, par un honteux pillage, d'immenses richesses, on lui attribua toute la gloire de la conquête, et Gabinius seul reçut le châtiment dû à ses concussions. Après avoir terminé cette guerre, il partit pour la Gaule, et vint s'associer à la fortune de César. Celui-ci n'ignorait pas que tous les peuples septentrionaux de la Gaule, rompant les traités, étaient entrés dans la ligue des Venètes; mais l'approche de l'hiver lui fit prendre le parti de dissimuler son ressentiment, et d'en ajourner les effets jusqu'au retour du printemps.

Le sénat romain trouvait plus de difficultés à soumettre ses ennemis intérieurs que les étrangers. Lorsque, par ses ordres, on voulut rebâtir la maison de Cicéron, Claudius, s'appuyant sur une réponse ambiguë des aruspices, s'opposa au travail des ouvriers, arma ses partisans et marcha contre Cicéron. Milon et ses amis le défendirent avec courage, et mirent en fuite les factieux. La liberté mourante jetait encore quelques feux pâles, et les républicains réunirent leurs efforts pour disputer le consulat à Pompée et à Crassus. Les comices furent si orageux qu'on se vit obligé de différer l'élection: mais, après un court interrègne, le parti des triumvirs, employant tour à tour la séduction et la violence, l'emporta pleinement. On refusa la préture à Caton; Pompée et Crassus furent nommés consuls. Le premier obtint le département de l'Espagne, que lui avaient promis ses collègues les triumvirs, et Crassus celui de la Syrie.

Tous deux préparèrent leur perte par des moyens opposés : Crassus fit déclarer contre les Parthes une guerre dangereuse et sans utilité. Il espérait y acquérir une haute renommée, une fortune immense, et revenir en Italie plus grand et plus redoutable que Sylla. Il ne trouva chez les Parthes que la honte et la mort.

Pompée, dans le même temps, commit deux grandes fautes : fier de gouverner l'Italie et satisfait de l'éloignement de ses rivaux, il prolongea le commandement de César dans les Gaules; et, au lieu de se mettre lui-même, suivant l'usage, à la tête de son armée en Espagne, il y envoya ses lieutenants. Enivrant son orgueil d'hommages trompeurs, il accoutuma les soldats à l'oublier, et il se contenta d'une vaine apparence d'empire à Rome, tandis qu'il en laissait à son rival la force et la réalité.

L'année du consulat des deux triumvirs ne fut signalée que par un meilleur choix de juges et par une bonne loi contre la brigue ; mais cette loi n'attira aux consuls que des satires, d'autant mieux fondées qu'ils donnaient continuellement l'exemple de l'infraction de leurs décrets.

A l'expiration du consulat, lorsque Crassus partit pour l'Asie, les augures tentèrent en vain de le faire renoncer à cette guerre désastreuse, en lui présageant sa ruine; il brava leurs menaces et les imprécations que le tribun Attéius Capito fit publiquement contre lui. Dans ce siècle superstitieux, un général perdait la plus grande partie de sa force, en contraignant les soldats à se battre contre les ordres supposés des dieux.

Une nouvelle invasion des Usipiens et des Teuctères, peuples de la Germanie, que les Suèves avaient chassés de leur pays, força César à marcher contre eux (698). Les Germains, passionnés pour la guerre et pour la liberté, conservaient encore des mœurs rudes et sauvages. De tous les arts que produit la civilisation, l'art militaire était le seul dans lequel ils eussent acquis quelques lumières. César nous a fait connaître mieux qu'aucun autre historien ces peuples redoutables qui devaient un jour fonder une nouvelle Europe sur les débris de l'empire romain.

De son temps les Suèves étaient les plus puissants et les plus belliqueux des Germains. Cette nation était divisée en cent cantons de chacun desquels sortaient, tous les ans, mille hommes armés qui portaient la guerre chez les peuples voisins. Les autres habitants cultivaient la terre et fournissaient des subsistances à leurs armées. L'année suivante, les guerriers revenaient au labourage, et les cultivateurs prenaient les armes à leur tour. Ainsi aucun d'eux ne pouvait perdre l'habitude des travaux champêtres ni celle des combats.

La propriété, partout ailleurs base de la civilisation, était inconnue à ces peuples. Aucun Suève ne pouvait posséder un champ en propre; toutes les terres restaient en commun. Ils consommaient peu de blé, et tiraient leur principale nourriture du lait, de la chair de leurs troupeaux, et de celle des animaux qu'ils tuaient à la chasse. L'extrême liberté dont jouissaient leurs enfants contribuait à leur donner une taille prodigieuse et une complexion robuste. L'hiver comme l'été, ils se plongeaient dans les fleuves; ils ne connaissaient ni étuves ni bains chauds; malgré la rigueur du climat, ils ne portaient que des vêtements de peau, et si étroits qu'ils ne couvraient qu'une partie de leur corps.

Trop accoutumés au pillage pour avoir besoin d'acheter, ils ne recevaient les marchands étrangers que pour leur vendre le butin qu'ils avaient rapporté de leurs expéditions. Loin de rechercher, comme les Gaulois, les chevaux de race des autres pays, ils ne se servaient que de ceux qui naissaient dans leurs forêts. Ces chevaux n'étaient remarquables ni par leur grandeur ni par leur beauté; mais un exercice continuel les endurcissait à la fatigue, et les rendait capables de résister aux plus grands travaux.

Les Suèves, à la fois fantassins et cavaliers, combattaient souvent à pied, et sautaient avec agilité sur leurs coursiers, afin de poursuivre l'ennemi vaincu ou d'échapper au vainqueur par une prompte retraite. Ces animaux étaient dressés à les attendre sans changer de place pendant qu'ils combattaient. Ils les montaient à poil, et regardaient l'usage des selles comme un luxe honteux. Comptant sur leur courage et sur la vitesse de leurs chevaux, ils ne balançaient pas à attaquer la cavalerie la plus nombreuse et la mieux équipée. L'entrée du vin était sévèrement interdite chez eux. Ils croyaient que cette liqueur énervait, efféminait les hommes, et les rendait incapables de supporter les fatigues de la guerre.

Avant de pénétrer dans leur contrée, il fallait traverser des pays inhabités, des campagnes incultes de soixante milles d'étendue. Ils pensaient que cet entourage de déserts prouvait évidemment qu'aucun peuple voisin n'avait pu résister à leurs armes, et ils faisaient ainsi de ces tristes solitudes les sombres monuments de leur gloire sauvage.

Les peuples les moins éloignés des Suèves étaient les habitants de Cologne, qu'on appelait Ubii : on les considérait comme les plus riches et les plus puissants des Germains. Ils devaient ces avantages à leur situation sur les bords du Rhin, qui leur avait fait contracter l'habitude du commerce, et au voisinage des Gaulois, dont ils avaient pris peu à peu les mœurs. Les Suèves, souvent en guerre avec eux, n'avaient pu détruire leur nombreuse population, et leurs succès s'étaient bornés à les affaiblir et à les rendre tributaires.

Tels se montraient alors les Germains, bien plus formidables, si nous en croyons César, que les Gaulois. Ceux-ci, plus civilisés, aimaient le luxe et les plaisirs : ils étaient vaillants, mais légers, mobiles, avides de changement, et si curieux de nouvelles, qu'ils arrêtaient avec empressement les voyageurs et les marchands, les forçaient de répondre à leurs questions indiscrètes, et se décidaient souvent, sur leurs rapports infidèles, à tenter les entreprises les plus hasardeuses.

Les nobles et les prêtres formaient les deux classes les plus considérées de cette nation; le reste était presque traité comme esclave. Les prêtres ou druides, à la fois pontifes, législateurs et juges, commandaient à la terre au nom du Ciel; ils sacrifiaient aux dieux des victimes humaines, choisies le plus communément parmi les hommes coupables de crimes ; mais, à leur défaut, on immolait quelquefois l'innocence.

L'arme la plus redoutable des druides était l'excommunication. Le Gaulois qui s'en voyait frappé se trouvait tout à coup isolé. Ses amis, ses parents le fuyaient; on se croyait souillé par son approche.

L'ordre des druides était présidé par un chef qui résidait ordinairement dans les environs de Chartres. Ils adoraient à peu près les mêmes dieux que les Romains. Mercure était la divinité qu'ils révéraient le plus. Le culte des druides tirait son origine de la Grande-Bretagne. Aussi, dans les affaires difficiles et d'une haute importance, on envoyait quelquefois consulter les prêtres de cette île.

Les nobles administraient les villes, commandaient les guerriers, et décidaient dans leurs assemblées de toutes les affaires. Ceux qui possédaient le plus de terres, et qui se voyaient entourés du plus grand nombre de vassaux ou d'hommes dévoués, que dans quelques cités on nommait *soldurii*, jouissaient d'une grande considération, parvenaient aux premières charges, et souvent même s'emparaient de l'autorité suprême.

Toutes ces différentes cités, plus ou moins républicaines ou monarchiques, formaient des confédérations qui s'entendaient, se resserraient ou se divisaient, suivant l'humeur inconstante de leurs chefs. Les Germains, au contraire, du temps de César, n'adoraient que les astres, les montagnes, les fleuves, les forêts, ne consultaient d'oracles que leurs femmes, et n'admettaient point de différence de rangs. Égaux entre eux, hospitaliers pour le voyageur, exempts de lois comme de besoins, ils ne se soumettaient à un chef que pour combattre. Chez ces peuples fiers et belliqueux, on ne connaissait de règle que le niveau, et de sceptre que l'épée.

César, inforné de l'invasion des Germains, assemble ses légions, marche contre les Barbares, les défait, taille en pièces les Teuctères, et rejette les autres au-delà du Rhin. Ce fleuve ne l'arrête pas; en dix jours il fait construire un pont immense, objet d'admiration pour les Romains et d'effroi pour les Barbares. Il franchit le fleuve, pénètre en Germanie, épouvante et disperse ces peuples sauvages, étonnés de voir les aigles romaines dans leurs forêts. Revenant ensuite dans la Gaule, il la traverse, réunit un grand nombre de vaisseaux, s'embarque, descend sur la côte de la Grande-Bretagne, triomphe de ses habitants jusque-là inconnus aux Romains, les force à lui promettre des otages, et revient sur le continent sans pouvoir étendre plus loin ses conquêtes, parce qu'une tempête avait dispersé les batiments qui portaient sa cavalerie.

César augmentait ainsi chaque année sa gloire, sa richesse et son autorité. Plus inquiet que content de ses triomphes, le parti républicain dans Rome, profitant de son éloignement, cherchait à réveiller parmi le peuple l'amour presque éteint de la liberté. Réunissant toutes ses forces, il regagna enfin la majorité, parvint à faire nommer Domitius Énobarbus consul et Caton préteur; mais la gloire de César lui donnait à Rome de nombreux partisans. On craignait l'armée de Crassus qui pouvait promptement revenir d'Asie, et Pompée, augmentant sa popularité en entretenant l'abondance dans la capitale, voyait à sa disposition l'armée d'Espagne, et venait de rassembler autour de Rome quelques légions; de sorte que les républicains, malgré leurs progrès dans l'esprit du peuple, se virent contraints à l'inaction, et demeurèrent opprimés par le triumvirat : l'opinion était pour eux, mais la force se trouvait dans les mains de leurs ennemis.

On apprit bientôt les premiers succès de Crassus; il venait d'enlever aux Parthes un grand nombre de villes en Mésopotamie : l'avarice le détourna de la gloire; il revint à Antioche, écrasa la Syrie d'impôts, pilla la Judée et s'empara du trésor de Jérusalem. Il espérait conquérir l'empire par la puissance de l'or; César y marchait plus sûrement par celle des armes.

Ce guerrier infatigable pacifia le nord de la Gaule, et fit une nouvelle descente dans la Grande-Bretagne : tout se soumit. Cassivellaunus, souverain d'un pays situé sur le bord de la Tamise, à vingt lieues de la mer, fut le seul qui ne lui céda la victoire qu'après une opiniâtre résistance. Les côtes étaient habitées par des peuples venus de la Belgique; lorsqu'il eut défait ces hommes belliqueux, les habitants sauvages de la Grande-Bretagne reconnurent la domination romaine, payèrent un tribut et donnèrent des otages. Cette conquête stérile augmentait plus la gloire du vainqueur que la puissance de Rome.

César, revenu dans les Gaules, trouva ce pays désolé par une famine qui le contraignit à diviser ses troupes pour les faire subsister plus facilement.

Ambiorix, chef des Éburons (peuples de Liége), profitant de la dissémination des forces romaines, marcha contre deux légions commandées par Sabinus et par Cotta. Le premier, découragé par cette attaque imprévue, et résistant aux conseils sages et vigoureux de son collègue, se laissa tromper par les Barbares, et signa une capitulation qui n'était qu'un piége. Attaqué dans sa marche, et déterminé trop tard à se défendre, il périt victime de sa faiblesse. Les Barbares forcèrent le camp et détruisirent les deux légions. Cet échec ranima dans les Gaules l'esprit d'indépendance, et disposa tous les peuples à l'insurrection.

Quintus Cicéron, frère de l'orateur, commandait séparément une légion; il se vit bientôt attaqué par une foule de Barbares qu'enhardissait leur premier succès. Plus ferme que Sabinus, il se défendit avec intrépidité; mais, malgré sa constance, ses soldats, épuisés de fatigue, couverts de blessures et manquant de vivres, se voyaient réduits à la dernière extrémité. Un Gaulois, dévoué aux Romains, traverse le camp ennemi, informe César du péril de Cicéron, et revient avec le même bonheur porter aux assiégés l'espoir d'un prompt secours.

César, à la tête de sept mille hommes, accourt, attaque, enfonce et taille en pièces soixante mille Gaulois. Cette action vigoureuse effraie les autres peuples prêts à se soulever.

Cependant les habitants de Trèves, sous la conduite d'Induciomare, prirent audacieusement les armes. César les battit complétement et on lui apporta la tête du général ennemi. L'agitation sourde qui régnait dans les Gaules ne lui permit pas de revenir en Italie après cette campagne, et il resta tout l'hiver à la tête de son armée [1].

Les liens que forme l'ambition ne tardent pas à être rompus par elle : Pompée, en paraissant toujours favoriser le pouvoir et ménager l'amitié de ses collègues, cherchait à s'élever sur eux. Ses clients nombreux agitaient le peuple par leurs intrigues, et voulaient le faire nommer dictateur. Le tribun Q. Mutius Scévola s'y opposa avec fermeté. Les partisans de Pompée retardaient par leurs efforts l'élection des consuls ; ce qui produisit un interrègne de plusieurs mois ; enfin Cnéius Domitius Calvinus et Marcus Valérius Messala, gagnant

[1] An de Rome 700. — Avant Jésus-Christ 52.

la multitude par leurs largesses, obtinrent ou plutôt achetèrent le consulat.

A la même époque Crassus, gorgé d'or et reprenant les armes contre les Parthes, méprisa les conseils et refusa les secours d'Artabaze, roi d'Arménie. Trompé par les avis perfides d'Abgare, roi d'Édesse, il s'engagea imprudemment dans des plaines vastes et arides où son armée se vit bientôt, au milieu des sables brûlants, privée de vivres et épuisée de fatigues.

L'orgueilleux Crassus croyait que les Parthes fuyaient devant lui ; tout à coup il voit cette plaine déserte peuplée de soldats et de chevaux : une nuée innombrable de Barbares fond sur lui ; les Parthes lancent une foule de traits contre les Romains, qui tentent vainement de se venger par leurs glaives. L'ennemi, aussi rapide dans sa fuite que prompt dans ses attaques, lance toujours la mort et ne peut la recevoir. Il renouvelle sans cesse et de tous côtés ces combats et ces retraites. Le jeune Crassus, qui commandait la cavalerie, n'écoutant que sa bouillante ardeur, se précipite au milieu des Parthes et périt. L'armée romaine, après une longue, mais inutile résistance, prend la fuite ; sa retraite est coupée ; les Romains, excédés de tant de périls et de fatigues, se révoltent et veulent capituler. Suréna, général des Parthes, invite Crassus à une conférence, et, contre le droit des gens, veut le retenir prisonnier. Le proconsul résiste et meurt en combattant seul contre une foule d'ennemis. Cet homme avare, ambitieux, mais vaillant, vécut en satrape et mourut en Romain.

Sa présomptueuse témérité fut la cause de la destruction presque totale de la plus forte armée que Rome eût encore envoyée en Asie. Il ne s'en sauva que de faibles débris, dérobés aux fers des Parthes par l'héroïque intrépidité de Cassius.

César vengeait à l'Occident les armées romaines de leurs honteux revers en Asie. Prompt à réparer la perte du corps de Sabinus, il demanda un renfort; Pompée lui envoya trois légions. Dès le printemps il se mit en marche à la tête de ses troupes, et dévasta le pays des Nerviens, qui se préparaient à la révolte. Ayant ensuite rassemblé à Lutèce (Paris) les députés des différentes villes de la Gaule, il se porta dans le pays des Sénonais, qui avaient refusé de se rendre aux états de Lutèce, les surprit par sa célérité, les défit et força leur chef Accon à lui donner des otages.

Les Carnutes (peuples de Chartres) revinrent aussi à l'obéissance. Il subjugua rapidement les Ménapiens, et l'un de ses lieutenants battit et dompta les Trévirois. Comme on avait instruit César d'un nouvel armement des Germains dont les peuples qu'il venait de soumettre imploraient les secours, il repassa encore le Rhin, et força les

Barbares épouvantés à se sauver au fond de leurs forêts. Voulant les intimider par un frein redoutable, il fortifia la tête de son pont, et y établit une garnison. Ayant ensuite pillé le pays de Liége, et condamné à mort Accon, chef des Sénonais, il crut par ces exemples avoir consolidé la tranquillité, et revint passer l'hiver dans la Gaule cisalpine.

Lorsque Rome était pauvre et libre, on récompensait les généraux les plus illustres par une couronne de chêne ou de lauriers ; quand Rome devint puissante et corrompue, on employa les dépouilles de l'ennemi à faire des couronnes d'or qu'on donnait aux vainqueurs. Jules César en reçut plus de dix-huit cents. Ce qui n'était sous la république qu'un don volontaire offert à la gloire, devint sous les empereurs un impôt exigé par l'orgueil et payé par la servitude. L'or fut la matière dont se composa la chaîne qui asservit la république.

Quand la richesse d'un peuple est le fruit de son industrie et de son commerce, elle favorise la liberté et accroît l'indépendance des citoyens ; mais quand elle n'est que le produit des conquêtes, son seul résultat est de donner à quelques ambitieux la facilité d'acheter des clients, de payer des soldats pour opprimer le peuple ; et comme alors la richesse devient le seul moyen de considération et d'autorité, elle corrompt les mœurs publiques et fait sacrifier à l'avarice toutes les vertus.

Les temps étaient changés[1]. Le grand Pompée ne s'occupait plus d'augmenter sa gloire, seule base solide de puissance dans les pays gouvernés par l'opinion; et, tandis que César accroissait sans cesse sa renommée, au milieu des périls, par de pénibles travaux et par de nombreux succès, son rival ne songeait qu'à étendre sa puissance illusoire et à multiplier les jouissances de sa vanité.

Pompée, profitant de l'anarchie que produisaient dans Rome les intrigues des candidats qui prétendaient à la première dignité de l'État, parvint, contre l'usage, à se faire nommer seul consul; et, ce qui est difficile à concevoir, tout le sénat et le sévère Caton lui-même favorisèrent cette violation des règles antiques. On ne peut expliquer cette déviation des principes républicains que par un seul motif : jusque-là Pompée, soutenant, ainsi que César, le parti populaire, lui avait donné l'avantage sur les patriciens; Crassus, qui avait suivi le même système, était mort en Asie; Pompée perdit alors sa femme Julie, seul lien qui l'unissait à César. Le triumvirat n'existait plus; Pompée sentait l'impossibilité de balancer dans la faction populaire le crédit du conquérant des Gaules, et surtout de l'homme hardi qui avait relevé les statues de Marius. Ainsi, n'étant plus retenu par l'empire que

---

[1] An de Rome 704. — Avant Jésus-Christ 54.

la fille de César exerçait sur son esprit, il se montra disposé à changer de parti et à soutenir la cause des grands et des riches contre le peuple. Le sénat et Caton lui-même regardèrent l'acquisition de Pompée comme la conquête la plus importante pour leur parti. Dès ce moment il devint le chef de l'aristocratie, et en apparence le défenseur de la liberté; car il était trop évident que César, en se montrant populaire, ne visait qu'au pouvoir absolu.

Cicéron se rangea, comme ses amis, du côté de Pompée, quoiqu'il ne fût pas la dupe de sa douceur et de son apparent amour pour la république. Il dit lui-même dans ses lettres, en parlant de ces deux célèbres rivaux qui se disputaient l'empire : « L'un » ne peut souffrir de maître, l'autre ne peut supporter » d'égal : César compte s'emparer du trône; » Pompée veut qu'on le lui donne. » Et Caton, éclairé plus tard, s'écriait au moment où la guerre civile éclata : « Si Pompée est vainqueur, je m'exile; » si César triomphe, je me tue. »

L'élévation de Pompée seul au consulat remplit la ville de troubles et de factions. Claudius cherchait à soulever le peuple, dans l'intention de renverser cette puissance d'un seul consul, qu'il regardait comme une royauté. Il espérait en même temps faire périr Cicéron, auquel il avait voué une haine implacable. Milon, ami de Cicéron, rencontre ce tribun factieux dans les environs de Rome; une querelle s'élève entre les gens de leur suite, et l'un des esclaves de Milon poignarde Claudius. Le peuple cita en jugement Milon et le condamna à l'exil, malgré tous les efforts qu'employa pour le défendre, son ami, le plus grand des orateurs romains.

Pompée, plus tranquille après la mort de Claudius, resserra ses liens avec les grands, en épousant Cornélie, fille de Métellus Scipion et mère du jeune Crassus. Gouvernant seul pendant quelque temps la république, il fit de salutaires changements dans les lois, et abrégea les formes de la procédure judiciaire. Tout semblait en ce moment favoriser son ambition et réaliser ses espérances. Le seul rival qu'il pût redouter se trouvait alors exposé à un si grand péril que tout génie inférieur au sien y aurait succombé.

César n'avait plus à combattre des peuples désunis; Vercingétorix, roi des Arverniens, qui attribuait avec raison les revers des Gaulois à leur désunion, se montra digne par ses talents et par son courage de lutter contre ce grand homme. Il envoya des députés dans toutes les villes de la Gaule, pour concilier les différends et pour exciter tous les esprits à tenter un généreux et dernier effort contre la domination romaine. Ses envoyés, rallumant l'amour de la liberté, firent cesser toutes les discordes : enfin la Gaule entière se souleva contre Rome, et toutes les cités, armant leurs guerriers, jurèrent de les réunir sous la tente au commencement du printemps.

César, informé de leurs projets, brave les rigueurs de l'hiver, rentre dans les Gaules, traverse les Cévennes, marche droit au centre de la rébellion, trouve l'Auvergne sans défense et la dévaste. Le prince gaulois, qui se trouvait dans le Berri avec son armée, revient promptement au secours de ses sujets. César, qui n'avait pas assez de forces pour l'attendre, court chercher à Langres les légions qu'il y avait laissées; les ayant réunies, il marcha contre Génabum (Orléans), dont les habitants venaient de massacrer une garnison romaine. Il prend cette ville et la brûle : il conduit ensuite son armée dans le Berri, et se rend maître de la ville de Bourges, qu'on nommait alors Avaricum. Un danger plus imminent le force à s'éloigner; il apprend que les plus anciens alliés des Romains, les Éduens, viennent de se révolter. Convaincu qu'il était urgent de les punir de leur défection, il rejoint promptement Labiénus son lieutenant, qui venait de faire sans succès, à la tête de quatre légions, le siége de Paris, et il marche avec lui sur Autun.

Vercingétorix, nommé généralissime par les Gaulois, avait jusque-là suivi le plan le plus habile, et qui pouvait devenir le plus funeste aux Romains. Il les harcelait sans cesse de tous côtés, en évitant avec prudence toute action générale : mais la nouvelle marche de César trompa ce jeune prince ; il prit sa retraite du Berri pour une fuite, crut qu'il était temps de hasarder une bataille, la livra et la perdit. Les débris de son armée, au nombre de quatre-vingt mille hommes, se retirèrent dans la ville d'Alize en Bourgogne.

César, qui le poursuivait, vint l'assiéger. Sa prudence égalait son intrépidité; ne se bornant pas à entourer la ville de retranchements, et prévoyant qu'il pourrait être bientôt lui-même attaqué, il fit construire une ligne de contrevallation, garnie de fossés, de palissades, de chausse-trappes et de puits remplis de pieux pointus, qui défendaient le camp romain du côté de la campagns.

L'événement justifia sa prévoyance : deux cent quarante mille Gaulois vinrent pour forcer ses lignes, et ne purent en approcher. Cependant un de leurs corps, composé de cinquante mille guerriers d'élite, attaque une colline que sa trop grande étendue avait empêché de fortifier. César, réunissant ses meilleures troupes, marcha contre eux, et, malgré leur opiniâtre résistance, en tailla une partie en pièces, et mit le reste en fuite.

L'armée gauloise, découragée par cet échec, abandonna l'espoir de délivrer Alize, et se dispersa. Le grand nombre des troupes renfermées dans la ville causa leur perte. Il n'est point de courage qui résiste à la famine. Vercingétorix ne pouvait plus attendre de secours ni recevoir de vivres; il livra aux Romains la ville, l'armée et sa personne.

César réduisit en esclavage le général, ses officiers, ses soldats, tous les habitants d'Alize, et les partagea entre les légionnaires. Après cet exemple effrayant de sévérité, il pardonna aux Arverniens et aux Éduens, et se servit de leur influence et de leur secours pour réduire à l'obéissance tous les autres peuples; mais comme il croyait le feu de la rébellion plutôt couvert qu'éteint, il passa tout l'hiver dans les Gaules.

Ce qu'il avait prévu arriva. Les Gaulois se soulevèrent encore, et formèrent le projet de ne plus combattre en masse, mais en plusieurs corps d'armée séparés. César, instruit de leurs desseins, sut habilement les prévenir. Il employa le dernier mois de l'hiver à subjuguer les habitants du Berri et les Carnutes. Au printemps il marcha contre le peuple le plus vaillant des Gaulois, les Bellovaques (Beauvais.). Ceux-ci soutinrent leur renommée par leur courage; mais, forcés de céder la victoire, ils se soumirent. César, après avoir désarmé tous ses ennemis, eut l'habileté de faire succéder la douceur à la force et la clémence à la rigueur. Par ce moyen, il parvint à consolider ses conquêtes et à pacifier totalement les Gaules [1].

[1] An de Rome 702. — Avant Jésus-Christ 50.

Rome, maîtresse de ces vastes contrées, courait alors le risque de perdre l'Asie. Les Parthes, profitant de la défaite de Crassus, méditaient la conquête de la Syrie et de la Cilicie. Cassius, à la tête de l'armée détruite, se maintint avec fermeté en Syrie, et arrêta quelque temps leur marche. Son successeur, Bibulus, plus timide ou moins habile, se laissa enlever cette province. Le proconsul Cicéron défendit mieux la Cilicie; prouvant dans cette campagne qu'il était né pour tous les genres de gloire, il joignit un laurier militaire aux palmes de l'éloquence. Dès qu'il eut appris que les Parthes avaient passé l'Euphrate, il marcha contre eux à la tête de ses légions, les repoussa dans les défilés du mont Taurus, s'avança ensuite jusqu'au mont Amanus, les surprit, les défit complétement, et, après cinquante-sept jours de siége, s'empara de Pindenissus, leur plus forte place. Ces victoires lui firent décerner par l'armée le titre d'*imperator*, récompense la plus ambitionnée par les généraux romains. Le sénat ordonna en son honneur des supplications; et, sans la guerre civile qui ne tarda pas à éclater, on lui aurait probablement accordé les honneurs du triomphe qu'il sollicitait, et auxquels ses succès lui donnaient le droit de prétendre.

CHAPITRE IX.

Guerre civile entre César et Pompée. — Premières hostilités de Pompée. — Sa déclaration au sénat. — Décret du sénat. — Médiation de Cicéron. — Déclaration de César aux consuls. — Décrets du sénat. — Fuite des tribuns. — Harangue de César à ses soldats. — Prise d'Ariminium. — Passage du Rubicon. — Alarme dans Rome. — Siége de Corfinium. — Retraite de Pompée en Épire. — Siége et reddition de Marseille. — Retour de César à Rome. — Sa nomination à la dictature. — Son abdication au bout de dix jours. — Sa nomination au consulat. — Son départ de Rome. — Ses propositions de paix à Pompée. — Danger de César. — Bataille de Dyrrachium. — Défaite de César. — Bataille de Pharsale. — Défaite et fuite de Pompée. — Mort de Pompée. — Guerre de César en Égypte. — Trait de courage de César. — Son départ d'Alexandrie. — Sa victoire sur Pharnace. — Ses trois mots célèbres. — Son retour à Rome. — Sa guerre en Afrique. — Mort de Caton. — Retour de César à Rome. — Son triomphe. — Guerre de César en Afrique. — Bataille de Munda. — Défaite et mort de Cnéius Pompée. — Fin de la carrière militaire de César. — Son retour à Rome. — Sa nomination de dictateur perpétuel. — Affection de César pour Marcus Brutus. — Conspiration contre César. — Courage de Porcie, femme de Brutus. — Nom des conspirateurs. — Exécution de la conspiration. — Mort de César. — Effroi dans Rome. — Portrait de César.

Le moment était arrivé où Rome devait perdre sa liberté, si elle n'avait pas le courage de réprimer l'ambition de deux hommes unis autrefois pour marcher à l'empire, et divisés maintenant pour se le disputer; mais malheureusement la république, défendue par Caton et par un petit nombre d'hommes incorruptibles, se trouva isolée entre les deux grands partis qui voulaient l'asservir.

César et Pompée ne dissimulaient plus que faiblement leur jalousie; l'ambition avait détruit leur amitié : leur but était le même; mais ils y tendaient par des moyens différents. César avait accumulé d'immenses richesses dans les Gaules : libéral jusqu'à la profusion, il prêtait sans intérêt des sommes excessives à un grand nombre de sénateurs et de citoyens romains; et, dans une ville où l'usure se montrait sans pudeur, le prêt sans intérêt passait pour une rare générosité. Sa magnificence lui attira une foule d'amis. Sa maison était l'asile de tous ceux que tourmentaient leurs créanciers : ils y vivaient de la fortune de César comme de la leur. Son camp devenait le refuge de tous ceux que poursuivaient leur conscience et les lois. Partageant fréquemment les dépouilles de l'ennemi entre ses soldats, il en était adoré; et, dans la suite, on dit de lui avec raison « qu'il avait » conquis les Gaules avec le fer des Romains, et » Rome avec l'or des Gaulois. »

Pompée, voilant avec plus d'art ses desseins, montrait une ambition plus circonspecte. Comme il croyait inutile de corrompre par des largesses les grands, unis à son sort par un intérêt commun et par un esprit de corps, il ne semblait s'occuper que de la chose publique. Resserrant chaque jour plus étroitement les liens qui l'attachaient au sénat, il réprimait l'esprit factieux du peuple, flattait la vanité des patriciens, et semblait se conduire en souverain légal, tandis que César agissait en conspirateur.

Pompée jouissait de l'estime de tous les gens de bien; César, de l'amour de la multitude et des soldats. Le premier avait pour lui la majesté, et l'autre la force de l'empire.

Pompée, sans attaquer encore ouvertement César, commença cependant le premier les hostilités. Le temps du proconsulat de César dans les Gaules allait expirer; il demanda, quoique absent, le consulat pour l'année suivante, certain que, s'il l'obtenait, il éclipserait, par l'appui du peuple, tout autre pouvoir, et qu'après son consulat on lui donnerait encore le gouvernement d'une province et le commandement d'une armée.

Le consul Marcus Marcellus, excité secrètement par Pompée, fit rejeter sa demande comme contraire aux lois et aux anciens usages. César tenta encore un autre moyen pour conserver son autorité sans prendre les armes; il fit offrir à Pompée la main d'Octavie, sa nièce, et demanda pour lui-même sa fille en mariage. Mais Pompée ne voulait plus de César comme égal ni comme allié; il refusa dédaigneusement ses offres; et, loin de lui montrer les égards que semblait mériter sa proposition, ce fut dans ce moment même qu'il prit Scipion pour gendre, et qu'il partagea avec lui les honneurs du consulat. Poursuivant ses offenses, il publia deux lois qui blessaient indirectement César : l'une obligeait tous les fonctionnaires publics qui avaient exercé depuis vingt ans des magistratures de rendre compte de leur conduite; l'autre défendait à ceux qui étaient absents de solliciter aucune charge.

La haine succéda au refroidissement, et pourtant n'éclata point encore. Pompée, à la fin de son consulat, se fit donner pour successeurs Émilius Paulus et Catidius Marcellus, sur lesquels il croyait pouvoir compter. Il ignorait que César avait acheté l'amitié d'Émilius quinze cent mille écus. Mais celui qui servit le plus habilement César, fut le tribun Curion, dont sept millions lui avaient assuré le dévouement. Ce magistrat très-populaire, plein de feu, d'audace et d'éloquence, remplit d'autant mieux les vues de César, qu'on le croyait depuis long-temps son ennemi déclaré.

Curion, pour ne point choquer l'opinion publique par un changement trop brusque et sans motifs apparents, sollicita la surintendance des grandes routes, certain d'avance qu'il ne l'obtiendrait pas. Pompée la lui refusa, et lui donna ainsi un prétexte plausible pour murmurer et pour se plaindre. Bientôt le consul Marcus, qui voulait consommer promptement la ruine de César, proposa au sénat de le rappeler à Rome, et de lui ôter son gouvernement et son armée.

La plus grande partie des sénateurs appuyait l'opinion du consul : Scipion, afin de servir Pompée; Lentulus, dans le fol espoir de s'élever lui-même et d'arriver un jour au même degré de puissance que Sylla, dont il n'avait ni le courage ni le talent.

Pompée, dissimulant ses projets et ses espérances, appuya faiblement Marcus, qui n'exécutait que ses ordres; il feignit même de trouver trop de rigueur dans sa proposition contre un général qui avait rendu tant de services à la république. Cependant, le décret allait passer, comme il l'espérait, lorsque Curion, plus habile qu'eux tous, prit la parole : après avoir approuvé l'avis du consul, il ajouta que si l'on voulait défendre sincèrement la liberté et affranchir la république de tout sujet d'inquiétude, il fallait faire quitter tout à la fois et à César et à Pompée leurs commandements et les provinces qu'ils avaient gouvernées trop longtemps.

Plus ce conseil était sage, plus il irrita les amis de Pompée. Leur fureur éclata même à tel point, que le censeur Appius proposa formellement de chasser Curion du sénat; mais le consul Émilius s'y opposa. Après une longue et vive agitation, la majorité des sénateurs paraissait incliner pour l'avis de Curion, lorsque le consul Marcus Marcellus rompit brusquement l'assemblée, qui se sépara sans rien conclure. Le peuple couvrit Curion de fleurs, le combla d'éloges, et décida dans les comices, que, si Pompée gardait son gouvernement, César devait conserver celui des Gaules; et que son absence, n'ayant d'autre motif que la gloire de la république, ne pouvait l'empêcher d'obtenir le consulat.

Pompée, offensé par ce plébiscite qui renversait ses espérances, sortit de Rome, et écrivit au sénat qu'il se démettrait de ses charges dès que César serait privé des siennes. Curion, de son côté, déclara qu'il serait caution, s'il le fallait, de César, le sachant prêt à suivre l'exemple que Pompée lui donnerait.

Le sénat, embarrassé par ces deux propositions, dont aucune n'était sincère, n'osait ni les accepter ni les rejeter entièrement : il voulait cependant favoriser Pompée, parce qu'il croyait que, si les deux rivaux se trouvaient tous deux sans armées, rien ne pourrait résister à César, que soutenait évidemment l'immense majorité du peuple. Il prit donc un parti mitoyen, et se contenta d'ordonner qu'on retirerait une légion à César et une à Pompée pour les envoyer contre les Parthes.

César obéit; il envoya une légion en Italie; mais Pompée lui redemanda aussi celle qu'il lui avait autrefois prêtée; de sorte que ce fut, dans la réalité, César seul qui perdit deux légions. Il ne lui était plus d'ailleurs possible de douter des intentions hostiles de ses adversaires, lorsqu'il sut que ces deux légions, loin de partir pour l'Asie, restaient près de Rome sous les ordres de Pompée.

Cicéron, revenu alors de Cilicie, crut pouvoir jouer un rôle conforme à ses vertus et à sa dignité, en se rendant médiateur entre deux hommes puissants, dont l'ambition menaçait également la liberté. César parut disposé à négocier; et, profitant habilement des fautes que l'orgueil faisait commettre à son rival, il se donna sans danger l'apparence de la justice : certain d'avance que ses propositions ne seraient point acceptées, il demanda que lui et Pompée fussent également privés de leurs commandements militaires et civils pour laisser la république, comme autrefois, paisiblement gouvernée par ses magistrats. Cette démarche adroite le rendit à la fois plus populaire et plus dangereux.

Dans ce même temps, Pompée étant tombé malade à Naples, la crainte de le perdre causa une douleur générale dans toute l'Italie. Sa guérison imprévue fit succéder à la consternation une joie si excessive, que partout on rendit des actions de graces aux dieux, et qu'on lui prodigua des honneurs que jamais aucun citoyen avant lui n'avait reçus.

A la même époque Appius, revenant de l'armée de César, répandit partout les plus fausses nouvelles, soutenant que les soldats, las de la guerre et rebutés par la sévérité de leur chef, ne soupiraient qu'après le repos, et abandonneraient César dès qu'ils auraient repassé les Alpes; Pompée, trompé par ces rapports infidèles, et enivré des hommages dont il se voyait l'objet, refusa tout accommodement; et, lorsque Cicéron lui demanda sur quelle force il comptait pour résister à César, il répondit avec fierté: « Dans quelque lieu de l'I-
» talie que je me trouve, dès que je frapperai la
» terre de mon pied, il en sortira des légions. » « Ah!
» lui dit alors le sage orateur, vous avez commis
» deux grandes fautes dans votre vie, celle de vous
» être lié autrefois avec César, et celle de rompre
» à présent avec lui. »

La haine et la présomption égaraient la plupart des patriciens, comme elles aveuglaient Pompée. Chaque jour il éclatait en injures et en menaces contre César; Caton même se vantait de le contraindre, avant peu, à rendre compte de sa conduite et de lui faire éprouver le même sort qu'à Milon, qui languissait toujours dans l'exil.

Plus ses ennemis montraient de passion et d'imprudence, plus César, tout en se préparant à la guerre, affectait de sagesse et de modestie. Il offrit à cette époque trois moyens de conciliation : le premier était qu'on le maintînt dans son gouvernement, comme Pompée dans le sien; le deuxième, qu'on les rappelât tous deux; et le troisième, qu'on lui permît de demander le consulat quoique absent.

Le sénat rejeta ces trois propositions. César irrité franchit les Alpes avec une légion, et s'établit à Ravenne, la dernière place de son gouvernement. De là il écrivit aux nouveaux consuls Lentulus et Marcellus, leur rappela ses services, ses exploits, sa déférence pour le sénat, protesta de nouveau que uniquement occupé de l'honneur de Rome et du sien, il ne craignait point qu'on prît sa modération pour de la faiblesse, et déclara qu'il se dépouillerait de son autorité dès que Pompée aurait renoncé à la sienne.

Le mépris qu'on faisait alors du peu de forces qu'il avait amenées en Italie aveugla tellement le sénat, qu'après avoir hésité quelque temps à lire sa lettre, au lieu d'y répondre, il rendit un décret pour lui ordonner de licencier sur-le-champ son armée, sous peine d'être déclaré ennemi de la république. On prit en même temps une mesure qui n'était usitée que dans les plus extrêmes périls : on adressa un autre décret aux consuls et aux préteurs pour leur ordonner de veiller au salut de la république, et de donner à Pompée le commandement général des armées.

Sans respect pour aucune forme, les consuls ne différèrent pas d'un seul moment l'exécution de ces décrets ; et avant de savoir si César obéirait ou résisterait, ils firent prendre les armes, et donnèrent le gouvernement des Gaules à Domitius Énobarbus.

Vainement Marc-Antoine, que César avait fait nommer récemment tribun, ainsi que Cassius et Curion, ses collègues, voulurent s'opposer à de si violentes résolutions ; injuriés, menacés, poursuivis, et ne se trouvant plus en sûreté dans Rome, ils en sortirent déguisés en esclaves, et se rendirent précipitamment à Ravenne.

César, informé par eux des excès auxquels on se portait contre lui, profita de leur arrivée pour échauffer le zèle de ses partisans, et fit paraître les trois tribuns avec leurs habits d'esclaves, aux regards de l'armée, certain que cette vue enflammerait son ressentiment.

« Compagnons, dit-il à ses soldats, vous savez
» combien, par amour pour le bien public, j'ai sup-
» porté tranquillement les injures et les injustices
» de mes ennemis. Jaloux de vos exploits et de la
» gloire qu'ils m'ont acquise, ils sont parvenus à
» m'enlever l'affection de Pompée, dont j'avais
» toujours admiré les talents et favorisé l'élévation.
» Ils viennent récemment, aveuglés par leur haine,

» de commettre un attentat presque inouï dans la
» république; leur violence a privé les tribuns du
» peuple de l'exercice de leurs droits les plus sa-
» crés. Sylla lui-même, en dépouillant ces magis-
» trats de la plus grande partie de leurs priviléges,
» leur avait laissé celui d'embrasser la défense du
» peuple et d'intercéder le sénat en sa faveur. Ré-
» tablis dans leurs dignités par Pompée, ils ont vu
» tout à l'heure ce même Pompée leur ôter tout
» ce qu'il leur avait rendu; il a fait plus! vous savez
» que le décret solennel qui investit les premiers
» magistrats d'un pouvoir absolu, qui les charge
» de veiller au salut de la république, et qui appelle
» tous les citoyens aux armes, n'a jamais été rendu
» qu'au moment des plus grands périls, lorsque
» des tribuns violents ont proposé des lois perni-
» cieuses, ou lorsque le peuple soulevé s'est retiré
» dans les temples et sur le mont Aventin. Ce fut
» dans de telles circonstances que Saturninus et les
» Gracques expièrent leur fautes par leurs mal-
» heurs; mais aujourd'hui aucun motif pareil ne
» justifie de semblables rigueurs; aucune loi agraire
» proposée, aucune conspiration tramée, aucune
» sédition ne motive la mesure sévère qu'on vient
» d'employer. Ce n'est point pour la république,
» c'est contre nous qu'on prend les armes. J'espère,
» soldats, que vous ne m'abandonnerez pas, et que
» vous défendrez l'honneur d'un général qui vous

» a si souvent conduits à la victoire, qui a servi avec
» vous si glorieusement la république, et qui vient
» de subjuguer par vos armes la Gaule et la Ger-
» manie. »

A ces mots les soldats de la troisième et de la dixième légion (car les autres n'étaient pas encore arrivées) s'écrient tous qu'ils sont prêts à soutenir la dignité de leur général et les droits des tribuns du peuple.

Cette harangue, manifeste court mais énergique, annonçait et déclarait la terrible guerre qui devait embraser le monde et renverser la république.

Ce qui distingue les exploits de César des actions de tous les autres généraux, c'est que, peu dépendants du hasard, ils furent presque toujours les effets d'un calcul infaillible et les résultats d'un vaste plan long-temps médité. Après avoir pris les mesures les plus justes, il en assurait la réussite par son incroyable célérité; et ses ennemis, toujours prévenus, se voyaient frappés en même temps que menacés.

Ariminium (aujourd'hui Rimini) était alors une des villes les plus considérables d'Italie: César regardait comme très-important de s'en rendre maître; il y envoya promptement et en secret ses soldats les plus déterminés, avec ordre d'y entrer furtivement sans autres armes que leurs épées. Tandis qu'ils y marchaient, feignant de ne s'occuper que de jeux et de spectacles, César assistait à un combat de gladiateurs dans la ville de Ravenne. Il se mit ensuite à table avec ses amis, et, loin de paraître méditer aucune grande entreprise, il ne s'entretint que de littérature et de philosophie. Tout à coup, au milieu du repas, il sortit, sous prétexte qu'on demandait à lui parler, et pria ses convives de continuer, jusqu'à son retour, à se livrer aux plaisirs du festin; mais ils l'attendirent vainement; car, ayant fait atteler son char, il partit pour Ariminium.

César, arrivé sur les bords du Rubicon, faible rivière qui séparait la Gaule cisalpine du reste de l'Italie, s'arrête, réfléchissant aux suites du pas qu'il va franchir. Troublé sans doute par quelques remords, ébranlé par un reste de cette vénération pour les lois et pour la liberté, qui se gravait dès le berceau dans le cœur de tout citoyen romain, irrité par les offenses de ses ennemis, poussé par l'ambition qui l'enflammait, retenu par la crainte des blessures qu'il allait faire à sa patrie, il balance dans sa tête les destinées du monde, et, s'adressant à l'un de ses amis, Asinius Pollion: « Que de mal-
» heurs pour moi, disait-il, si je m'arrête! que de
» maux pour la république si je passe ce ruisseau! »

On raconte que, dans le même moment, ses regards furent frappés par l'apparition d'un homme d'une taille gigantesque qui jouait de la flûte. Ce fantôme, produit par la crédulité populaire ou par l'artifice de César, saisit une trompette, sonne la charge, et traverse la rivière. César prononce enfin ces mots courts et terribles : « Le sort en est jeté ! » et il franchit précipitamment le Rubicon, semblable, dit Plutarque, à un homme qui s'enveloppe la tête pour dérober à ses regards la vue de l'abîme dans lequel il va se jeter.

Son arrivée imprévue, les armes de ses soldats qui l'attendaient, et la faveur du peuple qui l'appelait par ses vœux, lui livrèrent sans obstacle Ariminium.

Dès que cette nouvelle parvint à Rome, la consternation se répandit dans le sénat. La vanité, toujours imprévoyante dans le repos, présomptueuse dans la prospérité, est toujours faible dans le péril. Ces fiers patriciens, qui avaient sans prudence injurié César, et qui, le voyant descendre des Alpes, n'avaient su prendre aucune mesure pour l'arrêter, se laissèrent frapper de terreur par la prise d'une petite ville, comme si tous les peuples de la Gaule et de la Germanie étaient venus fondre en masse sur l'Italie.

On ordonne en tumulte à tous les citoyens de prendre les armes. Les sénateurs, se croyant déjà assiégés dans Rome, en sortent avec précipitation ; les consuls, oubliant leur dignité, abandonnent le timon des affaires, et laissent au seul Pompée le commandement des troupes, et le soin de défendre la république. Pompée lui-même commence à se méfier de sa fortune; partageant l'effroi général, il s'éloigne de Rome, lève des troupes à la hâte, hésite sur la direction qu'il leur donnera, et, dans l'espoir de gagner le temps nécessaire pour réunir ses forces et pour faire revenir son armée d'Espagne, il envoie des députés à César, et lui offre des conditions qu'il savait inacceptables.

César, aussi peu sincère, mais plus habile, consent à négocier pour couvrir ses vues ambitieuses d'un voile de modération; mais il traite sans s'arrêter, s'empare de Pezzaro, d'Ancône, de toutes les villes du Picenium, et vient mettre le siége devant Corfinium, où s'étaient renfermés le consul Lentulus, plusieurs patriciens, une forte garnison, et l'un de ses plus grands ennemis, Domitius Énobarbus, nommé par le sénat pour le remplacer dans son gouvernement.

Les légions des Gaules étaient arrivées; César pressait vivement le siége; Domitius écrivit à Pompée, que la ville manquait de vivres, qu'il devait promptement accourir, s'il voulait délivrer un corps d'élite si nombreux, ainsi que tant de personnages importants. Il ne reçut pour toute réponse qu'un refus de secours et le conseil de se tirer d'affaire comme il le pourrait. Cet abandon le détermina à tout disposer pour s'enfuir secrètement, et pour se dérober à la vengeance du vainqueur. Les soldats, pénétrant ses desseins, l'arrêtèrent, ainsi que leurs officiers. Le consul Lentulus prend alors le parti hasardeux de passer dans le camp de César : il lui rappelle son ancienne amitié, s'excuse lâchement de ses torts, et implore sa clémence. César, par l'accueil favorable qu'il lui fait, rassure tous ceux qui se trouvaient dans la ville. On convient de la lui livrer. Il y entre paisiblement, reçoit le serment des légions, renvoie libres et sans rançon Domitius, le consul Lentulus et les patriciens; il n'exige d'eux aucune promesse de ne pas servir contre lui, et rend même à Domitius sa caisse militaire. « Loin » de prétendre à me venger, disait-il, je ne veux que » regagner les esprits et goûter longtemps les fruits » de la victoire. La cruauté excite la haine publique, » et ne peut jouir tranquillement des triomphes » dont elle ternit l'éclat. »

Renforcé par la garnison de Corfinium, il ne laissa pas à ses ennemis le temps de respirer; les harcelant et les poursuivant sans cesse, il tourna Rome, s'empara de toute la Pouille, et força Pompée de s'enfermer dans Brundusium (Brindes) avec son armée.

Pompée, dont le génie semblait s'être endormi si longtemps dans les vains honneurs du pouvoir, voyait sa force presque totalement détruite en Italie; mais sa gloire vivait encore tout entière dans l'Orient : c'était sur cet ancien théâtre de ses triomphes qu'il espérait creuser le tombeau de son rival, et son fils Cnéius parcourut la Grèce, l'Asie et l'Égypte, pour les armer en sa faveur.

César, pénétrant ses projets, voulait terminer promptement la guerre en enfermant dans Brindes son rival. Il investit rapidement cette ville, et construisit, avec une célérité étonnante, deux fortes digues pour fermer le port ; mais ces travaux n'étaient pas achevés, lorsque Pompée, trompant sa vigilance, s'embarqua de nuit avec ses troupes, après avoir embarrassé les rues de Brindes par des barricades, par des fossés et par des puits recouverts de terre, qui ralentirent la marche de l'ennemi, et favorisèrent son habile retraite. Abandonnant ainsi Rome à son rival, il descendit en Épire, où il réunit promptement cinquante-cinq mille Romains et un grand nombre de troupes thraces, grecques et asiatiques.

Cicéron, étonné de la rapidité de cette invasion, avait été plus de temps à réfléchir sur le parti qu'il devait prendre, que César n'en avait employé pour conquérir l'Italie. Son éloquence et son nom étaient encore une puissance dans l'opinion publique, et l'on devait croire qu'il se servirait de son influence pour continuer à jouer le rôle honorable de médiateur.

César, qui ne négligeait aucun moyen de succès, et qui regardait peut-être comme plus important alors de gagner les esprits que de vaincre les légions, voulut conquérir Cicéron, s'appuyer de l'alliance de son génie, et se montrer dans Rome avec lui, afin de paraître y ramener la liberté plutôt que la tyrannie. Cicéron, moins facile et moins faible qu'on ne l'aurait cru, ne céda ni à ses prières ni à ses menaces. Cet acte de fermeté lui fut glorieux. Dans une circonstance pareille, un point de résistance devient souvent un point de ralliement. Ne suivant pas le vaincu, ne se laissant point entraîner par le vainqueur, il pouvait réunir autour de lui un grand nombre de citoyens qui ne voulaient point de maître, et affranchir Rome de la domination de César comme il l'avait sauvée des fureurs de Catilina : mais Cicéron avait plus de lumières que de courage; ses lettres à Atticus le prouvent : il calculait tous les pas que faisait César pour arriver à la tyrannie; il mesurait et comptait toutes les fautes de Pompée; et, flottant entre les deux partis rivaux, au lieu de défendre contre eux la liberté, il avouait lui-même sa faiblesse, et disait à son ami : « Je sais bien le parti que » je voudrais éviter; mais je ne sais pas quel est ce- » lui que je dois suivre. »

Cependant la retraite de Pompée n'avait laissé en Italie aucune troupe ni aucune ville qui pussent arrêter César. Ses lieutenants venaient de lui soumettre la Sardaigne et la Sicile, et il vint promptement à Rome, où les sénateurs qui y étaient restés le reçurent comme un maître, et le peuple comme un libérateur.

Il rassembla ce petit nombre de sénateurs, et leur parla comme s'il avait harangué le sénat. Il vanta ses services, se plaignit des injures qu'il avait reçues, déplora les malheurs d'une guerre civile, dont il était, disait-il, la victime et non l'auteur. Enfin il rassura les esprits par de magnifiques et trompeuses protestations de son dévouement à la république.

Ce qui lui manquait alors le plus pour l'exécution de ses vastes desseins, c'était l'argent; sans ce nerf de la guerre, il ne pouvait ni grossir ses troupes ni poursuivre celles de ses ennemis; mais leur retraite s'était faite avec tant de précipitation, que Pompée, dans ses premiers moments de trouble, négligea d'emporter avec lui le trésor public.

Le jeune Métellus, qui en avait la garde, en refusa l'entrée au vainqueur; et, résistant seul au maître de Rome, à ses prières, à ses promesses et même à son courroux, il défendit au nom des lois le dépôt que lui avaient confié les consuls. César, irrité, lui dit, en mettant la main sur son glaive : « Je n'écoute point les lois lorsque je porte l'épée; » je vais te tuer si tu n'obéis : songe bien, jeune » présomptueux, qu'il m'est plus facile d'exécuter » cette menace que de la faire. » Métellus céda.

César, après avoir pris largement dans le trésor les sommes qui lui étaient nécessaires, plaça des cohortes et des commandants dans les différents cantons de l'Italie, afin d'en assurer la tranquillité, et partit avec ses légions pour l'Espagne, disant « qu'il allait attaquer une armée sans général, » et revenir ensuite combattre un général sans » armée. »

Marseille refusa de lui ouvrir ses portes, déclarant d'abord qu'elle voulait rester neutre dans cette guerre; mais elle reçut peu de jours après dans son port Domitius Énobarbus avec des vaisseaux et des légions de Pompée. César chargea Trébonius de l'assiéger, continua sa marche, et arriva en Espagne.

Afranius et Pétréius, généraux habiles y commandaient une armée de soixante mille hommes. Les troupes de César étaient moins nombreuses, mais plus aguerries; et une excellente cavalerie gauloise, qui l'avait suivi, lui donnait un grand avantage sur ses ennemis.

Afranius, profitant de la connaissance du pays et de la faveur des lieux, se tint d'abord avec succès sur la défensive; mais César, ayant détourné les eaux de la rivière de Sègre, la passa sans obstacle, et força par l'habileté de ses manœuvres les lieutenants de Pompée à se retirer. César, gagnant avec célérité quelques marches sur eux, s'empara rapidement des défilés qu'ils voulaient franchir pour entrer en Celtibérie, les harcela, leur coupa les vivres, les enveloppa et les contraignit enfin à capituler. Ils licencièrent leurs troupes, et promirent de ne plus servir contre lui. Pénétrant ensuite dans l'Espagne ultérieure, où commandait Varron, toute la province se souleva en sa faveur. Varron, abandonné de la plupart de ses soldats, se rendit. César, oubliant d'anciennes injures, ne le traita point en ennemi, et sa clémence acheva de soumettre ceux que ses armes avaient vaincus.

Une des maximes de ce guerrier célèbre était *qu'un général ne doit pas croire qu'il ait rien fait lorsqu'il lui reste quelque chose à faire.* Aussi, sans se reposer après sa victoire, il revint promptement presser le siége de Marseille, qui, jusque-là, s'était opiniâtrément défendue. L'arrivée du conquérant de l'Espagne effraya les habitants et la garnison, qui se rendirent.

La fortune suivait partout César; mais elle ne traitait pas aussi favorablement ses lieutenants. Dolabella et Caïus Antonius furent battus en Illyrie par Octavius et par Scribonius, lieutenants de Pompée. Curion, que César avait envoyé en Afrique avec deux légions, combattit d'abord heureusement le préteur Varus et Juba, roi de Mauritanie; mais ensuite se laissant emporter par son ardeur, il fut enveloppé, et périt après avoir vu son armée détruite.

On apprit en Italie ces deux échecs avant de savoir la défaite d'Afranius en Espagne; et, dans le temps même où de fausses nouvelles faisaient croire à ses succès contre César, on écrivait d'Épire que les troupes de Pompée grossissaient chaque jour, et que tous les rois d'Orient s'armaient en sa faveur. Presque tous les sénateurs restés à Rome en sortirent et s'embarquèrent pour rejoindre Pompée. Cicéron, ne résistant point à leur exemple, et renonçant à sa sage neutralité, se laissa séduire par eux. Tous les riches, tous les grands l'imitèrent : tant est rapide la pente qui entraîne tous les hommes du côté où ils croient voir la fortune!

Après la prise de Marseille, César revint à Rome, et, comme tous les premiers magistrats en étaient absents, le préteur Lépidus, au mépris des anciennes règles, tint les comices, et le nomma dictateur. Ce titre, qu'on craignait de voir perpétuer, mécontentait le peuple; César s'en aperçut, et il abdiqua au bout de dix jours la dictature; mais, comme il lui fallait un titre en apparence légal pour voiler son usurpation, il se fit élire consul.

Ses premiers actes furent deux lois dont l'une favorisait les débiteurs, l'autre rappelait les exilés, et rendait aux enfants des citoyens proscrits par Sylla le droit d'aspirer aux charges publiques. Après avoir présidé les comices et fait élire des magistrats qui lui étaient dévoués, il partit de Rome avec un faible corps de troupes, et s'embarqua témérairement à Brindes, pour combattre Pompée. Maître de l'Orient, Pompée avait réuni sous ses ordres trois cents vaisseaux, neuf légions romaines, et une foule d'étrangers conduits par Ariobarzane, roi de Cappadoce, par Cotys, roi de Thrace, et par les généraux macédoniens, thébains, syriens, phéniciens et égyptiens, les plus estimés dans leur pays.

Pompée, avec toutes ces forces qui couvraient la mer et les côtes, croyait le chemin de la Grèce fermé à César; mais la sécurité jette souvent dans le péril : c'est le danger imprévu qu'on rencontre.

Bibulus, commandant la flotte, n'avait pas réuni à temps ses vaisseaux; et César, avec une faible partie de son armée, débarqua entre des roches près du mont de la Chimère. Il était arrivé avant qu'on le crût parti. Ce fut alors que Cicéron dit de lui « qu'il était un prodige de vigilance et de célérité. »

Apollonie se déclara pour lui, et il s'empara d'Orico. Après ce succès, il chargea un prisonnier, nommé Ruffus, de porter à Pompée des propositions de paix. « Je vous ai enlevé, lui disait-il, l'Ita-
» lie et l'Espagne; vos lieutenants ont battu les
» miens en Afrique et en Illyrie; nous avons tous
» deux assez remporté d'avantages et assez commis
» de fautes pour craindre les vicissitudes de la for-

» tune; épargnons de grands malheurs à notre pa-
» trie, licencions chacun sous trois jours nos ar-
» mées, et soumettons nos différends au jugement
» du sénat et du peuple romain. »

Cette proposition resta sans réponse; Pompée savait que César était trop sûr de l'appui du peuple; et lui-même, à la tête de la plus nombreuse armée, maître de la mer, entouré à Thessalonique des consuls, des préteurs, du sénat presque entier, de tous les chevaliers romains, de Caton et de Cicéron, dont les noms seuls valaient des légions, se croyait trop certain de la victoire pour traiter. Il comptait exterminer, sans combattre, un ennemi dont les forces ne montaient pas alors à vingt mille hommes, et qui ne pouvait tirer de vivres ni de la Grèce ni de l'Italie.

Dans le même temps Scipion, qui avait remporté quelques avantages en Asie, partit avec ses légions pour rejoindre Pompée, dont il était le premier lieutenant. Dès qu'il fut arrivé en Grèce, César lui envoya un officier pour l'inviter à terminer la guerre par sa médiation.

Scipion écouta d'abord favorablement son envoyé; mais, craignant ensuite de se rendre suspect à son parti, il rompit toute négociation. César tenta encore quelques voies d'accommodement; il eut une entrevue avec Libon, qui demeura sans effet, parce qu'il vit qu'au lieu de songer sincèrement à la paix, on ne tendait qu'à obtenir une trêve pour gagner du temps.

Dès que Pompée avait été instruit du débarquement de César, il s'était mis promptement en marche pour se porter sur la côte; il arriva trop tard pour sauver Apollonie et Orico, et la diligence de César l'empêcha même de gagner Dyrrachium, où étaient ses magasins d'armes et ses munitions.

Aussitôt que les avant-gardes des deux armées s'approchèrent, un grand nombre de soldats des deux partis se reconnurent, se mêlèrent et s'entretinrent familièrement ensemble. César, voulant tourner à son avantage cette circonstance, appela Labiénus, son ancien lieutenant, et qui, désertant sa cause, était devenu l'un de ses plus implacables ennemis. Il lui demanda s'il n'était pas possible, par quelque accord, de prévenir l'effusion du sang romain. Comme ils s'entretenaient ensemble, les soldats les plus ardents des deux partis se lancèrent des traits; on se sépara, et Labiénus dit, en partant, « qu'il n'y avait aucun autre moyen de faire la » paix que d'apporter à Pompée la tête de César. »

Toutes les démarches pacifiques du conquérant de la Gaule lui conciliaient de plus en plus les vœux du peuple et de l'armée, et l'orgueil des refus de Pompée n'augmentait son crédit que dans le sénat et parmi les patriciens.

Pendant plusieurs mois ces deux grands capitaines employèrent l'un contre l'autre les ressources de leur expérience et de leur génie; César, pour forcer son ennemi à combattre, Pompée, pour éviter sans se compromettre, une action décisive.

La position de César devenait de jour en jour plus critique. Il avait inutilement voulu empêcher la jonction de son rival et de Scipion; il ne recevait point de vivres, et ne voyait point arriver les légions qu'il attendait de Brindes, et auxquelles la flotte de Bibulus fermait la mer. Cédant à son impatience, il se déguise une nuit en esclave, se jette dans une barque, met à la voile pour Brindes, et, avec une audace incroyable, confie sa grande destinée aux vents et aux hasards.

Une tempête furieuse s'élève; le patron, craignant de périr et ne pouvant plus opposer son frêle esquif à la violence des flots près de l'engloutir, veut revirer de bord et rentrer dans la rade; le guerrier se lève, et se découvrant à lui : « Que » peux-tu craindre ? dit-il; tu portes César et sa » fortune. » Le patron, interdit, craint plus César que la mort, et obéit en silence. Mais la fureur des éléments rend sa manœuvre inutile, et le rejette malgré lui sur la côte d'où il était parti.

Peu de jours après, César apprit qu'Antoine, échappant à la vigilance des ennemis, avait traversé la mer, et que, sans éprouver de pertes considérables, il était heureusement débarqué avec ses légions. L'ennemi ne put empêcher leur jonction.

César, avec ce renfort, vint présenter de nouveau la bataille à Pompée, près de Dyrrachium; celui-ci, sans la refuser de manière à nuire à sa renommée, rangea ses troupes en bataille si près de ses retranchements, qu'on ne pouvait l'attaquer sans désavantage.

César alors, quoique très-inférieur en nombre, conçut le projet hardi d'assiéger cette forte armée, et de s'en rendre le maître en la privant de subsistances. S'emparant avec une incroyable célérité de toutes les hauteurs qui dominaient la plaine où Pompée campait, il y construisit des forts qu'il unit par des retranchements, de sorte que l'ennemi se trouvait exactement bloqué dans cette enceinte.

Le succès répondit à son attente; déjà le défaut de vivres faisait souffrir les ennemis, lorsque deux nobles allobroges, pour un léger mécontentement, quittèrent le camp de César, et vinrent découvrir à Pompée le côté faible de la position de son rival : c'était une partie de retranchements qu'on n'avait pas eu le temps d'achever du côté de la mer.

Tandis que César, profitant de ses avantages, attaquait et forçait l'un des camps de Pompée, celui-ci, se portant au lieu indiqué par les transfuges, combat et culbute la neuvième légion qui s'y trouvait. Sa fuite jette le désordre et répand la terreur dans l'armée de César : cavalerie, infanterie, tout se mêle, s'entasse dans les chemins, s'étouffe dans les fossés. César, arrachant une enseigne, veut en vain arrêter les fuyards; il est emporté par la foule qui l'entraîne : les retranchements sont déserts; officiers, soldats, tous jettent leurs armes, se dispersent, et regagnent en tumulte leur camp qu'ils ne songent pas même à défendre, et dont Pompée se serait infailliblement emparé s'il les eût poursuivis; mais, prenant cette déroute inattendue pour un piége, il s'arrêta et donna le temps à la crainte de se dissiper et au courage de renaître.

César, qui avait mesuré tout son danger, s'écria : « Pompée sait vaincre, mais il ne sait pas profiter » de la victoire. » Après avoir infligé quelques châtiments à l'indiscipline, et rassuré ses soldats en leur rappelant leurs exploits qu'un léger échec ne pouvait effacer, il changea de plan, s'éloigna de Dyrrachium, et marcha en Thessalie.

Le bruit de sa défaite, grossi par la renommée, l'y précédait; la ville de Gomphies, qui s'était montrée précédemment favorable à sa cause, lui ferma ses portes. On n'outrageait pas impunément César, il escalada promptement les remparts, livra la ville au pillage, et se porta sur Métropolis, qui se rendit à son approche.

Il devint bientôt maître de toute la Thessalie,

excepté de Larisse, que Scipion était venu défendre avec une légion; celui-ci appela Pompée à son secours. Pompée, jusque-là, n'écoutant que la prudence, avait suivi le plan le plus sage et le plus habile. Gagner du temps, c'était perdre César, qui ne recevait ni vivres ni recrues pour son armée, tandis que la sienne, pourvue de tout, grossissait chaque jour. Mais la victoire de Dyrrachium enivrait toutes les têtes; les vieux sénateurs, les jeunes patriciens supportaient avec regret l'éloignement de Rome, la privation des plaisirs, l'ennui de la campagne. Regardant César comme un fugitif, ils accusaient hautement leur chef de retarder la consommation de sa ruine pour satisfaire son orgueil, et pour garder plus long-temps le commandement d'une armée dont le camp renfermait le sénat, les consuls et toute la majesté de l'empire.

Pompée, cédant à leur impatience, marcha en Thessalie, et campa au pied d'une hauteur, dans la plaine de Pharsale, où César accourut promptement pour livrer la bataille décisive qu'il avait depuis si long-temps souhaitée.

Quel spectacle que celui de la lutte de ces deux colosses de gloire, à laquelle assistaient, comme à un combat de gladiateurs, l'Europe, l'Asie et l'Afrique, incertaines sur le choix du maître que le sort des combats allait leur donner!

Dans le camp de César on ne s'occupait qu'à

préparer ses armes, à s'exciter mutuellement au combat, à tout disposer pour le succès. Dans le camp de Pompée on ne songeait qu'aux fruits de la victoire, au retour en Italie, aux spectacles de Rome. Les chefs se partageaient d'avance l'héritage et les dépouilles des vaincus. Domitius, Scipion et Lentulus se disputèrent même vivement le souverain sacerdoce dont César était revêtu. La vengeance n'occupait pas moins que l'ambition, et les patriciens décidaient la proscription de tous ceux de leurs collègues qui, restés à Rome, s'étaient soumis à l'ennemi.

Pompée, partageant l'ivresse générale, parla avec mépris de César, le représenta comme un brigand, comme un ennemi de la justice et des lois; il atténua le mérite de ses exploits, disant qu'il n'avait vaincu que des Barbares, et qu'il ne résisterait pas à des Romains. « Je vous ai promis, ajoutait-il, que
» l'armée de César serait vaincue avant de combat-
» tre; si cette assertion vous paraît incroyable, mon
» plan, que vous allez connaître, vous l'expliquera.
» César n'a que mille chevaux à opposer à notre
» nombreuse cavalerie; cette cavalerie, composée
» de l'élite de Rome et de tous les chevaliers ro-
» mains, tournera son armée, l'attaquera sur ses
» derrières et sur son flanc; elle la détruira sans
» compromettre nos légions et sans même qu'elles
» trouvent l'occasion de lancer un javelot. »

Labiénus, dont le nom inspirait aux soldats une grande confiance, parce qu'il brillait encore de quelques rayons que la gloire de son ancien chef avait répandus sur lui, leur dit : « Compagnons, » ne croyez pas que vous ayez aujourd'hui devant » vous ces anciens légionnaires aguerris, ces braves » vainqueurs des Gaulois ; moi, témoin de toutes » leurs batailles, je puis vous attester que la plus » grande partie d'entre eux a péri dans les Gaules, » une autre dans les marais d'Italie, et que le reste » vient d'être exterminé dans les combats de Dyr- » rachium. Vous n'avez à combattre que des Bar- » bares et de nouvelles levées. »

Pompée plaça à son aile droite les légions de Cilicie et les troupes d'Espagne, commandées par Afranius, au centre Scipion avec deux légions de Syrie : il prit lui-même le commandement de l'aile gauche, où se trouvaient les deux légions qu'il avait autrefois reprises à César. Sa droite était appuyée à une rivière, sa gauche était couverte par sa cavalerie ; sept cohortes d'élite gardaient son camp et en défendaient les forts. Le reste de ses troupes était répandu entre son centre et les deux ailes.

Il ordonna à toute l'armée d'attendre de pied ferme l'attaque des ennemis, espérant sans doute que, fatigués par leur course, ils arriveraient en désordre, et seraient enfoncés facilement par ses légions.

Pompée (selon César) fit par cet ordre une grande faute, en oubliant que l'ardeur de celui qui attaque s'accroît, tandis que le courage de celui qui se défend s'ébranle et s'attiédit.

César avait rangé son armée sur quatre lignes; il se plaça à l'aile droite opposée à Pompée, et que Sylla commandait sous ses ordres. Il confia le centre à Cnéius Domitius, la gauche à Marc-Antoine, et détacha six cohortes d'élite pour fortifier sa droite contre la cavalerie ennemie.

L'armée de Pompée s'élevait à près de cinquante mille hommes, et celle de César à vingt-deux mille. César haranguant ses troupes énergiquement, mais en peu de mots, leur rappela leurs victoires, les injures dont on avait payé leurs travaux, ses efforts sans cesse renouvelés pour éviter la guerre civile ou pour la terminer. Montrant une profonde horreur pour l'effusion du sang romain, il en rejeta tout l'odieux sur l'inflexible orgueil de ses ennemis. La valeur éprouvée de ses soldats et la justice de sa cause lui étaient, disait-il, de sûrs garants de la victoire.

Rassurant enfin ses légions contre la nombreuse cavalerie de Pompée qui couvrait la plaine, il représenta ces chevaliers romains comme de jeunes efféminés, plus soigneux de leur figure que de leur renommée. « Songez, dit-il, en les attaquant, à ne » les frapper qu'au visage, et vous les verrez fuir. »

Après ces mots, ses troupes reçurent le signal du combat. Pompée avait donné pour mot d'ordre *Hercule l'invincible*, et César *Vénus la victorieuse*.

Les légions de César, mûries par l'expérience, s'arrêtèrent au milieu de leur course dès qu'elles virent que les troupes de Pompée les attendaient sans faire aucun mouvement. Après avoir repris quelques moments haleine, elles s'élancèrent de nouveau et joignirent l'ennemi, qui les reçut de pied ferme et intrépidement.

La brillante et nombreuse cavalerie de Pompée, la fleur de la jeunesse romaine sur laquelle se fondait l'espoir de son général, chargea dans cet instant, suivant l'ordre qu'elle en avait reçu, la faible cavalerie de César; et, après l'avoir forcée à se retirer, elle déploya ses colonnes en escadrons, cherchant, par une conversion, à envelopper l'aile droite des ennemis.

Les six cohortes de la quatrième ligne de César, qu'il avait destinées à s'opposer à ce mouvement, se précipitèrent alors avec impétuosité sur ces chevaliers, dirigeant leurs lances contre leurs visages : ce que César avait prévu arriva. Cette jeunesse, épouvantée de ce nouveau genre d'attaque, tourna le dos et prit la fuite. Les cohortes la poursuivirent, l'empêchèrent de se rallier; et, prenant ensuite en flanc et en queue l'aile gauche de Pompée, y jetèrent le désordre et l'enfoncèrent.

Pompée, voyant la défaite de sa cavalerie, sur laquelle il avait trop compté, semble tout à coup privé de son génie, de son courage et même de sa raison; et, tandis que son centre et son aile droite, encore intacts, disputaient le champ de bataille avec opiniâtreté, et rendaient la fortune incertaine, désertant lui-même le premier sa cause, il quitte le combat, commande aux cohortes prétoriennes de défendre, en cas de malheur, l'entrée du camp, se retire consterné dans sa tente, et attend en silence, sans vouloir y prendre part, les arrêts du sort sur sa destinée.

Les cohortes victorieuses poursuivaient leurs avantages. Après une longue résistance, qui avait duré depuis l'aurore jusqu'à midi, les légions de Pompée, se voyant à la fois attaquées de front, en flanc et sur les derrières, cèdent à la fortune; les uns se retirent sur une montagne peu éloignée, et les autres se dispersent, jettent leurs armes, fuient, meurent ou se rendent.

Quoique les vainqueurs fussent accablés par la chaleur, harassés de fatigue, César les conjure de ne pas laisser leur victoire incomplète; il les harangue, les presse, ranime leur force et leur courage. Entraînés par sa voix et par son exemple, ils attaquent le camp ennemi, que les cohortes prétoriennes, les alliés, et surtout les Thraces défendent avec vigueur. César criait aux siens : « Ex-

» terminez les étrangers, mais épargnez les Ro-
» mains! »

Après un combat sanglant, les retranchements sont forcés. Pompée alors s'écrie : « Eh quoi! ils » viennent jusque sous nos tentes! » A ces mots, déjà dépouillé de sa gloire, il quitte la pourpre, les marques de sa dignité, prend un vêtement obscur, et, monté sur un coursier rapide, il fuit jusqu'à Amphipolis.

Les vainqueurs, qui venaient de quitter un camp où l'on ne voyait que du fer, sont frappés dans le camp du vaincu par l'éclat de l'or, de l'argent et de l'ivoire; toutes les tentes étaient ornées de myrtes et de lierre, et ils ne rencontraient partout que des tapis de pourpre et des tables couvertes d'une brillante vaisselle d'or et d'argent.

La discipline des troupes de César était si sévère, qu'à sa voix, sans s'arrêter au pillage, les soldats le suivirent, et marchèrent à la poursuite des ennemis. Ceux-ci, quittant la position qu'ils occupaient, se retirèrent sur une hauteur près de Larisse. Là, enveloppés par l'armée victorieuse, ils capitulèrent et se rendirent. César, dans cette grande journée, ne perdit que douze cents hommes. La perte de Pompée s'éleva à quinze mille, et vingt-quatre mille furent faits prisonniers.

César, contemplant avec tristesse cette foule de Romains étendus sur le champ de bataille, dit en

soupirant : « Ils l'ont voulu, et m'y ont forcé! car
» ils m'auraient proscrit, si, après tant de con-
» quêtes, j'avais licencié mon armée. » Conservant
les jours de ceux que le fer avait épargnés, il écrivit à l'un de ses amis : « Le plus doux fruit de
» ma victoire est de sauver tous les jours la vie
» à quelques-uns de ceux qui ont combattu con-
» tre moi. »

On lui apporta les papiers de Pompée; il les
brûla sans les lire, ne voulant pas, disait-il, ap-
prendre par ses correspondances le nom des ingrats
qui avaient projeté de le trahir.

Pompée, en fuyant, répéta plusieurs fois que
« sa fortune était renversée par la lâcheté de ceux
» sur lesquels il avait le plus compté. » Apprenant
que César le poursuivait sans relâche, il s'embarqua sur un vaisseau marchand, et rejoignit sa
femme Cornélie à Lesbos. Elle espérait son triomphe, et s'évanouit en apprenant son désastre. « Hé-
» las! lui dit-elle, veuve de Crassus, je vous ai
» apporté mon malheur en dot. Avant de vous unir
» à moi, vous dominiez les mers avec cinq cents
» vaisseaux : vous fuyez aujourd'hui! Pourquoi
» vous associer encore à mon infortune? Que n'ai-je
» exécuté le dessein que j'avais formé de m'ôter la
» vie! Mais, je le vois, les dieux m'ont destinée à
» augmenter sans cesse les malheurs de Pompée! »

Cet illustre fugitif l'embrassa, la consola, affermit son courage, et descendit sur les côtes de Cilicie, où il rallia quelques bâtiments et deux mille hommes. Son dessein était de s'établir à Antioche et d'y rassembler une armée; mais la Syrie, autrefois le théâtre de sa gloire, devint alors celui de son humiliation. Antioche lui ferma ses portes, et toutes les villes d'Asie lui interdirent l'entrée de leur territoire. Il aurait pu, il aurait dû sans doute se porter en Numidie, où des légions dévouées et un allié fidèle, le roi Juba, offraient encore quelques chances favorables à son courage; mais son impatience préféra des ressources moins éloignées.

Le souvenir des services qu'il avait rendus aux Ptolémées le décida à chercher un asile et des secours en Égypte. La dernière chose qu'une grande ame prévoit, c'est la bassesse et l'ingratitude. Il compta sur la reconnaissance, et se perdit.

Son arrivée prochaine ayant été annoncée à Ptolémée, ce jeune roi rassembla son conseil pour délibérer sur ce qu'il devait faire. Tout homme qui délibère entre le courage et la honte, finit nécessairement par prendre le parti le plus lâche.

Les infâmes ministres du roi d'Égypte, craignant le ressentiment de Pompée si on le renvoyait, et les vengeances de César si on le recevait, décidèrent leur faible maître à gagner la bienveillance du vainqueur par la mort du vaincu.

Pompée, croyant aux protestations de dévouement qu'il reçoit, et résistant aux terreurs de Cornélie que l'amour éclairait, descend sur une chaloupe, s'éloigne de ses vaisseaux, passe sur une barque où ses assassins l'attendaient, et tombe sous les coups du traître Septimius, aux yeux de son épouse désolée, que la flotte romaine dérobe malgré elle, en fuyant, à la perfide cruauté de ses ennemis.

Le corps du grand Pompée, séparé de sa tête, reste seul étendu sur les sables brûlants de la côte africaine; et, tandis que les rois ingrats et le monde entier abandonnent et trahissent cet ancien maître de la terre, Philippe, un affranchi, secondé par un vieux soldat romain fidèle à la gloire et au malheur, rassemble les débris d'un bâtiment échoué, en forme un bûcher, recueille ses cendres, lui élève un monument de terre et de gazon, et y place cette inscription : « Quelle modeste tombe couvre les » restes de celui à qui la terre éleva des temples! »

Le parti de Pompée lui survécut, et combattit quelque temps encore pour défendre sa cause et pour venger sa mémoire. Ses magasins étaient à Dyrrachium; Caton commandait des troupes qui les gardaient; Cicéron, Varron et d'autres sénateurs s'y trouvaient avec lui. Labiénus, le jeune Pompée, ainsi que les commandants de diverses escadres, les rejoignirent. Consternés de leur défaite, ils étaient tous résolus à fuir, mais chacun avec des motifs différents. Caton, après avoir ramené ses soldats en Italie, formait le dessein de fuir dans un désert toute tyrannie; Cicéron ne désirait que la retraite et le repos; Labiénus et Pompée, ainsi que Scipion, prétendaient continuer la guerre. Ils se rassemblèrent pour délibérer.

Caton, qui n'était que préteur, déféra le commandement de la flotte au proconsul Cicéron; mais celui-ci, loin d'accepter cet honneur périlleux, déclara qu'il fallait non-seulement quitter les armes, mais les jeter. Ce lâche discours irrita tellement le jeune Pompée, qu'il l'appela déserteur, traître, et l'aurait tué, si Caton ne l'eût dérobé à sa violence. Cicéron, échappé de ce péril, partit pour Brindes, honteux, consterné, craignant également le retour de l'ennemi qu'il avait combattu et le triomphe des amis qu'il abandonnait. Il attendit avec inquiétude les ordres de César, qui lui rendit sa bienveillance.

Caton, que la chute du ciel n'aurait pas ébranlé, partit avec quelques vaisseaux pour chercher Pompée, dont on ignorait encore la destinée. Scipion, suivi de Labiénus, conduisit ses légions en Afrique, résolu d'implorer le secours de Juba, roi de Mauritanie. Cassius, avec dix vaisseaux, se dirigea vers les côtes d'Asie, dans le dessein d'armer pour sa cause Pharnace, roi du Bosphore. Le jeune

Pompée partit avec le reste des troupes et de la flotte pour l'Espagne, où son courage et son nom réunirent bientôt une puissante armée.

César, qui comptait plus sur sa célérité que sur le nombre de ses troupes pour soumettre l'Orient, n'avait qu'un but, celui de poursuivre assez rapidement Pompée pour ne pas lui laisser le temps de se reconnaître, de rassurer les esprits, et de former une nouvelle armée. N'emmenant avec lui que trois mille hommes, et les précédant lui-même, il traverse l'Hellespont sur une barque, et tombe au milieu des vaisseaux de guerre commandés par Cassius. Tout autre, troublé par ce péril extrême, eût été perdu. César, inaccessible à la crainte, aborde les ennemis en vainqueur, leur parle en maître, leur ordonne de se rendre; on lui obéit.

Poursuivant sa marche, il arrive en peu de jours à Alexandrie. Le rhéteur Théodote, un des meurtriers de Pompée, lui présente la tête de ce héros; César repousse avec horreur cet infâme tribut, et verse des larmes sur le sort d'un grand homme qu'il aurait dû venger.

Le jeune roi Ptolémée, et Cléopâtre, qui était à la fois sa sœur et sa femme, se disputaient alors le trône. César soumit leur querelle à son arbitrage. La reine vint la nuit avec audace dans l'appartement de César; ses charmes gagnèrent sa cause; elle s'empara du cœur de son juge. Une autre sœur du roi, nommée Arsinoé, partit d'Alexandrie, et se mit à la tête de l'armée égyptienne, que commandait sous ses ordres Achillas. Cette armée s'empara de toute la ville d'Alexandrie, à l'exception du quartier où César, comptant plus sur son nom que sur ses forces, s'était retranché avec quatre mille hommes.

Jamais il ne courut plus de périls et ne montra plus de courage personnel que dans cette circonstance. Il incendia la flotte égyptienne, dont les flammes, se communiquant à la fameuse bibliothèque, détruisirent ce célèbre monument du génie d'Alexandre et de la sagesse des premiers Ptolémées. Repoussé dans une attaque contre l'île de Pharos, César, voyant son vaisseau submergé, se jeta dans la mer tout armé; portant ses Commentaires dans une main, et tenant dans ses dents sa cotte de mailles, il traversa la rade à la nage, échappant aux traits qu'on lui lançait de toutes parts, il ne dut son salut qu'à son courage indomptable et à son incroyable vigueur.

Bientôt des renforts arrivés de Palestine et de Syrie le mettent en état de reprendre l'offensive contre ses ennemis. Il poursuit l'armée d'Arsinoé, qui, après avoir fait mourir le général Achillas, lui avait donné l'eunuque Ganymède pour successeur. Cette reine tombe dans les fers de César; il emporte Péluse d'assaut; Memphis lui ouvre ses portes;

Ptolémée, échappé du palais où on le gardait, rassemble une nouvelle armée, et livre sur les bords du Nil une bataille où César remporte la victoire. Le roi, se jetant dans une barque trop chargée, périt en voulant traverser le fleuve. César rentre en triomphe dans Alexandrie, et place sur le trône Cléopâtre, qui règne sur l'Égypte et sur lui.

La guerre ne le retenait plus dans cette contrée; les vents, trop long-temps contraires à son départ, lui étaient devenus favorables; les plus grands intérêts l'appelaient à la poursuite du parti vaincu; mais la politique cède trop souvent aux passions. L'amour vainquit cette fois l'invincible César, et enchaîna quelque temps dans le sein des plaisirs son infatigable activité.

L'Italie en trouble redemandait le chef que dans son absence elle venait de nommer dictateur. Caton et Scipion, qui, au refus du timide Cicéron, s'étaient mis à la tête des restes de l'armée de Pharsale, relevaient en Afrique, leur parti, soutenu par l'alliance de Juba. Le jeune Pompée faisait revivre son père en Espagne, levait de nouvelles légions, couvrait les mers de ses vaisseaux; et César, qui savait si bien le prix du temps, ne semblait alors connaître que celui des voluptés.

Un danger plus prochain le tira de ce sommeil. Pharnace, fils du fameux Mithridate, et roi du Bosphore, après s'être emparé de la Colchide, du Pont, de la Cappadoce et de l'Arménie, venait de défaire en bataille rangée un général romain, Domitius Calvinus. A cette nouvelle, César s'arrache des bras de Cléopâtre, qu'il ne devait plus revoir; il lui laisse pour gage de son amour un fils qu'on nomma Césarion. Traversant avec le vol d'un aigle la Syrie, la Cilicie, il arrive dans le Pont lorsqu'on le croyait encore à Alexandrie. Il attaque, près de Zéla, avec vingt mille hommes, Pharnace, dont l'armée était triple de la sienne; il l'enfonce, la met en fuite, et remporte une victoire complète. Ce fut pour rendre compte de cette bataille qu'il écrivit ces trois mots célèbres : *Veni, vidi, vici*. Je suis venu, j'ai vu, j'ai vaincu.

Pharnace, après sa défaite, se retira dans le Bosphore. Le gouverneur du royaume, révolté contre lui pendant son absence, le combattit et le tua. César donna son trône à Mithridate de Pergame, dont les secours lui avaient été si utiles en Égypte.

Ayant ainsi pacifié l'Orient, il revint à Rome. Antoine souillait cette ville par ses débauches, humiliait le sénat par sa hauteur, et poussait l'insolence au point de s'y montrer en vainqueur, et de le présider, en portant, contre l'usage, un glaive à son côté. En même temps Dolabella, flattant la multitude pour arriver au pouvoir, répandait le trouble dans tous les esprits, et menaçait toutes les fortunes d'une subversion totale par un projet de loi dont le but était l'abolition des dettes. Enfin, quoiqu'on eût décerné la dictature à César pour un an, le consulat pour cinq, le tribunat pour toute sa vie et un pouvoir sans limites, tous ceux qui s'étaient déclarés et qui avaient formé des vœux pour la liberté, craignaient l'arrivée et la vengeance du vainqueur.

César paraît, dissipe toutes ces inquiétudes, réprime les excès d'Antoine, s'oppose aux propositions factieuses de Dolabella, accorde aux débiteurs une remise d'arrérages, borne ses rigueurs à la vente des biens de Pompée, rappelle les bannis, pardonne aux vaincus, ne fait, pour la distribution des emplois, aucune distinction entre ses partisans et ses anciens ennemis, et rétablit par sa clémence le calme et la paix.

Cependant l'Afrique l'appelait encore aux combats. Caton, traversant les déserts de la Libye, et bravant les feux du soleil, la stérilité du sol, les animaux féroces et les énormes serpents qui infestaient ces vastes contrées, avait conduit à Utique les débris de l'armée de Pharsale. Il trouva près de cette ville l'armée de Mauritanie et les légions levées par Métellus Scipion : toutes ces troupes, dévouées à la défense de la liberté, devaient offrir le commandement général au plus ferme soutien de la république, à Caton; mais il refusa, se chargea seulement de la défense d'Utique, et voulut qu'on choisît pour général Scipion, dont le nom semblait, sur la terre de Carthage, un présage assuré de la victoire. Labiénus commanda l'armée sous ses ordres.

César, avec sa diligence accoutumée, rassemble ses légions et ses vaisseaux, s'embarque et aborde en Afrique. Au moment où il descendait de sa chaloupe, son pied glisse, il tombe. Craignant alors l'impression que cet accident pouvait produire sur l'esprit de ses soldats, il feint d'embrasser la terre et s'écrie : « Afrique, je te tiens ! »

Les grands hommes tournent à leur profit la faiblesse du vulgaire : il avait donné dans son armée un emploi élevé à un homme obscur et sans mérite, mais qui s'appelait Scipion, afin de balancer dans l'opinion publique l'avantage que ce nom donnait au général ennemi.

Cette armée vint promptement attaquer la sienne, pour ne point lui laisser le temps de prendre toutes les mesures qui devaient assurer ses succès. La réputation de Métellus Scipion, la nombreuse cavalerie de Juba, le courage des vieux soldats de Pompée, et surtout l'habileté de Labiénus, ardent comme tous les transfuges, triomphèrent, dans ce premier combat, du génie de César. Malgré tous ses efforts, la fortune resta indécise ; et, s'il ne fut pas vaincu, il lui fut au moins impossible de vaincre ; ce qui, pour un tel homme, semblait presque une défaite.

César, si rapide dans ses autres expéditions, prouva dans cette circonstance que la patience ne lui était pas plus étrangère que la célérité, et qu'il savait attendre quand la prudence l'exigeait. Décidé à ne plus combattre jusqu'à ce qu'il eût reçu les renforts qu'il attendait de Sicile, il s'enferma dans son camp, supportant avec tranquillité les insultes de Métellus Scipion et les bravades de Juba.

Dès que ses nouvelles troupes furent arrivées, il sortit de ses retranchements, et marcha sur Thapsus, qu'il feignit d'assiéger, pour attirer Métellus et Juba dans une position désavantageuse ; son plan réussit.

Les deux armées se livrèrent bataille. César, malade, ne put y assister ; mais les habiles dispositions qu'il avait faites décidèrent la victoire, et l'on ne s'aperçut de son absence qu'au carnage épouvantable que ses lieutenants firent des ennemis. On les massacra presque tous sans pitié, quoiqu'ils eussent jeté leurs armes et demandé la vie.

Juba, voyant son armée détruite, se donna la mort pour échapper à la fureur de ses sujets, dont il était détesté. Métellus Scipion avait pris la fuite ; mais, tombé dans les mains des vainqueurs, il se perça de son épée.

César s'empara promptement de toutes les villes qui voulaient arrêter sa marche, et s'avança vers Utique, où se trouvait alors l'ombre de la république, représentée par un grand nombre de patriciens qui avaient pris le nom de sénat, sous la présidence de Caton. Ce Romain sévère, qui n'eut peut-être d'autre défaut que l'affection de la singularité et l'exagération de la vertu, voyant l'armée de Scipion détruite, l'univers soumis, et les défenseurs d'Utique frappés de terreur, crut que son existence devait finir avec celle de la liberté. Dissimulant le dessein qu'il méditait, il fit embarquer pour l'Espagne une partie des sénateurs, et conseilla aux autres de se soumettre à César. Il parla le soir, avec ses amis, de littérature, de philosophie et de choses indifférentes, avec une liberté d'esprit et une gaîté qui ne permettaient à personne de pénétrer son projet. Rentrant après le festin dans son appartement, il s'entretint long-temps avec deux philosophes; et, s'étant aperçu qu'on lui avait ôté son glaive, qui était ordinairement au chevet de son lit, il appela ses esclaves, et se plaignit vivement qu'on le privât de tous moyens de défense, si les troupes de César entraient la nuit dans la ville : « Craignez-vous, dit-il, que j'attente » à mes jours? Vos soins sont superflus; car, si » je le veux, j'ai mille autres portes pour sortir » de la vie. » On lui rendit son épée. En la recevant il prononça ces mots : « Me voilà donc encore » maître de ma destinée! »

Resté seul, il se jette sur son lit, et, après avoir

lu pendant quelques heures le traité de Platon sur l'immortalité dé l'ame, il saisit son glaive, l'enfonce dans ses entrailles, jette un grand cri, et tombe sur le plancher.

A ce bruit on accourut. Il respirait encore : on pose malgré lui un appareil sur ses blessures; mais, dès qu'il voit ses amis s'éloigner, il arrache cet appareil, déchire et rouvre sa plaie; enfin il meurt libre comme il avait vécu.

Le lendemain matin, César, entrant sans obstacle dans la ville, apprit la fin de ce grand homme, et s'écria : « Caton! j'envie la gloire de votre mort! » pourquoi m'avez-vous envié celle de vous sauver » la vie?

Ce qui prouva la sincérité de ce mouvement généreux, ce fut la clémence avec laquelle il traita le fils de Caton et les autres personnages distingués qui se trouvaient encore dans Utique. Après avoir ainsi terminé en six mois la guerre d'Afrique, César revint à Rome, où il triompha tout à la fois des Gaules, de l'Égypte, de Pharnace et de Juba.

Ce triomphe dura quatre jours; on voyait devant son char un tableau représentant le Rhin, le Rhône, le Nil et l'Océan enchaînés; il était suivi par Vercingétorix, par Arsinoé et par le fils de Juba, illustres et malheureux trophées du vainqueur. Après cette solennité Vercingétorix, dont le seul crime était d'avoir vaillamment défendu l'indépendance de sa patrie, fut envoyé à la mort. Quelles mœurs barbares que celles qui permettaient qu'une pareille action n'empêchât pas de vanter César comme le plus doux des conquérants!

Rome entière semblait oublier que ce triomphe n'était que celui de la force sur la liberté. Toute la ville retentissait des louanges de César. Le sénat surpassant en adulation les courtisans d'Asie, ordonna qu'aux jours solennels le char du vainqueur de la république serait attelé, comme celui du soleil, de quatre chevaux blancs. Sa statue fut placée dans le Capitole, en face de Jupiter. On mit sous ses pieds le globe du monde, avec cette inscription : « A César demi-dieu. »

Le peuple lui accorda la censure pour trois ans, la dictature pour dix, et le privilége de se faire précéder par soixante-douze licteurs. Tous les citoyens, formant des vœux pour sa prospérité, solennisèrent son triomphe par un festin où vingt-deux mille tables furent servies avec profusion. La république célébra sa propre ruine comme un triomphe; et, pour qu'il ne manquât rien à l'humiliation de Rome, on vit pour la première fois dans les fêtes un grand nombre de chevaliers combattre au rang des gladiateurs. Tel fut le spectacle que Caton avait voulu éviter en se donnant la mort.

César, rougissant peut-être seul de tant de bassesse, crut devoir opposer une modération politique aux honneurs excessifs qu'on lui prodiguait, et promit au sénat d'user avec une grande réserve du pouvoir immense dont il était revêtu.

On ne peut que donner des éloges à la plupart des actes de son administration; il assigna des récompenses aux citoyens qui se trouvaient pères de plusieurs enfants, accorda le droit de cité à plusieurs savants étrangers, et renouvela les anciennes lois contre le luxe des tables et des vêtements. Trop prodigue dans ses récompenses, il fit entrer dans le sénat neuf cents citoyens, dont plusieurs n'avaient d'autre mérite que celui de lui avoir montré un servile dévouement.

Depuis long-temps les erreurs du calendrier avaient amené un tel désordre, que les mois ne s'accordaient plus avec les saisons. César y remédia, et se vit obligé, pour commencer cette réforme, d'ajouter soixante-sept jours à l'année 707, de sorte qu'elle en eût en tout quatre cent quarante-cinq.

Le ciel et la terre paraissaient obéir à César. Cicéron, après la défaite de Pharsale, s'était comme un autre, soumis au vainqueur; mais il ennoblit cette faiblesse en ne se mêlant des affaires publiques que pour adoucir le joug de la tyrannie. Sa voix éloquente se fit entendre avec courage en faveur des proscrits, et plus d'une fois il força le vainqueur du monde à se vaincre lui-même et à pardonner.

Caton s'était affranchi du despotisme par la mort; Cicéron s'en consola par l'étude, et ce fut dans ce temps de tyrannie qu'il composa la plupart de ses ouvrages philosophiques ; éclairant ainsi pour leur bonheur privé ses concitoyens, qu'il ne pouvait plus gouverner pour le bonheur public.

L'Espagne, que le ciel semble avoir destinée de tout temps à se voir la proie des étrangers, sans se laisser totalement subjuguer par eux, relevait alors le parti de Pompée. Les deux fils de ce grand homme, joignant les troupes qu'ils avaient rassemblées aux débris de Pharsale et aux restes de l'armée de Métellus, parvinrent à en former treize légions. César, instruit de leurs progrès, s'embarqua promptement pour les combattre. Ils évitèrent quelque temps avec soin d'en venir à une action générale; et l'habile expérience de Labiénus, qui leur servit de conseil, empêchant César de les forcer au combat, on ne s'occupa d'abord, des deux côtés, qu'à s'emparer de quelques villes; mais enfin, César menaçant par ses manœuvres les points dont la conservation était la plus importante pour leurs subsistances, ils se décidèrent à lui livrer bataille près de Munda.

Si l'on en croit Suétone et Florus, il n'y en eut jamais de plus sanglante et de plus disputée. César répétait souvent qu'ailleurs il s'était armé pour la victoire, et qu'à Munda il avait combattu pour défendre sa vie.

Les légions de Pompée, irritées de tant d'échecs, fatiguées de tant de courses, désespérées de se voir privées de leurs biens et de leur patrie, combattent avec une telle fureur, qu'après une longue résistance elles ébranlent les bandes aguerries de César, et les forcent à plier. En vain il rallie ses troupes, et, pour ranimer leur courage, se jette plusieurs fois dans la mêlée; après l'avoir dégagé du péril, ses soldats intimidés continuaient leur retraite. « Voulez-vous, compagnons, criait César, » voulez-vous livrer à des enfants votre général qui » a vieilli avec vous dans les combats ? » Sa voix faisait rougir les légionnaires de leur faiblesse; mais elle ne pouvait les décider à reprendre l'offensive, et la dixième légion seule, soutenant sa renommée, tenait intrépidement tête à l'ennemi. Dans ce moment César, qui avait ordonné à quelques escadrons numides d'insulter le camp de Pompée, s'aperçoit que Labiénus détache un corps de cavalerie pour l'envoyer à leur poursuite; il dit aussitôt d'une voix forte : « La victoire est à nous ! les ennemis pren- » nent la fuite! « Ce cri répand l'espérance dans une armée et le découragement dans l'autre; la dixième légion s'élance et se précipite sur les ennemis; les autres légions suivent son exemple, rien ne leur résiste; Labiénus périt, et l'armée de Pompée, après avoir perdu trente mille hommes, jette ses armes, se disperse et cherche son salut dans les montagnes.

Cnéius Pompée, voulant gagner la mer, et se trouvant coupé par la cavalerie ennemie, se retira dans une caverne, et y fut découvert par des soldats qui lui coupèrent la tête. Son frère Sextus échappa aux recherches de ceux qui le poursuivaient, rassembla quelques vaisseaux, et ne fit plus la guerre que comme pirate, jusqu'au moment où d'autres révolutions lui permirent de rassembler une armée.

Cette journée glorieuse termina la carrière militaire de César, pendant laquelle il avait combattu trois millions d'hommes, subjugué trois cents peuples, pris huit cents villes, et immolé à son ambition un million de guerriers.

A son retour, il mécontenta le peuple en recevant les honneurs du triomphe pour une victoire qui coûtait tant de sang romain.

Les sénateurs, soit par excès de flatterie, soit dans l'intention d'exciter la haine publique contre le dictateur, accumulèrent sur sa tête plus d'honneurs qu'aucun mortel n'en avait encore reçu. On lui décerna le nom de *Jupiter Julius*, le droit de porter la robe triomphale aux jours de fête, et en tout temps le privilége de ceindre son front d'une couronne de lauriers. Comme il était chauve, il reçut avec un plaisir presque puéril cet honneur, qui lui permettait de cacher sous des lauriers la nudité de sa tête. Le mois quintilis reçut le nom de Julius;

pour rappeler l'époque de la naissance de César.

Tandis que la trahison lui préparait des poignards, l'adulation lui élevait des temples. On lui rendait partout les honneurs divins ; il fut revêtu du commandement général de toutes les troupes, avec le pouvoir de faire à son gré la guerre ou la paix. On le déclara dictateur perpétuel, sous le titre d'*imperator*, consul pour dix ans, et père de la patrie ; enfin, ce qu'on aura autant de honte à dire que de peine à croire, le sénat délibéra sur un projet de loi dont l'objet était de livrer à sa disposition la pudeur de toutes les dames romaines.

De tous les honneurs offerts au dictateur, il ne refusa que le consulat décennal, parce qu'il n'ajoutait rien à son autorité, et qu'il lui enlevait les moyens de satisfaire à peu de frais la vanité de quelques grands personnages.

César, arrivé au terme de ses désirs, pouvait jouir en paix de sa puissance s'il avait pu lui-même y poser des bornes : mais quel ambitieux sut jamais s'arrêter ? Le maître du monde n'avait pas besoin du vain titre de roi ; aucune couronne ne brillait autant que ses lauriers. César eut la faiblesse d'ambitionner un nom odieux aux Romains : cette faute causa sa ruine.

Tous les projets de cet homme extraordinaire étaient vastes et sans bornes comme son génie ; il rebâtit Carthage et Corinthe ; il avait conçu le des-

M. BRUTUS.

sein de remplir Rome de monuments, d'y rassembler la plus magnifique bibliothèque du monde; il voulait rédiger un code civil, composer la statistique de l'empire, creuser à l'embouchure du Tibre un port pour les grands vaisseaux, dessécher les marais Pontins, joindre la mer Égée à celle d'Ionie en perçant l'isthme de Corinthe, venger la mort de Crassus, subjuguer les Parthes, pénétrer en Scythie, franchir le Borysthène, ouvrir une route au travers des forêts de la Germanie, dompter ses habitants, et revenir à Rome par les Gaules.

Enivré de gloire, égaré par les conseils d'Antoine, et probablement trompé par les sénateurs qui méditaient sa perte, il résolut de ceindre le diadème avant de partir pour la guerre des Parthes. Le sénat, toujours servile, fit placer sa statue parmi celles des rois de Rome; mais, par un sort étrange, on la posa près du buste de Brutus: c'était lui prédire son sort.

Tous ceux qui dans Rome aimaient encore en secret la liberté appelaient par leurs vœux un second Brutus; il parut. Ce Romain, destiné à rendre pour quelques instants, par un crime, la liberté à sa patrie, était le fils de Servilie, sœur de Caton; il se nommait Marcus Brutus; la passion de Servilie pour César faisait croire généralement que ce héros, qui devait être sa victime, lui avait donné le jour. Brutus, fidèle aux principes de Caton, suivit en Tessalie les drapeaux de Pompée. Le jour de Pharsale, César, au milieu du champ de bataille, montra une vive inquiétude sur le sort du jeune Brutus : il était pris ; on le lui amena. Ne se bornant pas à lui pardonner, il le combla de faveurs.

Brutus détestait la tyrannie, mais il aimait le tyran. Son ame était partagée entre un sentiment qu'il ne pouvait vaincre et un devoir qu'il regardait comme sacré.

De toutes parts des avis secrets l'excitaient à soutenir la gloire de son nom et à délivrer sa patrie. En quelque lieu qu'il portât ses pas, et jusque sur le tribunal où il siégeait comme préteur, il trouvait des billets où l'on avait tracé ces mots : « Tu dors, » Brutus! tu n'es pas un vrai Brutus. »

Jusque-là sa philosophie stoïque ne l'avait pas empêché d'acquérir à juste titre le renom du plus aimable, du plus doux, comme du plus vertueux des Romains; mais la passion de la liberté, les vœux du peuple et les conseils de ses amis, tous républicains ardents, l'entraînèrent dans la conjuration que Cassius et soixante de ses complices tramaient contre le dictateur.

On avertit César de s'en défier ; il dit : « Je con- » nais la vertu de Brutus; il attendra ma mort pour » ressusciter la liberté. » On lui avait aussi dénoncé Dolabella. « Je ne crains point, répondit-il, ces » hommes gras et vermeils : c'est plutôt ce Cassius,

» maigre, pâle et mélancolique, dont je me méfie. »

Cependant la superstition, qui mêle toujours ses fables aux vérités de l'histoire, raconte qu'alors plusieurs présages annoncèrent la chute du colosse qui pesait sur la terre. On vit errer des feux dans le ciel; la nuit, des fantômes parcoururent la ville : César ordonnant un sacrifice, on ne trouva point de cœur dans le corps de la victime. En démolissant le tombeau de Capys, le fondateur de Capoue, on trouva une inscription qui annonça qu'on verrait périr le chef de la famille des Jules, l'année où ce tombeau serait ouvert. Enfin un devin avertit César que le jour des ides de mars lui serait funeste.

César, peu crédule, méprisait les présages qui le menaçaient, et se servait de ceux qui lui étaient favorables. On devait, par ses ordres, publier un ancien oracle de la sibylle, qui déclarait que les Parthes ne seraient vaincus par les Romains que lorsque ceux-ci combattraient sous les ordres d'un roi.

Les tentatives des amis du dictateur pour le faire couronner par le peuple, échouèrent toutes, et n'eurent d'autre résultat que de lui prouver la haine invincible des Romains contre la royauté.

Antoine, à la fête des lupercales, ayant offert en courant un diadème à César, les murmures du peuple le contraignirent à le refuser. Ses partisans avaient placé des couronnes sur les têtes de ses statues; les tribuns du peuple Flavius et Marulus, vinrent audacieusement les arracher ; ce qui leur attira de grands applaudissements de la multitude.

Les courtisans de César, loin d'être découragés, se croyaient certains d'arriver à leur but par la servile complaisance du sénat. Cette compagnie, épouvantée et corrompue, devait, disait-on, se rassembler aux ides de mars pour décerner à César le titre de roi d'Afrique, d'Espagne, de Gaule, de Grèce et d'Asie, en ne lui laissant cependant en Italie que le nom de dictateur.

Les conjurés, informés de cette résolution, choisirent ce jour pour exécuter leur dessein. Porcie, fille de Caton, femme de Brutus, était digne par sa fermeté d'un tel père et d'un tel époux. Éclairée par son amour, elle avait deviné les projets de Brutus, et s'indignait de voir qu'il la crût trop faible pour lui confier le secret de son entreprise. Elle se fait elle-même une large blessure; et, après avoir résisté aux souffrances qu'elle en éprouvait, sans montrer la moindre émotion, elle entre la nuit chez son mari, et, lui découvrant sa plaie: « Regarde, » dit-elle, Brutus; juge si la fille de Caton mérite ta » confiance entière, et si elle est digne de partager » tes espérances et tes périls. Avant de te demander » ton secret, j'ai voulu savoir si j'étais capable de » vaincre la douleur. » Porcie fut la seule femme admise au nombre des conjurés.

Ces conspirateurs fameux étaient Cassius, qu'on pouvait regarder comme leur chef, quoiqu'il en laissât le titre à Brutus, plus considéré par son nom et par sa vertu; Servius Galba, ancien lieutenant de César; les deux Casca, Cimber, Minutius, partisans de Pompée; Décimus Brutus, Domitius Cinna, Cassius de Parme, et Pontius Aquila. Les autres ne sont pas connus.

La majorité du sénat, sans être dans la conspiration, ne se trouvait que trop disposée à désirer une révolution. César n'était point cruel; il avait pardonné à ses ennemis; plusieurs d'entre eux jouissaient de ses bienfaits; il venait même de relever les statues de Pompée, et par là, comme le dit noblement Cicéron, il avait affermi les siennes. Mais, s'il laissait chacun tranquille sur son existence et sur ses propriétés, il blessait sans ménagement l'amour-propre de tous.

L'orgueil est si irritable, qu'il ne reçoit pas de blessures légères; toutes lui semblent mortelles, et celui qui pardonnerait sa ruine totale veut se venger de la moindre offense.

César, se jouant des formes républicaines, faisait à son gré des sénatus-consultes, sur lesquels le sénat n'avait pas délibéré. Cicéron écrivit à Atticus que, pendant son absence, il voyait, du fond de sa retraite, publier des décrets rendus sur son rapport, dont il n'avait jamais entendu parler, et qu'il recevait à ce sujet des remercîments de rois et de princes dont avant il ignorait l'existence.

César étant assis un jour sur sa chaise curule dans le forum, tout le sénat vint le féliciter sur la dictature perpétuelle et sur d'autres nouveaux honneurs qu'on venait de lui décerner. Il ne daigna pas se lever; ce qui excita une vive indignation, quoiqu'il voulût après donner pour excuse l'état de souffrance où il se trouvait.

Les esprits s'aigrissaient chaque jour, et la haine continuait à cacher son poignard sous le voile de la flatterie. Enfin, les conjurés, s'étant rassemblés la nuit chez Brutus, décidèrent qu'ils immoleraient le dictateur le jour des ides, dans le portique de Pompée, où le sénat devait s'assembler.

Plus l'instant fatal approchait, plus César semblait mépriser les conseils que lui donnaient la prudence et l'amitié. Exerçant un pouvoir usurpé sur une république jalouse de ses droits, au milieu des amis de Pompée, qu'il avait vaincus, il ne voulait point de gardes autour de lui : « Il vaut mieux, » disait-il, mourir une fois que de vivre dans de » continuelles alarmes. » Et comme on cherchait encore à réveiller ses soupçons contre Brutus : « Je » le connais, dit-il; un assassinat semblerait à sa » vertu une victoire trop facile. »

La veille des ides, comme il soupait chez Lépidus, l'entretien tomba sur le genre de mort qu'on

devait préférer; il répondit : « La plus prompte et
» la moins prévue. »

Cependant, le jour qui devait terminer sa destinée étant arrivé, sa femme Calpurnie, troublée par un songe dans lequel elle avait cru le voir assassiné entre ses bras, se jette à ses pieds, et le conjure de ne pas sortir de sa maison, dans un moment que tant de présages devaient lui faire regarder comme funeste.

La grande ame de César, touchée par les craintes de l'amour, fut un moment ébranlée. Cédant aux larmes de Calpurnie, il se décide à contremander l'assemblée du sénat. Un des conjurés, Décimus Brutus, qui entrait alors chez lui, prévoyant que ce délai pouvait renverser tous leurs desseins, lui représenta vivement l'injure qu'il ferait au sénat en refusant d'y venir, lorsqu'il l'attendait pour le couronner, et la tache dont il couvrirait sa gloire, si un songe de Calpurnie le décidait à faire une telle insulte au premier corps de l'état. César sortit, et la fortune sembla vouloir encore, sur sa route, le détourner du précipice où il allait tomber.

Ayant rencontré l'augure Spurina, qui lui avait annoncé son malheur : « Tu le vois, lui dit-il, voilà
» cependant les ides de mars venues. » « Oui, ré-
» pondit le devin, mais elles ne sont pas encore
» passées. »

Un esclave voulait l'avertir du péril qui le menaçait; il ne put percer la foule dont il était environné.

Arthémidore, philosophe grec, lié avec les principaux conjurés, avait pénétré leur secret; se mêlant au grand nombre de ceux qui présentaient des placets à César, il lui remit un mémoire qui contenait tous les détails de la conjuration, et lui dit : « Lisez promptement; ceci est pour vous d'un in- » térêt urgent. » César, obsédé, n'eut pas le temps de lire cet écrit, qu'il tenait encore lorsqu'il entra dans le sénat.

Les conspirateurs, qui l'y attendaient, cachaient sous un calme profond les mouvements divers dont ils étaient agités. L'œil le plus pénétrant n'aurait pu deviner à leur maintien le coup terrible qu'ils méditaient. Ils s'occupaient avec une étonnante liberté d'esprit de la discussion des affaires publiques; et l'un des sénateurs opposant à une opinion de Marcus Brutus la recommandation de César : « César lui-même, répondit le préteur, ne pourrait » m'empêcher de faire exécuter les lois. »

Dès qu'on vit paraître le dictateur, la plupart des conjurés, comme ils en étaient convenus, allèrent au devant de lui, et l'accompagnèrent jusqu'à sa chaise curule, tandis que d'autres éloignaient de lui Antoine, son ami et son collègue au consulat, en prétextant la nécessité de lui parler d'une affaire importante.

Pendant que César s'avançait, un sénateur, Popilius Léna, qu'on savait instruit de la conjuration, s'approche de lui, et lui parle quelque temps à l'oreille : une consternation soudaine saisit alors tous les conjurés, qui, se croyant trahis, portent déjà la main sur leurs poignards, décidés à se tuer pour éviter le supplice : Brutus seul, jugeant au maintien de Popilius qu'il était plutôt suppliant qu'accusateur, rassure d'un coup d'œil ses complices.

Dès que César est assis, Cimber se jette à ses pieds, lui demandant le rappel de son frère qu'il avait exilé. Les autres conjurés entourent César pour appuyer cette demande : le dictateur refuse ; trop pressé par leurs instances, il veut se lever ; Cimber le retient par sa robe. C'était le signal convenu. César s'écrie : « Ce ne sont plus des prières, » c'est de la violence ! » Casca, placé derrière son siége, le frappe à l'épaule, mais faiblement ; car la crainte d'un coup si hardi rendait sa main tremblante et son poignard incertain. « Misérable ! que » fais-tu ? » dit César en se retournant ; en même temps il perce le bras de Casca avec un poinçon qu'il tenait dans la main. Casca appelle son frère à son secours ; tous les conspirateurs tirent leurs poignards ; César s'élance sur eux ; il écarte les uns, renverse les autres, et reçoit enfin un coup de poignard dans la poitrine. Le sang qu'il perd, les glaives qu'on présente à ses yeux n'effraient pas son courage; il se défend de tous côtés quoique sans armes, comme un lion furieux et blessé; mais, au moment où il aperçoit Brutus qui lui enfonce son poignard dans le flanc, il prononce en gémissant ces mots : « Et toi, Brutus, aussi! » Alors il cesse toute résistance, s'enveloppe la tête, baisse sa robe pour mourir encore avec décence, reçoit sans se plaindre tous les coups qu'on lui porte, et, par un sort étrange, tombe et meurt au pied de la statue de Pompée[1].

Tandis que les conspirateurs immolaient à leur ressentiment, à leur ambition, ou à la liberté, cette grande victime, tout le sénat, saisi d'horreur, restait immobile et en silence, n'osant ni seconder les conjurés ni défendre le dictateur. Il leur était également impossible de parler ou de fuir; mais, lorsque César eut rendu le dernier soupir, et que Brutus, élevant son poignard ensanglanté, adressa la parole à Cicéron, et voulut haranguer le sénat, chacun des sénateurs, craignant d'approuver ou de condamner une telle action, sortit précipitamment de l'assemblée.

Antoine, Lépidus et les amis de César, glacés de crainte, se dépouillèrent des marques de leurs dignités, et cherchèrent précipitamment une retraite qui pût les dérober à la mort.

[1] An de Rome 709. — Avant Jésus-Christ 43.

Les conjurés, suivis de quelques citoyens et d'un grand nombre de gladiateurs, se rendirent au Capitole et s'y fortifièrent. La nouvelle de ce meurtre, circulant rapidement dans la ville, y répandit la terreur. Les boutiques furent à l'instant fermées; le Forum resta vide; chaque citoyen, saisi d'effroi, s'enferma dans ses foyers; et le corps de César, isolé au milieu de la capitale du monde, qui semblait alors déserte, fut porté par trois esclaves dans la maison de l'infortunée Calpurnie.

César mourut à cinquante-six ans. Jusqu'à quarante-deux, il n'était pas sorti du rang des citoyens, et cependant son génie faisait déjà prévoir et craindre sa domination.

En quatorze ans il fit la conquête du monde; jamais aucun homme ne le surpassa en talents, en ambition, en fortune. Nul général ne sut inspirer plus de dévouement à ses soldats : on les voyait aussi passionnés pour lui que leurs aïeux l'étaient autrefois pour la république. Il les enflammait d'un courage invincible.

Un de ses lieutenants, Acilius, abordant un vaisseau ennemi, vit sa main droite coupée; il continua de combattre, renversant avec son bouclier les ennemis qui l'entouraient; il s'élança sur leur navire et s'en empara.

Près de Dyrrachium, Cassius Séva, ayant l'œil crevé, l'épaule et la cuisse percées, et son bouclier hérissé de trente flèches, appela d'une voix forte les ennemis; ils crurent qu'il voulait se rendre, et accoururent: Cassius, un genou en terre, sabra, perça tous ceux qui l'approchèrent; le reste prit la fuite, le laissant vainqueur et entouré de victimes.

Pétronius se trouvait un jour enveloppé, il fut pris par Scipion qui lui offrit la vie. « Les soldats » de César, répondit Pétronius, la donnent, mais ne la reçoivent pas. » Et il se tua.

Avant la guerre civile, au moment où Pompée, Scipion et Caton excitaient le sénat à refuser au conquérant de la Gaule la prolongation de son gouvernement, l'officier chargé de ses dépêches, frappant de sa main la poignée de son épée, dit fièrement au sénat : « Si vous refusez à César le » commandement qu'il veut et qu'il mérite, ce » glaive le lui donnera. »

La nature avait aussi bien traité César que la fortune. Sa taille était élevée, son teint d'une blancheur éclatante, sa tête ovale, son visage plein et coloré, ses yeux noirs et vifs, son corps élancé. Sa constitution robuste ne fut altérée que par quelques attaques d'épilepsie. Son maintien était doux et fier, sa voix sonore; une grace noble brillait dans tous ses mouvements : quoiqu'il fût aussi dur, aussi infatigable dans les travaux qu'intrépide dans le péril, personne ne s'occupa jamais avec plus de soin de sa figure et de ses plaisirs. Il aimait à plaire comme à commander : on lui voyait toujours des habits somptueux, des étoffes fines, des franges magnifiques. Il ajoutait à sa parure les plus belles perles et les pierres les plus précieuses. On admirait dans son palais un grand nombre de statues et de tableaux des plus grands maîtres.

Dans les forêts de la Germanie, comme au milieu des sables de l'Afrique, on remarquait dans sa tente un parquet brillant et des carreaux moelleux. L'ordre le plus régulier et même le plus minutieux régnait dans sa maison. Il mit aux fers son panetier pour avoir servi à ses convives un pain différent du sien.

Sa ceinture flottante, qu'il ne serra jamais, annonçait dès sa jeunesse l'excessif relâchement de ses mœurs. Dominé par les passions de la déesse dont il prétendait descendre, il enleva Posthumia à Sulpicius, Lollia à Gabinius, Tertullia à Crassus, Mutia à Pompée, qui l'appelait l'Égysthe de sa maison.

La femme qu'il aima le plus ardemment fut Servilie, sœur de Caton et mère de Marcus Brutus; il lui fit présent d'une perle estimée six millions. Il s'enflamma aussi pour Eunoé, reine de Mauritanie, et languit quelque temps dans les chaînes de la trop fameuse Cléopâtre.

Ses soldats le raillaient librement sur ses mœurs :

ils chantaient autour de son char de triomphe :
« Romains, cachez vos femmes ! nous vous amenons
» ce chauve voluptueux qui a conquis toutes les
» dames gauloises avec l'or enlevé à leurs maris. »

Sans frein dans ses amours, il ne connut point les excès de la table. Caton disait de lui qu'il était le premier homme tempérant et sobre qui eût voulu renverser une république.

César savait que l'or est aussi nécessaire que le fer pour conquérir le monde ; aussi, loin d'imiter la retenue des Fabricius, des Paul Émile et des Scipions, qui ne combattaient que pour la liberté, il amassa d'immenses richesses par ses brigandages, surpassa en rapines tous les proconsuls de son temps, tira six mille talents de Ptolémée, pilla toutes les villes, dépouilla tous les temples, enleva trois milles livres d'or au Capitole, et vendit sans pudeur plusieurs royaumes.

Né pour primer dans tous les genres, il dominait ses rivaux par la parole, comme il les terrassait par ses armes ; et Cicéron, vantant la noblesse, l'élégance et l'harmonie de son style, à la fois simple, fin, orné, fécond, écrivait à ses amis que personne ne pouvait disputer à César la palme de l'éloquence. « Ses *Commentaires*, ajoutait-il, méritent le suf-
» frage des hommes de goût. Sa manière d'écrire
» les porte à brûler leurs plumes. Ces mémoires
» sont simples, pleins de sens et de grace ; ils sont

» à demi nus, et, pour tout ornement, semblent
» avoir un vêtement tombé. »

César composa dans sa jeunesse un éloge d'Hercule, une tragédie d'*OEdipe* et un recueil de maximes, ouvrages dont Auguste défendit la publication, parce qu'il les trouvait trop incorrects; mais il laissa deux livres sur l'analogie et un poème intitulé *le Voyage*, qu'il avait composé pendant les vingt-quatre jours que dura la guerre d'Espagne.

Cicéron eut le courage de publier, pendant sa dictature, l'éloge de Caton : César y répondit par deux livres appelés *Anti-Caton;* et, combattant avec urbanité le premier orateur de Rome, il l'éleva dans sa réponse au-dessus de Périclès.

Il ne supportait pas la résistance, mais il souffrait la raillerie. Lorsqu'il changea le calendrier, et que son ordonnance sembla régler la marche des astres, on dit devant Cicéron : « Demain l'étoile de
» la lyre se lèvera. » « Oui, répondit celui-ci, elle se
» lèvera pour obéir à l'édit de César. »

César sollicita le consulat pour Calvus, qui avait fait contre lui des épigrammes; et il accorda dans son palais un logement au père du poète Catulle, qui l'avait diffamé dans une satire.

Un sénateur, se moquant de ses mœurs aussi efféminées que son courage était viril, lui dit qu'il ne serait pas facile à une femme de tyranniser des hommes. « Rappelez-vous, répondit César, que Sé-

» miramis a subjugué l'Orient, et que les Amazones
» ont conquis l'Asie. » Cependant cet homme, que
l'on comparait à une femme, maniait les armes
avec plus d'adresse que tous les soldats romains,
domptait les chevaux les plus fougueux, marchait
tête nue au soleil et à la gelée, faisait cinquante
lieues par jour, sur un cheval ou sur un chariot,
et traversait à la nage les fleuves les plus rapides.

Son esprit était prompt comme son épée, il dictait à la fois à plusieurs secrétaires et en des langues différentes; il inventa les chiffres pour garder les secrets de la politique. Il composait à cheval des poèmes, écrivait des dépêches sur son char, rédigeait ses Commentaires dans sa tente, et méditait des lois en combattant.

Cruel pour effrayer, il se montra clément pour rassurer; il accorda la vie à Domitius, son ennemi, qui devait le remplacer dans le commandement des Gaules. Respectant la reconnaissance pour l'inspirer, il permit à plusieurs de ses officiers de rejoindre Pompée dont ils avaient reçu des bienfaits.

Au commencement de la guerre civile, Pompée avait déclaré qu'il traiterait en ennemis tous ceux qui n'embrasseraient pas sa cause; César, plus habile, proclama qu'il regarderait comme amis tous ceux qui resteraient neutres, et se donna ainsi les incertains et les timides, qui formeront éternellement la majorité du monde.

Politique profond, orateur éloquent, historien véridique, soldat intrépide, administrateur éclairé, vainqueur généreux, porté par la fortune et couronné par la gloire, César, qu'on se borne trop souvent à ne vanter que comme le premier des généraux et comme le plus célèbre des conquérants, fut un homme universel. Son génie était vaste comme le monde qu'il dominait; mais de même qu'en admirant les pyramides d'Égypte, on s'étonne de voir que ces masses, victorieuses du temps, aient coûté tant de sang et d'or sans aucune utilité pour le genre humain, de même on regrette, en contemplant César, dont le nom a traversé les siècles, que sa grandeur colossale, funeste aux hommes et fondée sur les débris de la liberté, n'ait pas eu pour base la vertu.

CHAPITRE X.

Consternation dans Rome après la mort de César. — Retraite des conjurés au Capitole. — Dissimulation d'Antoine. — Partage des gouvernements entre les conjurés. — Exposition du corps de César. — Lecture de son testament. — Discours d'Antoine. — Exaspération du peuple à la vue du corps de César. — Politique habile d'Antoine. — Faction d'Amatius. — Usurpation d'Antoine. — Arrivée d'Octave à Rome. — Sa brillante réception. — Entrevue d'Octave et d'Antoine. — Discours d'Octave à Antoine. — Réponse d'Antoine. — Dissension entre Octave et Antoine. — Élection de consuls. — Politique d'Octave à l'égard de Cicéron. — Décret du sénat contre Antoine. — Philippiques de Cicéron. — Guerre civile entre Octave et Antoine. — Victoire d'Antoine. — Le consulat est refusé à Octave. — Réconciliation d'Octave, d'Antoine et de Lépidus. — Discours d'Octave à ses soldats. — Le consulat lui est refusé. — Marche d'Octave sur Rome. — Son entrée dans Rome.

On avait abattu le tyran, mais non la tyrannie. Il était plus facile, au milieu d'une nation corrompue, de tuer un usurpateur que de ressusciter la liberté.

L'assassinat commis par Brutus et par ses complices est condamné par les principes de la justice. A la vérité ce meurtre pouvait se justifier à Rome par les lois de la république; non-seulement elles permettaient, mais elles ordonnaient même de tuer tout homme qui voudrait s'emparer du pouvoir suprême; et, dans d'autres temps, une telle action, quoique contraire à la morale, eût été généralement approuvée par les Romains. Mais les mœurs étaient changées; les grands, trop riches et trop puissants, ne pouvaient plus supporter la liberté, dont l'égalité politique est la base inséparable, et le peuple préférait un seul maître à tant de tyrans, rivaux de pouvoir et insatiables de richesses. Aussi l'effet que produisit la mort de César, loin d'être le réveil des sentiments républicains, fut d'abord une consternation générale.

La plupart des sénateurs, qui n'étaient pas dans le secret de la conjuration, tremblèrent pour leurs jours, ignorant s'ils ne périraient pas eux-mêmes sous les poignards qui venaient de frapper le dictateur. Les plus effrayés furent ses amis, qui ne doutaient pas que la proscription ne s'étendît sur eux. L'armée partout entend mieux l'idée de la gloire que celle de la liberté. Elle voyait avec indignation le meurtre d'un général qui l'avait conduite si souvent à la victoire, et qui lui promettait en Asie de nouveaux triomphes ainsi que de nouvelles récompenses. Une grande partie du peuple regrettait César, qui n'avait marché au pouvoir que par la popularité. Il le regardait comme son protecteur contre l'orgueil des patriciens. Les anciens partisans de Pompée, Cicéron et quelques vrais amis de la république voyaient avec un plaisir secret le succès de la conjuration. Leur joie, qu'ils dissimulaient, était seulement troublée par une vive inquiétude. Ils craignaient avec raison l'ambition d'Antoine, alors consul, le mécontentement du peuple et les vengeances de l'armée.

Cependant si les conspirateurs, profitant de l'étonnement causé par un coup si hardi, avaient, dans les premiers moments, tué Antoine qui était à leur merci, jeté le corps de César dans le Tibre, effrayé le sénat, et cassé tous les actes du dictateur, on aurait vu probablement la multitude les applaudir, suivre leurs mouvements, et se soumettre; car le vulgaire admire d'abord ce qui l'effraie, et croit voir la justice où il trouve la force.

Les conjurés, étonnés eux-mêmes de la stupeur générale, perdirent tout en perdant du temps. Leur retraite au Capitole, en prouvant leur crainte, rassura les amis de César.

Lépidus, qui commandait près de Rome une légion, la conduisit au Champ-de-Mars pour y attendre les ordres du consul Antoine [1]. La présence de ces troupes intimida les conspirateurs. Dès ce moment, perdant leur audace, ils commencèrent à négocier, et envoyèrent des députés au

---

[1] An de Rome 710. — Avant Jésus-Christ 42.

consul, pour lui représenter, ainsi qu'à Lépidus, que leurs bras étaient armés, non par haine personnelle contre César et contre ses amis, mais par amour pour la patrie; que Rome, trop épuisée par tant de guerres civiles, serait anéantie s'il s'en rallumait une nouvelle, et qu'ils croyaient Antoine et Lépidus assez généreux pour sacrifier leurs ressentiments particuliers à la cause commune et au bien public.

Quoique Antoine fût déterminé à venger César, et surtout à lui succéder s'il le pouvait, il réfléchissait aux forces considérables que commandait Décimus Brutus, un des conjurés, alors gouverneur des Gaules; qui pouvait fondre sur lui avec une armée.

Il redoutait encore la puissance du jeune Pompée, qui commençait à dominer sur les mers, et que soutenaient les nombreux partisans de son père. Ces craintes le décidèrent à dissimuler ses projets, sa haine, et il se montra disposé à traiter pour gagner du temps. Dans sa réponse aux députés, il les assura que, malgré ses serments qui l'engageaient à punir les meurtriers de César, et malgré son horreur pour le parjure, il immolerait son juste courroux aux intérêts de la république, et que, loin d'employer la force pour gêner la délibération du sénat, il laisserait à cet auguste corps toute son autorité.

Conformément à cette résolution, le sénat fut convoqué. Jamais question plus importante n'avait été soumise à sa décision. La délibération fut longue, vive et tumultueuse. Les uns voulaient qu'on déclarât César tyran, qu'on diffamât sa mémoire, et qu'on décernât des éloges aux libérateurs de la patrie. Les autres, regardant l'assassinat d'un dictateur et le meurtre du premier magistrat de la république comme un crime, demandaient que les conjurés, déclarés coupables, ne pussent échapper au supplice que par une amnistie.

La majorité des sénateurs, se montrait disposée à soutenir la liberté et à favoriser les hommes intrépides qui venaient de les affranchir de la domination d'un maître; mais Antoine sut avec adresse opposer leurs intérêts à leurs sentiments : il prouva qu'on ne pouvait condamner la mémoire de César sans annuler tous ses actes; ce qui renverserait la fortune des personnages les plus distingués de la république, et produirait une subversion totale, en enlevant à une foule de citoyens les dignités, les gouvernements, les grades et les propriétés qu'ils devaient aux libéralités et à la bienveillance du dictateur.

Aux yeux de beaucoup de sénateurs des deux partis, cette observation changea la question de face. Au moment des périls, dans toute grande assemblée, et surtout lorsque les devoirs et les intérêts se combattent, on aime à transiger ; tout avis mitoyen a l'avantage, et la vertu capitule avec la cupidité.

Le sénat, sous le prétexte spécieux de la paix publique, donna un acte d'abolition aux meurtriers, et ratifia tous les actes du dictateur. C'était à la fois déclarer César tyran, puisqu'on ne poursuivait pas ses assassins, et le reconnaître comme magistrat légitime, puisque l'on confirmait ses ordonnances.

Conformément aux dispositions du dictateur, dans le partage des gouvernements, les provinces les plus importantes échurent aux chefs des conjurés. Marcus Brutus eut la Macédoine et l'Illyrie ; Cassius, la Syrie ; Trébonius, l'Asie-Mineure ; Cimber, la Bithynie ; Décimus-Brutus, la Gaule cisalpine.

Cette transaction, ouvrage de la faiblesse et de la fausseté, couvrait momentanément le feu sans l'éteindre. Antoine, affectant une modération opposée à son caractère, consentit à voir Brutus et Cassius, et ils soupèrent même ensemble. Moins le sénat croyait à la sincérité du consul, plus il lui prodiguait, par crainte, d'éloges exagérés.

Le jour suivant Antoine annonça qu'il voulait célébrer les funérailles et prononcer l'éloge du dictateur. Pison, beau-père de César, proposa de faire l'ouverture de son testament : en vain les sénateurs les plus sages voulurent s'opposer à ces solennités, qui devaient réveiller les querelles et agiter la multitude. Antoine et Pison répondirent qu'après avoir ratifié tous les actes de César, il était impossible de lui contester la disposition de ses biens, et que la religion, qui défendait de priver des honneurs de la sépulture le citoyen le plus obscur, ne permettait pas de les refuser à un souverain pontife. Le sénat se vit obligé de céder à cet argument sans réplique.

Antoine, habile à profiter de la circonstance pour satisfaire sa haine et pour enflammer les passions du peuple, fit placer dans le Forum, au milieu de la tribune aux harangues, décorée comme un temple, et sur un lit de parade, le corps de César. Cet appareil solennel et lugubre avait attiré un immense concours de citoyens. Pison lut d'abord le testament du dictateur; par cet acte César adoptait Caïus Octavius, petit-fils de sa sœur Julie, le déclarait héritier de la plus grande partie de ses biens, nommait pour ses tuteurs plusieurs des conjurés, leur substituait, en cas de mort, Décimus Brutus; donnait au peuple ses jardins au-delà du Tibre, et faisait un legs à chaque citoyen.

La vue des restes de ce grand homme, sa popularité qui lui survivait, ses largesses pour ses concitoyens, excitaient à la fois la reconnaissance de la multitude et son indignation contre les conjurés.

Le consul Antoine, saisissant ce moment pro-

LA MORT DE CESAR.

pice à ses desseins, monte à la tribune, fait un récit brillant, rapide, animé, des grandes actions de César, rappelle tous les honneurs que lui avait décernés la reconnaissance publique, les actes du sénat et du peuple qui légitimaient son pouvoir, et le décret qui rendait sa personne inviolable et sacrée; enfin, ayant lu le sénatus-consulte : « Le voilà,
» s'écria-t-il, l'immortel monument élevé à sa
» clémence ! Ce décret ordonnait de respecter
» non-seulement sa personne, mais tous ceux qui
» venaient chercher un asile près de lui; et cet
» homme sacré, dont la protection était aussi invio-
» lable que celle des temples de nos dieux, c'est
» lui qu'on vient d'assassiner ! on lui a fait un crime
» de ces honneurs qu'il méritait, qu'il ne deman-
» dait pas, et que nous lui avons décernés. Ainsi
» l'on nous accuse tous de lâcheté, de servitude,
» pour les lui avoir accordés ! Mais vous, Romains,
» vous nous justifiez de ce reproche par les der-
» niers honneurs dont vous comblez aujourd'hui
» sa mémoire ! Vous tous, ainsi que nous, vous
» vous étiez obligés à défendre César, et, par votre
» serment, vous avez dévoué aux dieux infernaux
» tous ceux qui ne voleraient pas à son secours.

» Pour moi, dit-il alors en élevant la voix, et en
» étendant les mains vers le Capitole, pour moi,
» Jupiter ! protecteur de Rome, je renouvelle ma
» promesse; je suis prêt à venger César, à remplir

» mes serments, à me montrer fidèle aux exécra-
» tions que j'ai prononcées; mais puisque enfin ceux
» qui sont les arbitres du destin de Rome ont pen-
» sé que le bien public réclamait d'autres mesures,
» il ne me reste plus qu'à faire des vœux pour leur
» succès. »

A ces mots il s'éleva un grand tumulte parmi les sénateurs, qui se crurent attaqués par le consul. Antoine, pour les calmer, modérant ses expressions et sa voix, poursuivit ainsi :

« On a décidé, citoyens, que cet événement dé-
» plorable serait attribué non au crime de quelques
» hommes, mais aux inspirations de quelque fu-
» neste génie : fermons donc nos yeux sur le passé,
» ne nous occupons que de l'avenir; et tous, réunis
» par l'amour de la patrie, évitons avec soin le plus
» grand des périls, celui de replonger la république
» dans les malheurs de la guerre civile; craignons
» d'exposer au feu des séditions ce qu'elle conserve
» de bons citoyens, et accompagnons les restes de
» ce héros jusqu'à la tombe, en célébrant sa mé-
» moire par des hymnes funèbres. »

Relevant alors sa robe pour donner plus de liberté à ses gestes, il s'approche du lit de César, s'incline sur son corps, chante avec enthousiasme ses louanges comme celles d'un dieu, redit ses paroles, ses batailles, ses victoires, les provinces qu'il a conquises, les dépouilles dont il a enrichi le trésor.

« Oui, s'écria-t-il, c'est toi, César, c'est toi seul
» qui as vengé la patrie de trois cents ans d'outra-
» ges, en subjuguant les Gaulois, cette féroce na-
» tion, la seule qui ait jamais pénétré dans les
» murs de Rome, la seule qui y ait porté le fer et la
» flamme. »

Puis tout à coup, quittant le ton pompeux de l'apothéose, et prenant l'accent lugubre de la douleur, il éclate en sanglots, il répand des larmes sur le sort d'un ami barbarement immolé. Découvrant alors le corps de cette illustre victime, il élève, il agite en l'air sa robe sanglante, déchirée par les vingt-trois coups de poignard qu'il avait reçus. A ce spectacle le peuple, partageant les transports d'Antoine, fait retentir l'air de ses cris et de ses gémissements; on se presse autour de la tribune, on entonne les hymnes funéraires; mais, au moment où le pontife, paraissant faire parler César, chante ces paroles : « Devais-je sauver ceux-là mê-
» me qui se préparaient à me donner la mort de
» leurs propres mains ? » le peuple furieux éclate en imprécations contre Brutus et contre les autres conjurés qui, vaincus et pris à Pharsale, avaient éprouvé la clémence, reçu les bienfaits de César, et qui venaient de l'assassiner.

Antoine, pour enflammer davantage les ressentiments de la multitude, présente à ses regards une effigie en cire de César, sur laquelle on voyait ses vingt-trois blessures et les coups qui avaient défiguré son visage. Le peuple, à cette vue, s'abandonne à sa fureur; les uns courent au palais où il avait reçu la mort, et livrent cet édifice aux flammes; d'autres attaquent les maisons des conjurés que défendent avec courage leurs clients armés. Helvius Cinna, étranger à la conjuration, est déchiré en pièces par la multitude égarée, qui le prend pour le préteur Cornélius Cinna, qu'on accusait d'avoir foulé aux pieds la toge qu'il tenait de la munificence du dictateur. Beaucoup de citoyens et de soldats amassent les planches des boutiques, les poutres des maisons, les bancs des tribunaux, en forment à la hâte un bûcher, brûlent le corps du dictateur, et jettent dans les flammes ce qu'ils ont de plus précieux; les soldats leurs javelots, les officiers leurs couronnes militaires, les magistrats les marques de leurs dignités, les dames leurs ornements; chacun voulant offrir un sacrifice à l'objet de leur culte et de leurs regrets.

Peu de temps après, une comète étant apparue dans les cieux, on persuada au peuple que ce nouvel astre était l'ame de César admise au nombre des divinités, et on lui éleva un temple dans le même lieu où la douleur publique lui avait déjà rendu sur son bûcher les honneurs divins.

La conduite d'Antoine et ses discours artificieux, qui excitaient dans le peuple une si grande fermentation, irritèrent les conjurés. Certains que le consul n'enflammait la multitude que dans le dessein de les faire périr, et que l'on ne pouvait plus compter sur les serments d'un tel homme, ils se retirèrent dans leurs gouvernements, et s'assurèrent l'appui des légions placées dans leurs provinces. Les rois et les villes d'Orient s'empressèrent de leur offrir de puissants secours. Les hommes les plus fermes se montrent toujours les plus modérés au commencement des troubles civils; Brutus et Cassius, que leur titre de préteurs empêchait de sortir d'Italie, loin d'enfreindre les lois, se bornèrent pour leur sûreté à s'éloigner de Rome; ils ne prirent point les armes, et déclarèrent même formellement qu'ils consentiraient à terminer leurs jours dans l'exil, pourvu que les partisans de César respectassent la liberté publique.

Le sénat, dont le but n'était alors que la conservation de la république, favorisait les meurtriers de César, et ne dissimulait point le mécontentement que lui causaient les démarches du consul. Antoine, redoutant sa haine, et voyant qu'il avait dévoilé trop promptement son ambition, résolut de réparer en apparence ses torts, et de calmer les esprits pour gagner du temps. Ayant convoqué le sénat dans le temple de Tellus, il apaisa tous les ressentiments par un discours adroit; attribuant la mort de César aux dieux jaloux de la république, il ne parla que de la nécessité de réunir les partis, et de prévenir les calamités d'une guerre civile. Il proposa encore, pour consolider la paix, de rappeler d'exil Sextus Pompéius, fils du grand Pompée, de l'indemniser des biens qu'il avait perdus, et de lui donner, comme à son père, le commandement des flottes de la république. Enfin, après avoir fait décider qu'on ne publierait dorénavant aucun des actes trouvés dans les archives de César, il parut presque se ranger au nombre des ennemis de ce dictateur, en provoquant un sénatus-consulte qui abolissait pour toujours la dictature.

Ce changement était trop prompt pour qu'on dût le croire sincère; et, plus ces démonstrations de zèle pour la république paraissaient exagérées, plus elles auraient dû inspirer de méfiance; mais le sort de la vertu est d'être presque toujours dupe du vice. Les amis de la liberté tombèrent dans le piége qu'Antoine leur avait tendu; et, soit qu'ils se persuadassent que le consul voulait franchement la paix, soit qu'ils crussent que la force du parti républicain l'intimidait, ils lui rendirent momentanément leur confiance, et Cicéron lui-même le combla d'éloges.

A cette même époque, un imposteur nommé Amatius, qui se disait fils de Marius et allié de César, prétendait venger la mort du dictateur,

M. ANTOINE.

PUBLIE PAR FURNE, À PARIS.

soulevait une partie de la multitude, se montrait à la tête d'une troupe de factieux armés, et voulait forcer les magistrats à faire des sacrifices aux mânes de César. Antoine dispersa les séditieux, en envoya plusieurs au supplice, et, sans forme de procès, fit poignarder leur chef.

Quoique ces exécutions fussent illégales, le sénat s'abstint de les condamner, parce qu'elles semblaient confirmer la sincérité du consul, et garantir la sûreté des meurtriers de César. Le peuple, au contraire, reprochait vivement à Antoine son inconstance et son ingratitude.

Le consul, feignant de craindre le ressentiment populaire, représenta au sénat le danger qu'il courait en le servant. Il obtint une garde pour sa sûreté. Dès qu'on la lui eut accordée, suivant la marche de tous les usurpateurs, il la grossit et la composa des officiers et des soldats qui avaient servi sous lui dans l'armée de César, et qui se montraient les plus animés pour venger la mort de leur général. Il en réunit près de six mille, s'assura par leur moyen des autres vétérans, et se mit ainsi en état de rassembler en peu de temps une armée, lorsque les circonstances l'exigeraient.

Le sénat consterné reconnut son erreur, et sentit qu'il n'avait fait que changer de maître. Antoine, publiant chaque jour des décrets supposés de César, dont il gardait les actes, laissait un libre cours à ses passions, disposait à son gré de l'argent du trésor, des propriétés publiques, trafiquait des emplois, vendait aux princes étrangers les faveurs du sénat, satisfaisait l'avidité des compagnons de ses débauches, et accumulait pour lui-même d'immenses richesses. Au mépris des décrets du sénat, que lui-même avait fait rendre, et cessant de se déguiser, il força les sénateurs à lui donner la Macédoine, à investir Dolabella du gouvernement de la Syrie, et à n'accorder en dédommagement aux deux préteurs, Brutus et Cassius, qu'il en dépouillait, que l'île de Crête et la Cyrénaïque. Enfin, sans oser prendre le titre de dictateur ou celui de roi, il régnait dans Rome avec un empire absolu, et se croyait arrivé au terme de ses désirs, lorsqu'un jeune ambitieux, âgé de dix-huit ans, vint changer sa fortune, ébranler son crédit et renverser sa puissance.

Octave, fils du sénateur Caïus Octavius, et d'Attia, fille de Julie, sœur de César, parut inopinément dans Rome, et réclama les droits que lui donnaient le testament et l'adoption de son grand oncle le dictateur. César l'avait nommé maître de la cavalerie; mais, trop jeune encore pour exercer cette charge, il était resté en Épire, dans la ville d'Apollonie, afin d'y achever ses études. Ce fut là qu'il apprit la mort du dictateur, victime des ingrats qui devaient leur vie et leur fortune à sa clémence et à ses bienfaits. Il ignorait encore si ce crime était l'ouvrage de quelques conspirateurs ou celui du sénat tout entier. Bientôt sa mère lui écrivit que soixante sénateurs seulement étaient à la vérité entrés dans cette conspiration, mais que les autres la favorisaient secrètement, et regardaient les assassins de César comme les restaurateurs de la liberté publique; qu'Antoine et Lépidus songeaient plus à lui succéder qu'à le venger, et que la ville se trouvait en proie à l'animosité des partis. Le jeune héritier du dictateur, loin de soutenir ses prétentions et de faire éclater ses ressentiments, ne pouvait espérer de sûreté que dans l'éloignement et dans l'obscurité. Plusieurs de ses amis, plus timides, lui conseillèrent même de renoncer à l'héritage de César et à son adoption.

Le jeune Octave, indigné d'une lâcheté qu'on voulait en vain colorer à ses yeux du nom de prudence, prit hardiment la résolution de porter, de soutenir le nom de César, et de venger sa mémoire. Dans une circonstance si critique, il montra par sa première démarche un esprit juste, élevé, fait pour les grandes entreprises, et capable de les conduire avec habileté. Il s'embarqua donc pour l'Italie, et, peu sûr de la disposition des troupes qui se trouvaient à Brindes, il descendit à quelque distance de cette ville, dans le port de Lubie.

Dès que les officiers et les soldats eurent appris

l'arrivée du fils adoptif de leur général, ils accoururent en foule autour de lui, dissipèrent ses inquiétudes, lui jurèrent de le défendre, et l'accompagnèrent à Brindes dont ils le rendirent maître. Il redoubla leur zèle par ses louanges, par ses promesses, sacrifia aux dieux, et prit solennellement le nom de César, dont par la suite il n'affaiblit pas la célébrité.

Le jeune César, enhardi par ce premier succès, partit pour Rome, suivi seulement de ses esclaves, mais précédé de son nom, qui attira sur son passage une foule d'officiers, de soldats et de citoyens, tous partisans du dictateur. Environné de la gloire de ce grand homme, lorsqu'il approcha de la capitale, un grand nombre de magistrats, de guerriers, et la plus grande partie du peuple, vinrent avec empressement au devant de lui. Antoine seul, soit à cause de sa dignité, soit par jalousie, ne rendit point cet honneur au fils de son bienfaiteur et de son ami; il ne daigna même pas envoyer un de ses officiers ou de ses serviteurs pour le féliciter sur son arrivée.

Octave, aussi dissimulé dans ses discours que ferme dans ses projets, ne parut point offensé du procédé d'Antoine; l'attribuant aux droits de son âge et aux prérogatives du consulat, il dit à ses amis qu'étant le plus jeune et simple citoyen, il ferait les premières démarches, et rendrait ses devoirs le lendemain au consul; mais qu'avant tout il invitait tous ceux qui lui étaient attachés à l'accompagner devant le préteur, pour assister à la cérémonie de l'enregistrement de son adoption.

Sa mère et tous ceux qui s'intéressaient à son sort voulaient inutilement le détourner de ce dessein : « En vous déclarant, lui disaient-ils, l'héritier de » César, vous vous chargez de sa vengeance, vous » excitez l'indignation du sénat, qui veut qu'on en- » sevelisse le passé dans l'oubli; vous attirez sur » vous la fureur des conjurés, également redouta- » bles par leur nombre, par leurs dignités et par » les légions qu'ils commandent dans les provinces; » enfin vous vous faites un ennemi d'Antoine même, » en vous plaçant à la tête d'un parti dont jusqu'à » présent il s'est vu le chef. »

« Dès le moment, répondit Octave, que j'ai pris » à Brindes le nom de César, j'ai prévu toutes les » suites de cette résolution. Tout ce que je vois dans » Rome ne fait que m'affermir dans mes projets : les » assassins de mon père n'ont obtenu d'amnistie que » par la lâcheté de ceux qui ne s'y sont pas opposés. » J'espère que, secondé par les amis, par les soldats » de César, appuyé par la justice et soutenu par » l'amour du peuple, je ferai révoquer cet acte » honteux. Antoine même rougirait de ne pas sou- » tenir ma cause; et, quand les dieux ne se décla- » reraient pas pour moi, j'aimerais mieux mourir

» que de renoncer à une adoption si glorieuse; ja-
» mais on ne me reprochera de m'être lâchement
» déclaré incapable de porter un nom dont César
» m'a jugé digne. »

Cette noble fermeté dans un âge si tendre relevant tout à coup le courage de sa mère, et faisant succéder dans son cœur l'admiration à la crainte, elle le serra contre son sein, et inondant son visage de larmes : « Que les dieux, lui dit-elle, mon fils,
» vous conduisent où vos grandes destinées vous
» appellent, et vous rendent bientôt victorieux de
» vos ennemis! »

César la quitta, courut sur la place, suivi d'un grand nombre d'amis, déclara solennellement qu'il acceptait l'adoption du dictateur, fit enregistrer cette déclaration, et se rendit ensuite dans les jardins de Pompée, dépouille d'un grand homme, et que l'avide Antoine avait osé seul acquérir.

Ce mortel superbe, irrité de l'audace d'Octave, affecta de mépriser sa jeunesse, et le fit attendre long-temps dans un vestibule avant de le recevoir; il ordonna enfin de l'introduire, et l'accueillit avec une froide civilité.

César, sans paraître courroucé ni déconcerté par cette réception, prit le premier la parole : « Antoine,
» mon père! lui dit-il, car l'amitié de César pour
» vous me fait un devoir de vous donner ce nom,
» une partie de votre conduite, depuis la mort de

» important pour l'honneur de César que pour
» votre fortune : si, ne consultant que mon intérêt,
» ma considération personnelle et ma sûreté, j'avais
» laissé décerner des récompenses aux conjurés,
» comme aux libérateurs de la patrie, comme aux
» meurtriers d'un tyran, la mémoire de César
» serait restée couverte d'une tache ineffaçable.
» Conformément aux lois, on aurait privé son
» corps des honneurs de la sépulture, on aurait
» confisqué ses biens, annulé ses actes; son testa-
» tament n'aurait point été ouvert, et il n'aurait
» laissé ni fils adoptif ni succession. Au mépris des
» périls qui me menaçaient, bravant les mains des
» conjurés encore fumantes de sang, et les passions
» du sénat qui haïssait dans votre père l'excès de
» son pouvoir, je pris la défense de César, et j'aimai
» mieux m'exposer à la mort que de souffrir qu'on
» laissât sans honneurs le corps du plus grand ca-
» pitaine du monde, qui m'avait comblé de bien-
» faits : c'est en me livrant à tous ces périls que je
» vous ai conservé le nom de César et sa fortune;
» vous deviez m'en exprimer votre reconnaissance,
» au lieu de vous permettre, au mépris de la diffé-
» rence de nos âges, des reproches sur mes égards
» pour le sénat ou sur les mesures que j'ai dû prendre
» dans le dessein de concilier les esprits aliénés, et
» de les disposer par la suite à m'être plus favorables
» dans d'autres circonstances.

» Je n'en dirai pas davantage sur cet objet; je
» n'ai point, comme vous semblez le croire, je
» n'ai point aspiré au pouvoir suprême, quoique
» je ne m'en trouve pas indigne. Je suis fier et satis-
» fait d'appartenir aux Héraclides; cependant, je
» l'avoue, j'ai vu avec regret que César, par son tes-
» tament, ne m'ait point fait entrer dans sa famille.
» Je ne puis croire que vous me proposiez sé-
» rieusement de vous servir de caution pour faire
» des emprunts au trésor public. Vous ne devez
» pas ignorer que votre père a laissé ce trésor vide.
» Lorsqu'il gouvernait l'état, c'était dans ses mains
» qu'on versait les revenus de la république : on
» pouvait les réclamer de son vivant, et on les re-
» cherchera dans sa succession dès que la revendi-
» cation en sera ordonnée. Les réclamations d'un
» grand nombre de citoyens ne vous laisseront pas
» jouir d'une succession sans litige. Quant à l'or
» que vous croyez chez moi, il ne m'en reste rien.
» Tous les magistrats, à l'exception de Dolabella et
» de mes frères, l'ont partagé entre eux, comme la
» dépouille d'un tyran. Ce fut en m'y prêtant que
» je leur persuadai de voter en faveur des décrets
» que je proposais pour honorer la mémoire de
» César. Si vous consultez la sagesse, au lieu de
» donner au peuple ce qui vous restera de la suc-
» cession de votre père, vous le distribuerez à ses
» ennemis; eux seuls pourront vous affranchir de

» notre bienfaiteur, mérite toute ma reconnais-
» sance; mais vos autres actes m'obligent à vous
» adresser de justes reproches. La profonde dou-
» leur qui m'anime justifiera ma liberté. Vous n'é-
» tiez pas près de César lorsqu'on l'immola; vous
» auriez défendu sa vie. Les meurtriers vous avaient
» éloigné. Si vous êtes par là échappé à leurs poi-
» gnards, je dois m'en féliciter. Vous vous oppo-
» sâtes avec fermeté dans le sénat à la proposition
» de décerner des récompenses aux conjurés: je
» vous en loue. Cependant, en agissant ainsi, vous
» ne faisiez que soutenir votre propre cause; car,
» vous le savez, ces hommes en voulaient à vos
» jours, vous redoutant, disaient-ils, non comme
» le vengeur de la mort de César, mais comme le
» successeur de sa tyrannie.

» Ces hommes féroces prétendent en vain avoir
» délivré Rome d'un tyran; ils ne furent que de vils
» assassins: aussi cherchèrent-ils un asile dans le
» Capitole, comme des rebelles dans une forteresse,
» comme des criminels dans un temple. Comment
» donc un tel crime a-t-il été couvert par une am-
» nistie? Ces traîtres ont-ils acheté l'impunité?
» Votre devoir comme consul était de connaître
» l'opinion publique, de l'éclairer, et d'employer
» votre autorité pour nous venger d'un aussi grand
» attentat.

» Au lieu de punir les assassins, vous leur avez
» livré en otage vos propres enfants, comme gage

» de leur sécurité. Je veux que, dans ces premiers
» moments, vous ayez été contraint de céder au
» parti des conjurés, qui étonnait, égarait et cor-
» rompait la multitude; mais lorsqu'on lut le tes-
» tament de César, lorsque, prononçant son oraison
» funèbre, vous donnâtes à ce grand homme tous
» les éloges qu'il méritait, le peuple, enflammé par
» vos paroles, courut avec des torches attaquer les
» maisons des conjurés; il voulait prendre le len-
» demain les armes : pourquoi, le fer et la flamme à
» la main, ne vous êtes-vous pas mis à sa tête? Il
» est vrai que, depuis, vous avez intenté une action
» criminelle contre ses meurtriers; mais deviez-
» vous punir des scélérats pris en flagrant délit,
» suivre les formes lentes de la justice; vous, l'ami
» de César; vous, consul; vous, Antoine?

» Vous vous êtes cru assez fort pour faire poi-
» gnarder Amatius, et trop faible pour vous opposer
» à l'évasion des conjurés! Vous les avez laissés s'em-
» parer des provinces, qu'au mépris des lois on a
» confiées aux assassins de celui qui les leur décerna.
» Je conviens que, profitant ensuite d'un moment
» plus favorable, vous et Dolabella, vous leur avez
» enlevé la Syrie et la Macédoine. Je vous en remer-
» cierais, si en même temps vous n'en aviez pas dé-
» dommagé Brutus et Cassius pas les gouvernements
» de Cyrène et de Crète, qui leur laissent des armes
» et des forces contre moi.

» Je vois que Décimus Brutus, qui a plongé ses

» mains dans le sang de mon père, commande en-
» core dans la Gaule. Les sénatus-consultes l'ont
» voulu, répondrez-vous ; mais vous, qui présidiez
» le sénat, mais vous qui, par intérêt et par devoir,
» deviez-vous y opposer, vous avez voté pour ces
» indignes sénatus-consultes. Accorder une amnis-
» tie aux conjurés, ce n'était que les sauver du
» supplice, leur décerner des honneurs et des ré-
» compenses, c'est insulter à la mémoire de César.

» Je sens que ma douleur m'entraîne au-delà des
» bornes que devraient me fixer mon âge et le res-
» pect que je vous dois ; mais je parle au plus in-
» time ami de César, à celui qu'il éleva au faîte des
» honneurs, et qu'il aurait sans doute adopté pour
» son fils s'il avait cru que le descendant d'Her-
» cule voulût entrer dans la famille d'Énée.

» Au nom des dieux, Antoine, au nom de votre
» amitié pour César, abjurez ce système timide,
» révoquez ces injustes décrets ; vous en aurez le
» pouvoir si vous en avez la volonté. Joignez-vous
» dès ce moment au peuple et aux amis de mon
» père, pour me seconder et pour venger la mort
» de ce grand homme ; mais si quelques considé-
» rations personnelles vous arrêtent, si vous êtes
» retenu par un vain respect pour les décrets du sé-
» nat, au moins laissez-moi agir sans me blâmer et
» sans me nuire. Vous n'ignorez pas la situation de
» ma fortune ; vous savez combien il m'est urgent

» de réunir les moyens nécessaires pour donner au
» peuple ce que mon père lui a légué. Toute len-
» teur serait regardée comme ingratitude. Le mo-
» bilier de César est chez vous ; acceptez-en tout ce
» qui peut vous être agréable, mais donnez-moi
» l'or monnayé que César destinait à la guerre des
» Parthes ; il suffira pour acquitter les legs de trois
» cent mille citoyens. Si d'autres fonds me sont né-
» cessaires, permettez-moi de vous les emprunter,
» ou servez-moi de caution; car je suis décidé à
» vendre tout ce que je possède pour exécuter le
» testament de César, pour conserver l'amour du
» peuple, et pour venger la mort de mon père. ».

Antoine, étonné de l'audace et de la liberté du discours d'Octave, après avoir gardé quelque temps le silence, lui répondit d'un ton sévère : « Jeune
» homme, si César vous avait laissé son autorité
» comme son nom, vous pourriez me demander
» compte de la situation des affaires publiques;
» mais le peuple romain, qui n'a pu supporter l'hé-
» rédité du pouvoir, même chez ses rois, a fait ser-
» ment de ne jamais l'accorder à aucune autorité.
» Je ne vous répondrai donc point sur ce qui con-
» cerne la république, et vous pouvez vous dis-
» penser de me garder à cet égard aucune recon-
» naissance. Tout ce que j'ai fait dans ces grandes
» circonstances, je l'ai fait pour le peuple et non
» pour vous. Je n'en excepte qu'un seul point aussi

» l'embarras de payer aux plébéiens des legs im-
» possibles à acquitter.

» Ne recherchez point l'affection de la multitude;
» elle est aussi mobile que les flots de la mer, et
» n'élève des idoles que pour les renverser. »

Octave se retira mécontent; et la plupart des sénateurs virent avec plaisir ce différend, préférant la mésintelligence de ces deux hommes à leur union.

Octave mit en vente précipitamment tous ses biens, ceux de sa mère et ceux de ses cohéritiers, Pédius et Pinarius, afin d'acquitter les legs de son père. Le sénat, par un décret, ordonna qu'on lui rendît compte des deniers publics remis à César. La rigueur de ce décret et les sacrifices d'Octave lui concilièrent la faveur du peuple, qui ne tarda pas à lui en donner des preuves éclatantes. Au milieu des jeux publics célébrés par Caïus Antonius, préteur et frère du consul, un assez grand nombre de citoyens, excités par le sénat, demandaient à grands cris le rappel de Brutus et de Cassius. Octave s'y opposa, et les plébéiens, accourant en foule, interrompirent le spectacle, et forcèrent au silence les amis des conjurés.

Brutus et Cassius, perdant tout espoir, sortirent d'Italie, et se retirèrent dans leurs provinces pour en prendre possession, quoique Antoine et Dolabella les en eussent dépouillés.

Dans le même temps on crut que les Gètes méditaient une irruption en Macédoine; Antoine, profitant de ce faux bruit qu'il avait lui-même répandu, demanda et obtint le commandement de l'armée qui se trouvait dans cette province. Son dessein était de se servir de ces troupes pour conquérir en Italie le pouvoir suprême.

Tandis que Rome se voyait ainsi le théâtre de tant d'intrigues, Brutus et Cassius, arrivés en Asie, levaient des troupes, et Trébonius fortifiait des villes pour eux. Le consul Dolabella voulut vainement s'emparer de Pergame et de Smyrne. Trébonius lui en ferma les portes; mais, quelques jours après, les soldats de Dolabella ayant fait tomber dans une embuscade ceux de Trébonius, le consul revint la nuit, à leur tête, sous les murs de Smyrne, et l'escalada. Trébonius, surpris dans son lit, fut décapité, et le consul fit clouer à son tribunal la tête de ce conjuré.

Antoine, poursuivant son projet de faire passer en Italie l'armée de Macédoine, demanda au sénat, en échange du gouvernement de cette province, celui de la Gaule cisalpine qu'occupait alors Décimus Brutus, l'un des meurtriers de César : c'était dévoiler son ambition, et marcher évidemment sur les pas du dictateur. Le sénat rejeta sa demande; on écrivit même à Décimus Brutus, pour l'engager à défendre la province qui lui avait été confiée. Antoine, furieux, fit venir à Brindes, sans autorisation, l'armée de Macédoine. A cette époque, l'édile Critonius devant faire célébrer des jeux publics, Octave plaça dans l'amphithéâtre un trône d'or et une couronne, conformément au sénatus-consulte qui avait décerné à perpétuité cet honneur à César. L'édile s'y opposa; Octave l'appela au tribunal du consul; et Antoine ayant dit qu'il rendrait compte de cette affaire au sénat, le jeune César lui répondit avec fierté : « Délibérez avec le sénat, si vous le » jugez à propos; moi, sans attendre de décision, » j'exécuterai le sénatus-consulte. » Parcourant ensuite la ville, il excita le peuple à ne pas laisser flétrir la mémoire de son bienfaiteur, et à venger ce grand homme de l'ingratitude d'Antoine.

La multitude, animée par ses discours, éclatait en menaces contre le consul, dont les partisans nombreux prenaient aussi de leur côté des mesures hostiles. Mais, au moment où l'on regardait comme inévitable une rupture éclatante entre les deux partis, les tribuns du peuple réconcilièrent Antoine et Octave; de sorte que, malgré l'opposition du sénat, le peuple investit le consul du gouvernement de la Gaule qu'il sollicitait.

Il ne peut jamais exister d'amitié sincère et durable entre deux ambitieux; un intérêt commun peut les lier momentanément; mais si la concorde paraît sur leurs lèvres, la haine reste au fond de leur cœur. Octave se plaignait sans cesse des ménagements d'Antoine pour les conjurés; il semait contre lui des soupçons dans l'esprit du peuple et des soldats, toujours plus disposés à écouter les passions que la politique. Antoine se vit obligé de se disculper aux yeux de sa propre garde, et de lui prouver qu'il n'avait cédé au sénat et consenti à l'amnistie que pour gagner du temps, et pour attendre un moment plus propice à la vengeance; mais comme il ne put pas les persuader tous, il se plaignit amèrement de l'animosité du jeune César, prétendant qu'il avait gagné des soldats pour le faire assassiner. Cicéron écrivait alors à un de ses amis « que les honnêtes gens croyaient à ce dessein » et l'approuvaient. » Tel est l'effet déplorable des discordes civiles, et telle est la morale du parti même de l'aristocratie, qui se dit le plus vertueux, et croit que la justice de sa cause légitime les actions les plus coupables!

Octave, offensé de cette accusation, déclamait avec violence contre Antoine, et le sommait de comparaître avec lui devant les tribunaux, assurant qu'il consentait à prendre ses propres amis pour juges. Cependant Antoine, ayant appris que les troupes qu'il avait appelées à Brindes l'accusaient elles-mêmes d'abandonner la vengeance de César, crut nécessaire d'apaiser promptement cette sédition, et y parvint momentanément par un acte de vigueur ou plutôt par un acte de cruauté. Il en fit périr trois cents, calma le reste par des largesses, et jura de venger la mort de César.

La présence d'Antoine à Brindes, à la tête de quatre légions, alarmait avec raison le sénat et les amis de la république. Octave ne les inquiétait pas moins : sorti de Rome avec une grande quantité d'argent, il venait de soulever la Campanie, et de lever, sans autorisation, dix mille soldats, avec lesquels il s'approchait de Rome.

Au moment où les esprits étaient le plus agités par la crainte presque égale que leur inspiraient ces deux rivaux, le tribun du peuple Canutius, ennemi d'Antoine, déclara qu'Octave ne s'armait que pour défendre la liberté contre l'ambition d'un consul dont le pouvoir allait expirer, et qui voulait perpétuer par la force l'autorité que les lois ne lui donnaient plus. « Vous n'avez pas, ci-
» toyens, ajouta-t-il, d'armée pour vous défendre;
» servez-vous donc de celle dont la générosité d'Oc-
» tave vous offre l'appui. »

Le peuple ouvrit les portes de la ville au jeune César. Dès qu'il y fut entré, il déclara, en présence du sénat et du peuple, qu'après avoir levé des troupes pour sa sûreté personnelle, il ne s'en servirait que pour obéir aux ordres que le sénat lui donnerait, et pour défendre la patrie contre l'ambition d'Antoine.

Si ce discours satisfit l'assemblée, il mécontenta

les soldats : la plupart d'entre eux n'avaient pris les armes que dans l'intention de combattre, sous Octave et sous Antoine, contre les conjurés; le désir de venger César était leur seul but. Étrangers à tout sentiment républicain, dès qu'on leur parla de défendre la liberté, ils désertèrent, et le jeune César n'en put garder près de lui que trois mille.

Octave, obligé de sortir de Rome, parcourut de nouveau les contrées voisines, et ne parvint qu'à force d'argent à faire de nouvelles levées, à ramener quelques fugitifs, et à en composer une armée qu'il rassembla dans la ville d'Arétium. Cette armée voulut lui déférer le titre de propréteur; Octave refusa d'accepter ce titre qu'il ne pouvait, disait-il, recevoir que du sénat et du peuple. Cette adroite et feinte modestie dissipa toutes les inquiétudes, trompa les esprits les plus sages, et lui concilia la faveur des amis de la république.

Antoine, croyant pouvoir profiter de son absence, prit le chemin de Rome à la tête d'une cohorte, entra dans la ville avec arrogance, et convoqua le sénat pour accuser Octave; mais, au moment où il paraissait dans l'assemblée, il apprend que la légion de Mars et la quatrième légion, abandonnant ses drapeaux, venaient de se ranger sous ceux de son jeune rival. Troublé par cette nouvelle, il ne parle aux sénateurs que d'affaires peu importantes, lève promptement la séance, sort avec précipitation, tente sans succès de s'emparer de la ville d'Albe, et de ramener ses déserteurs, s'assure de la fidélité des autres légions par une gratification extraordinaire, se rend à Tibur, y fait prêter le serment aux troupes, reçoit les hommages d'un grand nombre de sénateurs et de chevaliers venus pour l'y trouver, et part de cette ville, à la tête de son armée, pour se rendre à Ariminium, sur la frontière de la Gaule, afin de commencer promptement la guerre contre Décimus Brutus, qui refusait de lui céder ce gouvernement.

Antoine espérait alors que Lépidus, commandant quatre légions en Espagne, et Asinius Pollion, ainsi que Plancus, avec les cinq qui se trouvaient dans la Gaule transalpine, embrasseraient sa cause. Pendant ce temps, Octave ayant réuni son armée dans la ville d'Albe, offrit ses services au sénat; et les mêmes sénateurs, qui venaient de flatter bassement Antoine à Tibur, se déclarèrent à Rome avec la même servilité pour Octave. Quel espoir pouvait encore rester à la république, lorsque la crainte seule dictait l'opinion versatile d'un sénat timide! Les sentiments étaient pour la liberté, et les hommages pour la force.

On apprit bientôt à Rome qu'Antoine venait d'entrer dans la Gaule cisalpine [1], et que Décimus Brutus, qui ne commandait que trois légions, s'é-

[1] An de Rome 711. — Avant Jésus-Christ 44.

tait vu obligé de revenir en Italie, et de s'enfermer dans Modène, où l'armée d'Antoine le bloquait. La guerre commençait sans ordre du sénat; Antoine disposait à sa volonté des légions de la république et des provinces données à d'autres magistrats par un sénatus-consulte. Octave, sans titre et sans autorisation, levait et commandait une armée. Une telle anarchie ne pouvait durer, et le sénat devait au moins, pour conserver une ombre de liberté, donner à l'un des partis la sanction de son autorité.

On élut donc pour consuls Hirtius et Pansa : ils convoquèrent le sénat, et l'engagèrent à délibérer sur la déplorable situation de la république. Ce fut dans ce moment difficile qu'Octave montra cette profonde politique, qui lui valut l'empire, et qui le lui conserva. S'il se fût laissé entraîner par ses passions et par celles de ses soldats, il aurait secondé les efforts d'Antoine contre Décimus Brutus, meurtrier de César, et se serait trouvé nécessairement lieutenant d'un proconsul, et subalterne dans un parti dont il voulait être le chef. D'un autre côté, en combattant Antoine, en soutenant Brutus, il semblait trahir la cause de son père, et embrasser la défense de ses meurtriers. Ce fut cependant ce dernier parti que son habileté lui fit prendre. Pour renverser la république, il s'en montra d'abord le défenseur, et se fit donner par elle l'autorité légale qui devait le mettre en état de consommer sa ruine.

Cicéron, par sa dignité, par son éloquence, par ses services, par ses vertus, était regardé, depuis la mort de Pompée et de Caton, comme le chef du parti républicain. L'assassinat de César lui avait rendu le courage et l'espérance; et, à la veille de voir périr la liberté, il en rêvait la renaissance. Cet illustre orateur, appelé par son mérite à occuper le premier rang dans une république vertueuse et florissante, était incapable par son caractère de s'y maintenir dans un temps de décadence. Il savait mieux parler que combattre, et connaissait mieux les formes de l'éloquence que les détours de la politique. Sa vieille expérience se laissa tromper par les artifices d'un jeune homme. Octave sut habilement joindre à la force que lui donnait le nom de César l'éclat et le crédit de celui de Cicéron. Feignant d'avoir pour lui la plus profonde vénération et la plus entière confiance, il lui demanda ses conseils, se fit pour ainsi dire son disciple, affecta, dans le dessein de lui plaire, le plus grand zèle pour la république, et parut quelque temps ne se conduire que par ses avis. Cicéron, charmé de sa docilité, crut aveuglément qu'il pouvait se servir d'un fils de César pour détruire la tyrannie, se flatta légèrement de se rendre maître de sa conduite, et devint, sans le savoir, le premier instrument de son hypocrite ambition.

Lorsque les consuls rendirent compte au sénat de l'entrée audacieuse autant qu'illégale d'Antoine dans la Gaule, quelques sénateurs opinèrent pour le déclarer ennemi de la république; d'autres, à la tête desquels se trouvait Pison, ne pouvant justifier une violence si contraire aux lois, cherchèrent à gagner du temps, et proposèrent qu'on n'employât contre lui que les formes de la justice. Le tribun du peuple Salvius, gagné par Antoine, s'opposait à toute mesure violente. Après de vives et de longues discussions, Cicéron, entraînant par son éloquence tous les esprits, fit décréter des remerciements à Brutus pour n'avoir point évacué la Gaule cisalpine. Conformément à son avis, on ordonna au jeune César de joindre ses troupes à celles du consul, et de maintenir Brutus dans son gouvernement. Enfin il obtint qu'on décernerait à Octave une statue d'or pour avoir garanti Rome de la tyrannie d'Antoine, qu'on lui donnerait voix délibérative au sénat avec le titre de propréteur, qu'il jouirait du droit de se mettre sur les rangs pour le consulat dix ans avant l'âge prescrit par les lois, et que le trésor public acquitterait la paie des deux légions qui avaient abandonné le parti d'Antoine pour suivre le sien.

Le lendemain, au moment où les sénateurs se rendaient à l'assemblée, tous les parents et tous les amis d'Antoine se jetèrent à leurs pieds, et les supplièrent, en gémissant, de révoquer ces injustes

décrets. Leurs prières, leurs larmes, leurs cris agitaient le peuple et faisaient impression sur plusieurs membres du sénat. Cicéron, redoutant une révolution soudaine dans les esprits, prit la parole avec autant de véhémence qu'il en avait autrefois montré contre Catilina; et, pour détruire l'effet produit par l'opposition de Salvius et par les efforts des amis d'Antoine, il leur rappela toutes les actions coupables de cet ambitieux, fit une peinture satirique de ses mœurs, de sa violence, de sa cupidité, lui reprocha la dilapidation du trésor public après la mort de César, l'usurpation de la Macédoine, le débarquement de son armée en Italie, l'audace criminelle de son entrée dans Rome à la tête de ses satellites, ses exécutions sanglantes contre des soldats qui n'avaient commis d'autre crime que celui d'être fidèles aux lois, enfin les calamités d'une guerre civile qu'il commençait au mépris des ordres du sénat, et contre un gouverneur de province revêtu des pouvoirs de la république. « Que
» peuvent donc, ajoutait-il, nous opposer pour leur
» justification Antoine et ses adhérents? Ils ravagent
» gent l'Italie; ils attaquent votre préteur; ils lui
» ordonnent avec insolence de sortir de la province
» que vous lui avez confiée; ils assiégent votre propre
» pre armée, et ils osent se plaindre de nos décrets!
» Il est vrai qu'en décernant des honneurs et des
» remerciements à Octave et à Brutus nous avons

» condamné Antoine; mais est-ce donc nous qui le
» déclarons ennemi de la patrie, ou est-ce lui qui
» nous a déjà déclaré la guerre? Un tribun du peu-
» ple peut-il ignorer ses projets, ses actions, et
» faudra-t-il attendre que Décimus Brutus soit
» vaincu, qu'une province voisine de Rome et que
» votre armée soient tombées au pouvoir d'An-
» toine, pour l'accuser? Veut-on enfin que nous ne
» le déclarions ennemi de la patrie qu'au moment
» où il sera devenu plus puissant que nous? »

Ce discours excita de grands applaudissements; mais Pison prit la défense d'Antoine. Il reprocha à Cicéron sa partialité pour les assassins de César, et fit craindre au sénat le ressentiment du peuple, qui, malgré son refus, avait donné à Antoine le commandement de la Gaule. On se borna donc à ordonner, par un sénatus-consulte, au proconsul Antoine de lever le siége de Modène, de laisser la Gaule à Brutus, et d'attendre les ordres du sénat sur les bords du Rubicon.

Antoine répondit aux députés qui lui portèrent ce décret: « J'obéirai toujours au sénat; mais voici
» ce que je dis à Cicéron, seul rédacteur du sénatus-
» consulte dirigé contre moi: le peuple m'a donné
» la Gaule; je chasserai de cette province Décimus
» Brutus, et je lui ferai expier l'assassinat de César,
» afin de venger le sénat du crime dont Cicéron le
» flétrit en le déterminant à protéger cet assassin. »

Le sénat, après avoir entendu cette réponse, déclara Antoine ennemi de la patrie, et donna le commandement de la Macédoine et de l'Illyrie à Marcus Brutus. Un autre sénatus-consulte confia la Syrie à Cassius, et lui ordonna de traiter Dolabella en ennemi. Ainsi les conjurés se virent légalement maîtres de l'Orient; et le jeune César fut contraint de combattre avec les consuls contre Antoine, et d'employer ses armes à la défense des meurtriers de son père.

Tout le temps que dura cette querelle sanglante, Cicéron, qui croyait et paraissait alors gouverner la république, renouvela sans cesse contre Antoine ses violentes déclamations. Son éloquence, dans ces discours fameux, fut égale à celle de Démosthène, et il leur donna justement le nom de *Philippiques*, puisqu'ils étaient dictés par la même passion de la liberté contre un homme non moins ambitieux et aussi redoutable que Philippe.

L'orateur, dans cette vive attaque, emploie tour à tour contre son ennemi les armes de la raison, celles de la colère et celles de l'ironie : tantôt il montre le plus profond mépris pour les vices, pour les débauches d'Antoine; tantôt, comparant son adversaire à Catilina, il le représente comme inférieur en talents et supérieur en scélératesse à ce célèbre conjuré. Il décrie sa vie privée comme sa vie publique, raconte ses prostitutions, ses brigandages, ses bassesses dans l'infortune, son insolence dans la prospérité; prédit ses cruautés, dont lui-même il devint peu de temps après la victime; lui attribue tous les malheurs de la république, et déclare enfin que, si toute servitude est pénible, la plus insupportable serait celle qui ferait tomber Rome dans les fers d'un tyran si odieux et si méprisable.

Exaspéré par sa haine contre Antoine, il ne se montre pas moins exagéré dans ses préventions pour Octave: il lui prodigue les éloges les plus magnifiques; et, trompant le sénat comme il se trompait lui-même, il lui promet, il lui garantit, il lui jure que le jeune César, soumis aux lois et fidèle à la liberté, ne combattra jamais que pour la cause sacrée de la république.

Les Philippiques de Cicéron doivent servir éternellement de modèle pour l'éloquence, et de leçons pour préserver des passions dans la conduite des affaires politiques.

Octave avait trop de pénétration pour se laisser tromper par la bienveillance apparente du sénat: on ne lui accordait que de vains honneurs en le dépouillant d'un pouvoir réel. Son armée était soumise par un décret aux consuls Hirtius et Pansa: Brutus et Cassius étaient revêtus, dans l'Orient, d'un pouvoir illimité, et, loin de venger la mort de César, on honorait ses meurtriers comme les libérateurs de la république.

Octave dissimula des ressentiments qu'il eût été dangereux de laisser alors éclater. Avant de dévoiler ses desseins, il voulait abaisser Antoine et Lépide, et leur faire sentir la nécessité de sacrifier leur orgueil à la crainte, et de se réunir à lui pour leur intérêt commun. Il obéit donc aux ordres du sénat, et conduisit son armée près de Modène, où il rejoignit les deux consuls.

Pansa, entraîné par l'ardeur de la légion de Mars, livra le premier une bataille contre Antoine avant d'être renforcé, comme il l'aurait souhaité, par les troupes de son collègue. Les deux partis étant animés de cette fureur qui rend les guerres civiles si cruelles, le combat fut opiniâtre et sanglant : enfin le consul Pansa, ayant reçu une blessure grave, se fit transporter à Bologne, où il mourut. Son armée découragée plia ; Antoine détruisit en grande partie la légion de Mars, et fit un affreux carnage des nouvelles levées. Son frère Lucius attaqua ensuite le camp que défendait le jeune César avec deux légions ; il se vit repoussé, et ce fut la seule action de sa vie où l'on dit qu'Octave mérita des éloges pour sa bravoure ; car tous les historiens assurent que l'audace qu'il montrait dans la politique l'abandonnait sur les champs de bataille ; et, s'il dut sa grandeur à ses artifices et à son habileté, il ne put jamais s'attribuer l'honneur de ses victoires, qui furent toutes remportées, et souvent en son absence, par ses collègues ou par ses généraux.

Le consul Hirtius se trouvait près de Modène lorsqu'il apprit le revers de Pansa. Il accourut avec une extrême diligence, et surprit les troupes d'Antoine. Elles se livraient en désordre aux débauches qui suivent souvent la victoire. Malgré la vivacité de cette attaque imprévue, l'armée d'Antoine parvint à se rallier; mais, épuisée de fatigues, après de vains efforts, elle fut contrainte à se retirer. Hirtius la poursuivit, l'attaqua de nouveau le lendemain, la défit complétement, et périt au milieu du camp d'Antoine, dont il s'était emparé.

Octave, après la bataille, arriva dans ce camp, qu'il voulait garder; mais Antoine, à la tête des débris de son armée vaincue, le contraignit de l'abandonner.

Malgré ce léger succès, Antoine, trop affaibli par ses défaites pour continuer l'attaque de Modène, et pour résister aux armées du sénat, leva le siége, franchit les Alpes, et se rapprocha de Lépidus. Il se montra aux yeux des soldats, sans faisceaux, dépouillé de la pourpre, vêtu d'une robe de deuil, pleurant la mort de César et le triomphe de ses assassins. L'armée de Lépidus, touchée de ce spectacle, n'attendit pas l'ordre de son chef, et se joignit aux soldats d'Antoine, en jurant de vaincre ou de mourir pour le venger.

Décimus Brutus, dégagé par la retraite d'Antoine, sortit de Modène avec ses légions. Meurtrier de César, il craignait de trouver dans la personne d'Octave plutôt un ennemi qu'un défenseur. Ayant coupé le pont du fleuve qui le séparait de lui, il lui envoya des députés chargés de le remercier de sa délivrance, de l'excuser sur la part qu'il avait prise à la mort de César, par l'inspiration d'un funeste génie, et de lui demander une entrevue.

Octave répondit aux députés : « Brutus ne me » doit aucune reconnaissance; je ne suis pas venu » pour le sauver, mais pour combattre Antoine, » avec qui je puis me réconcilier un jour. Il ne con- » vient ni à mon nom ni à mon caractère de voir » un assassin de mon père. Qu'il pourvoie à sa sû- » reté comme il le voudra, tant que ceux qui exer- » cent l'autorité le lui permettront. »

Décimus Brutus, irrité de cette réponse, s'approcha des bords du fleuve, appela Octave à haute voix, lui notifia le décret du sénat qui le maintenait dans le commandement de la Gaule, et lui interdit le passage du fleuve sans l'ordre des consuls.

Avant de mourir, Pansa avait rendu compte au sénat des victoires remportées sur Antoine. Le sénat et Cicéron lui-même, entraînés par une aveugle passion, ordonnèrent des prières publiques pour rendre grace aux dieux de ces succès, et donnèrent le commandement de l'armée consulaire à Décimus Brutus. On ne décerna aucun honneur à Octave; son nom ne fut pas même prononcé dans les décrets. Le sénat ne craignait plus Antoine, et, le regardant déjà comme détruit, cessait imprudemment de dissimuler son estime pour les meurtriers de César et son mépris pour Octave. Le but réel de ce corps était de relever le parti de Pompée sur les débris d'Antoine et d'Octave. Appien prétend qu'au moment de mourir le consul Pansa découvrit tout ce plan au jeune César : d'autres historiens disent, au contraire, que, pour rester seul maître de l'armée, le perfide Octave avait fait tuer par un de ses partisans le consul Hirtius dans le camp d'Antoine, et qu'un homme gagné par lui avait empoisonné la blessure de Pansa.

Dans le même temps, Cassius et Brutus, fortifiés par les légions romaines qui se trouvaient en Égypte, et que Cléopâtre leur livra, se rendirent maîtres de toutes les provinces d'Orient : Cassius vainquit Dolabella, l'assiégea dans Laodicée, et le fit périr. Brutus attaqua en Macédoine Caïus Antonius, frère d'Antoine, et le mit à mort après avoir contraint son armée à se rendre. Ainsi, Brutus et Cassius, gouvernant sans rivaux la Syrie, l'Asie-Mineure, la Macédoine et l'Illyrie, se trouvèrent à la tête de vingt légions.

Octave, autant irrité de leurs succès qu'effrayé

de leur puissance, continua cependant encore à dissimuler son ressentiment. Il demanda les honneurs du triomphe; on les lui refusa. Cicéron sollicita pour lui le consulat auquel il prétendait lui-même, et, dévoilant, avec une naïveté étrange pour son âge, ses vues et ses espérances, il laissait entendre au sénat que le jeune Octave, décoré d'un vain titre, ne serait que son pupille, et que lui seul il gouvernerait la république. On rit de son erreur, et on rejeta sa demande.

Octave, aigri par tant d'outrages, cessa de feindre, s'assura de la fidélité de ses troupes dévouées à la mémoire de César, traita avec clémence les prisonniers de l'armée d'Antoine, les incorpora dans son armée, vint camper près de Vintidius qui commandait pour Antoine trois légions, s'abstint de toute hostilité contre lui, et, par des messages secrets, fit entendre à Antoine et à Lépidus que l'intérêt commun de leur sûreté devait les porter à se réunir, puisque le sénat se déclarait ouvertement pour le parti de leurs ennemis et pour les meurtriers de César.

Ses avances furent bien reçues, mais on convint de cacher cette réconciliation; de sorte qu'Asinius Pollion, Lépidus et le jeune César continuèrent quelque temps à paraître soumis aux ordres du sénat.

Les partisans de Pompée, trompés par ces fausses apparences et par les dépêches de Décimus Brutus qui se vantait de consommer bientôt la ruine entière d'Antoine, se croyaient au moment d'un triomphe complet, lorsqu'ils étaient eux-mêmes à la veille de leur ruine. Les événements, qui se pressaient, ne tardèrent pas à détruire leurs illusions. On apprit tout à coup à Rome qu'Antoine, rejoint par Vintidius et fortifié par les troupes de Lépidus, se trouvait à la tête d'une forte et redoutable armée. On sut en même temps que les légions de Décimus Brutus se débandaient et se rangeaient en grande partie sous les drapeaux des ennemis.

Ces nouvelles firent dans les esprits une soudaine révolution. On vit la terreur succéder à l'aveugle confiance ; le mépris qu'on témoignait pour Octave se changea en crainte, et chacun s'empressa bassement de flatter celui qu'on bravait peu de jours auparavant. Le sénat, croyant par une démarche tardive empêcher Octave d'unir ses intérêts à ceux d'Antoine, le chargea de le combattre, et l'associa pour le commandement des armées à Décimus Brutus.

La faiblesse perd le fruit de ses sacrifices par la fausseté qui les accompagne. Tandis qu'on paraissait ainsi vouloir se réconcilier avec César, on pressait vivement Marcus Brutus et Cassius d'amener leurs troupes en Italie, pour la délivrer d'Octave

et d'Antoine. Octave, trop habile en artifices pour être dupe de ceux des autres, travaillait sans cesse à aigrir l'armée contre le sénat : « Ces patriciens
» ingrats et perfides, disait-il à ses légions, vous
» regardent comme leurs ennemis ; ils nous arment
» les uns contre les autres pour nous détruire et
» pour régner sur nos débris.

» Nos travaux, nos fatigues, nos périls restent
» sans récompense. Tout le produit des conquêtes
» et des libéralités de César est distribué aux par-
» tisans de Pompée : les conjurés dominent dans le
» sénat. Je souffrirai la mort sans regret ; car il est
» beau de mourir en cherchant à venger son père !
» vous savez que c'est ma seule ambition : je bra-
» verais tous les dangers, s'ils ne menaçaient que
» moi ; toutes mes craintes portent sur vous seuls,
» puisque votre attachement à la cause de César
» vous fait partager mes périls.

» Je ne vois qu'un moyen de salut pour vous :
» portez-moi au consulat ; je ne veux le devoir qu'à
» vous. Si je l'obtiens, j'accomplirai toutes les pro-
» messes qui vous ont été faites. Vous recevrez les
» terres et les récompenses qui vous sont dues, et,
» en vous vengeant, par le glaive de la loi, des as-
» sassins de César, je vous délivrerai de tous vos
» ennemis. »

L'armée applaudit avec transport à ce discours, chargea plusieurs centurions de se rendre à Rome pour demander le consulat en faveur de leur général. On leur répondit qu'il n'avait pas l'âge exigé par les lois pour l'obtenir. Les centurions répliquèrent qu'un décret particulier lui accordait le droit de solliciter cette dignité dix ans avant l'âge fixé par la loi commune, et que d'ailleurs, avant lui, Corvinus, les deux Scipion, Pompée et Dolabella avaient joui de la même faveur.

Le sénat, qui, semblable à tous les gouvernements faibles, montrait alternativement, et presque toujours mal à propos, une lâcheté sans pudeur ou une fermeté sans prudence, s'irrita contre l'audace et contre l'indiscipline des soldats qui tentaient d'exercer une influence séditieuse sur ses délibérations; il brava leurs menaces et rejeta leurs prières.

L'armée furieuse demandait à grands cris qu'on la menât, sans perdre de temps, à Rome. C'était combler les vœux d'Octave. A la tête de huit légions, il part, franchit, comme son père, le Rubicon, marche à grandes journées, et arrive sous les murs de la ville.

Le sénat, consterné de son approche, n'avait aucune troupe à lui opposer. Cédant à la nécessité et voulant désarmer la vengeance d'un ennemi qu'il ne pouvait combattre, il lui envoya une députation pour lui annoncer qu'on doublait la gratification promise aux soldats, et qu'on l'autorisait à se mettre sur les rangs pour le consulat.

A peine la députation était partie, on apprend tout à coup que deux légions, arrivées d'Afrique, venaient de débarquer dans un port voisin. On regarde cet événement comme un signe de la protection des dieux : l'espoir renaît, la terreur se dissipe; une aveugle témérité la remplace; Cicéron, que la crainte avait éloigné du sénat, y reparaît : on révoque les décrets rendus en faveur d'Octave ; on commande l'arrestation de sa mère et de sa sœur; on ordonne enfin à tous les citoyens de prendre les armes.

Octave, instruit de ce changement inattendu, rompt toutes ces mesures par sa célérité. Précédé par sa cavalerie, il marche rapidement, et vient camper au pied du mont Quirinal, sans que personne ose se présenter pour le combattre. Son audace opère une nouvelle révolution : les lâches sénateurs accourent en foule autour de lui, et lui prodiguent les hommages de la plus basse adulation.

Le lendemain, accompagné d'une garde imposante, il entra dans Rome aux acclamations du peuple, et fut reçu en triomphe dans le temple de Vesta, où sa mère et sa sœur étaient venues chercher un asile.

Cicéron, qui voulait obtenir sa grace, lui demanda une entrevue, rappela ses services passés, et chercha péniblement à justifier sa conduite récente. Octave, toujours dissimulé, ne lui reprocha que d'être le dernier de ses amis qui fût venu au devant de lui. Un seul homme montra dans ce jour de honte un courage romain. Le préteur Cornutus aima mieux se donner la mort que de s'abaisser aux pieds d'Octave.

Le même jour le bruit courut que deux légions venaient de quitter le parti de César. Le sénat, trompé par cette fausse nouvelle, se rassemble la nuit; on délibère sur les mesures à prendre pour profiter de cette révolte. Cicéron encourageait déjà les sénateurs à relever leur parti; mais le bruit qui faisait naître ces nouvelles espérances étant promptement démenti, l'assemblée se disperse; chacun regagne avec effroi ses foyers, et Cicéron, montant dans une litière, s'éloigne précipitamment de Rome.

Octave montra plus de pitié que de courroux pour cette conduite inconsidérée; il ne punit personne, et remit ses vengeances à un autre temps. Après s'être emparé de l'argent renfermé dans le trésor, et qu'il distribua à ses troupes, il se retira à quelque distance de Rome avec son armée, pour laisser une apparence de liberté aux comices. Ils l'élurent consul avec Pédius, que César avait nommé son cohéritier.

Le nouveau consul rentra dans Rome, et remplit son premier devoir en faisant rendre un décret pour mettre en accusation les meurtriers de César.

Pédius, fidèle à ses instructions, fit révoquer les sénatus-consultes qui déclaraient Antoine et Lépide ennemis de la patrie. Octave lui-même écrivit à Antoine pour le féliciter de ce changement dans sa position, et lui offrit ses secours pour combattre Décimus Brutus.

Antoine répondit qu'après avoir vengé la mort de César par celle de Brutus, il joindrait son armée à celle d'Octave.

Décimus Brutus, informé de cette révolution, perdit tout espoir de résister à tant de forces réunies. Au lieu de tenter le sort des armes, il prit le parti de chercher un asile en Macédoine, près de Marcus Brutus : cependant, dès qu'il sut qu'Octave marchait contre lui, il changea de résolution et de route. Il espérait traverser la Gaule et gagner le Rhin; mais ses dix légions, excédées de fatigues, l'abandonnèrent. Les unes passèrent du côté d'Octave, les autres se réunirent à l'armée d'Antoine. Brutus, ne se voyant plus accompagné que de quelques cavaliers gaulois, se déguisa sous leur costume, et prit le chemin d'Aquilée. Arrêté dans le territoire de cette ville, il fut conduit devant Camille, gouverneur de cette partie des Gaules, qui le fit tuer et envoya sa tête à Antoine.

CHAPITRE XI.

Conférence entre Octave, Antoine et Lépidus. — Leur triumvirat. — Leurs proscriptions. — Massacre des proscrits. — Entrée des triumvirs dans Rome. — Préambule des tables de proscription. — Nouveau massacre à Rome. — Traits de courage et de générosité. — Mort de Cicéron. — Décret pour un impôt sur quatorze cents femmes. — Discours d'Hortensia aux triumvirs. — Révocation du décret. — Guerre entre Brutus, Cassius et les triumvirs. — Bataille près de Philippes en Thrace. — Succès de Brutus. — Défaite et mort de Cassius. — Défaite, fuite et mort de Brutus. — Partage de l'empire entre les triumvirs. — Leurs nouvelles proscriptions. — Mort courageuse de Porcia, femme de Brutus. — Retour d'Octave à Rome. — Départ d'Antoine pour l'Asie. — Son amour pour Cléopâtre. — Spoliation exercée contre les citoyens en faveur des soldats. — Vengeance de Fulvie, femme d'Antoine. — Défaite de Lucius, frère d'Antoine. — Réconciliation d'Antoine et d'Octave. — Guerre entre Octave et Sextus Pompée. — Paix entre eux. — Séjour d'Antoine en Grèce. — Événements à Rome. — Nouvelle guerre entre Octave et Pompée. — Défaite d'Octave. — Bataille navale. — Défaite, fuite et mort de Pompée. — Abaissement et lâcheté de Lépidus. — Gouvernement d'Octave sous le nom d'Auguste. — Désordres d'Antoine en Asie. — Départ et retour d'Octavie, femme d'Antoine. — Nouvelle guerre entre Auguste et Antoine. — Bataille d'Actium. — Défaite et fuite d'Antoine. — Sa lâcheté. — Sa victoire sur Auguste. — Soumission de son armée à Auguste. — Mort d'Antoine. — Entrée triomphale d'Auguste dans Alexandrie. — Entrevue d'Octave et de Cléopâtre. — Mort de Cléopâtre. — L'Égypte est réduite en province romaine. — Retour d'Octave à Rome. — Son élévation à l'empire. — Fin de la république romaine.

Octave, Antoine et Lépide avaient cessé d'être ennemis : forcés par un intérêt commun de se réunir pour abattre Pompée dans l'Occident, Cassius et Brutus dans l'Orient, et le parti nombreux qui favorisait les conjurés à Rome et dans toute l'Italie, ils se rendirent de concert sur les rives du Tanaro, près de Modène, suivis chacun de cinq légions. Ils choisirent pour le lieu de leur conférence une petite île située au milieu de ce fleuve. Lépidus y entra le premier pour s'assurer qu'on n'avait point de piége à y craindre. Sur le signal qu'il fit aux deux autres généraux de s'avancer, ils laissèrent chacun trois cents hommes à la tête des ponts, et entrèrent dans l'île.

Leur conférence se tint dans un lieu nu et découvert. Octave, comme consul, les présidait; leur délibération dura deux jours. On y décida qu'Octave donnerait sa démission du consulat, et que, pour faire cesser toutes les calamités de la guerre civile, le gouvernement de la république serait confié à un triumvirat composé de Lépidus, d'Antoine et d'Octave; que les triumvirs nommeraient à toutes les magistratures pour cinq ans, et qu'ils se partageraient les gouvernements des provinces.

Antoine eut celui de toute la Gaule, excepté la Narbonnaise, qui fut donnée avec l'Espagne à Lépidus: Octave prit pour lui l'Afrique, la Sicile et la Sardaigne. On ne parla point des provinces d'Orient, parce qu'elles étaient au pouvoir des conjurés. Rome et l'Italie devaient être gouvernées en commun par les triumvirs.

On décida qu'Antoine et Octave seraient chargés

de diriger la guerre contre Brutus et Cassius; que Lépidus, revêtu du consulat, resterait à Rome pour y maintenir l'ordre, et gouvernerait l'Espagne par ses lieutenants. Les triumvirs partagèrent aussi entre eux les légions : ils en eurent chacun vingt sous leurs ordres.

Comme ils voulaient exciter le zèle de l'armée, ils lui abandonnèrent tout le territoire et toutes les propriétés de dix-huit grandes villes, telles que Capoue, Reggium, Benevente, etc., dont les habitants se virent ainsi dépouillés de leurs biens. Ils convinrent enfin, sous prétexte de se délivrer de tout danger intérieur pendant qu'ils porteraient la guerre au dehors, d'exterminer leurs ennemis par une proscription.

Le premier motif qui porta les triumvirs à ordonner le massacre de tant de citoyens, fut le besoin d'argent. Cassius et Brutus levaient avec facilité dans l'Orient d'immenses contributions qui assuraient la solde et la subsistance de leurs nombreuses armées. Les triumvirs, au contraire, manquaient de tous les moyens nécessaires à l'entretien de leurs troupes. L'Italie était épuisée par la guerre civile, la Gaule par les concussions des proconsuls; Rome jouissait du droit de ne point payer d'impôts, et les flottes de Sextus Pompée interceptaient la plupart des secours qu'on pouvait tirer de l'Afrique et de l'Occident.

De plus, ces mêmes triumvirs n'avaient sous les

yeux que trop d'exemples récents, propres à enflammer leurs passions. Le cruel Sylla s'était vu tranquille possesseur du pouvoir suprême; et, profitant de la terreur qui survivait à sa puissance, il avait fini paisiblement ses jours en simple citoyen, au milieu des familles consternées de ses victimes.

La douceur de Pompée encourageant au contraire l'audace de ses ennemis, il s'était vu lâchement servi et cruellement immolé. Enfin, tout à l'heure, on venait de voir tomber César sous le poignard de conjurés qui devaient la vie à sa clémence. Octave, Antoine et Lépide, moins grands, plus haïs et plus ambitieux que Sylla, résolurent de l'imiter.

Dans les premiers moments, ils n'ordonnèrent la mort que de dix-sept proscrits, désignés par leur haine, et redoutables par leur influence.

La vengeance partagea entre eux leurs victimes, comme ils s'étaient partagé les légions et les provinces de l'empire. Ils se firent mutuellement l'affreux sacrifice des sentiments les plus chers et des devoirs les plus sacrés. Antoine livra au fer de ses collègues son oncle Lucius; Lépidus, son propre frère; Octave, son tuteur Torranius, et Cicéron, dont il défendit quelque temps la vie, moins sans doute par reconnaissance que par la crainte d'imprimer à sa mémoire une tache éternelle. Cet illustre orateur fut immolé à la haine implacable d'Antoine.

Les agents des triumvirs portèrent sur-le-champ à Rome l'ordre fatal qui tranchait les jours de ces premiers proscrits : les uns furent saisis et frappés dans les bras de leurs femmes et de leurs enfants ; d'autres dans les temples, dans les rues et sur les places publiques ; quelques-uns au milieu de la joie tranquille des festins ; plusieurs, tels que le tribun du peuple Salvius, au moment où ils remplissaient les fonctions de leurs charges.

Ces exécutions sanglantes répandent dans la ville un effroi d'autant plus grand qu'on ignorait encore jusqu'où s'étendait la proscription. Chacun tremblait pour lui-même ; le tumulte devient universel ; les plus timides se cachent dans les lieux les plus retirés ; les plus prudents s'éloignent ; les plus hardis songent à se défendre : d'autres, dans leur désespoir, se disposent à incendier les édifices publics et leurs propres maisons. Dans cette ville immense, au milieu des ombres de la nuit, la mort semble planer sur toutes les têtes ; chaque citoyen, en rencontrant un homme, le prend pour un bourreau.

Le consul Pédius parcourait les rues de Rome, précédé de hérauts ; il parvint enfin à calmer cette agitation, en promettant qu'au lever du jour toutes les inquiétudes seraient dissipées. Il publia en effet le lendemain la liste des dix-sept victimes dévouées à la mort ; et, comme les triumvirs ne l'avaient point mis dans leur fatal secret, il garantit à tous les autres citoyens une entière sécurité. Pédius était tellement excédé des efforts qu'il lui avait fallu faire pour apaiser le soulèvement du peuple, qu'il en mourut dans la journée.

Les triumvirs entrèrent peu de temps après dans Rome à la tête de leurs cohortes prétoriennes : ils y furent reçus successivement, et chacun de leurs triomphes dura trois jours. Le tribun du peuple Publius Titius proposa solennellement et fit décréter une loi qui établit pour cinq ans le triumvirat confié à Lépidus, à Antoine et à Octave, avec une autorité égale à celle des consuls.

Les jours suivants on plaça sous les yeux du peuple, dans différents quartiers de la ville, de nouvelles tables de proscription. La première contenait cent cinquante noms. La cupidité, la peur, la haine et la vengeance, ces quatre funestes éléments des fureurs de la tyrannie, étendirent successivement ces tables sanglantes qui comprirent enfin dans leurs funèbres registres trois cents sénateurs et plus de deux mille citoyens.

Toutes les têtes dévouées à la mort étaient mises à prix. Chacun vendait sa conscience : l'homme libre pour de l'or, l'esclave pour de l'argent et pour la liberté. On ne touchait cet affreux salaire qu'en présentant la tête du proscrit. La mort punissait la vertu qui voulait dérober une victime aux tyrans ;

et les ordres les plus sévères ordonnaient à tout citoyen d'ouvrir ses foyers, jusque-là toujours inviolables, aux recherches des bourreaux. Ainsi le crime ne rencontrait point d'obstacle, et l'innocence ne trouvait point de refuge.

Les usurpateurs puissants et sanguinaires, couronnés par la fortune, encensés par la flatterie de leurs contemporains, n'ont pour juges que la postérité, et la vertu qu'ils foulent aux pieds ne peut être vengée que par l'histoire. C'est son burin seul qui grave sur leurs fronts les traits ineffaçables de la haine et du mépris. Il nous a conservé le préambule des tables de proscription, que nous transcrivons textuellement, et qu'on avait ainsi rédigé :

« Marcus Lépidus, Marcus Antonius, Octavius
» César, élus par le peuple pour rétablir l'harmonie
» et ramener le bon ordre dans la république, pro-
» clament ce qui suit : Si les méchants, par un effet
» de leur déloyauté naturelle, ne s'efforçaient point
» à exciter la commisération quand elle leur est
» nécessaire, et si, ne devenant point ensuite en-
» nemis de leurs bienfaiteurs, ils ne conspiraient
» pas contre ceux qui les avaient sauvés, Caïus Cé-
» sar ne se serait point vu assassiné par les ingrats
» que la guerre lui avait livrés, et qu'il avait com-
» blés d'amitié, de richesses et de dignités, après
» leur avoir sauvé la vie.

» Nous-mêmes, enfin, nous ne nous verrions pas

» forcés de sévir avec tant de rigueur contre les
» mêmes hommes qui, non contents de nous acca-
» bler d'outrages, nous ont déclarés ennemis de la
» patrie. L'expérience nous a convaincus qu'on ne
» peut désarmer par la clémence ceux qui ont con-
» spiré notre perte, et dont les mains fument en-
» core du sang de César; et, lorsque nous préve-
» nons nos ennemis pour ne point nous exposer à
» devenir leurs victimes, on ne peut nous accuser
» d'injustice, de cruauté, ni d'excès dans nos ven-
» geances.

» On doit se rappeler les maux que nous avons
» soufferts et ceux qu'éprouva César. Ses captifs,
» les hommes qu'il avait garantis de la mort, et que
» son testament appelait même à sa succession,
» l'ont percé en plein sénat de vingt-trois coups de
» poignard, en présence des dieux, quoiqu'il fût
» revêtu de la principale magistrature, quoiqu'il
» fût investi du suprême pontificat. Ils ont étendu
» à leurs pieds ce grand homme qui avait soumis au
» peuple romain les nations les plus formidables,
» franchi les colonnes d'Hercule, traversé des mers
» que n'avaient point encore bravées les navigateurs,
» et découvert des régions jusqu'alors inconnues
» aux Romains.

» Après cet attentat, les autres citoyens qu'une
» juste sévérité nous force à punir, loin de remplir
» leurs devoirs et de livrer ces assassins à la rigueur

» des lois, leur ont confié des magistratures et des
» provinces, qui leur donnent le pouvoir de s'em-
» parer des trésors de la république, de lever des
» troupes contre nous, et d'appeler aux armes des
» peuples barbares, implacables ennemis de Rome.
» On les a vus soulever par la terreur, contre la ré-
» publique, des nations alliées, et porter le fer et
» la flamme dans les villes qui ont voulu nous rester
» fidèles.

» Déjà notre vengeance a fait justice de quelques-
» uns de ces misérables; bientôt, avec l'assistance
» des dieux, leurs complices subiront le même sort.
» Nous venons d'exécuter ce noble dessein dans
» l'Espagne, dans les Gaules et en Italie; il ne nous
» reste plus qu'à combattre quelques meurtriers
» de César qui se trouvent encore armés au-delà des
» mers : mais, lorsque nous nous disposons, ci-
» toyens, à entreprendre pour vous cette guerre
» étrangère, il serait également contraire aux in-
» térêts de la république et à votre sûreté, comme
» à la nôtre, de laisser en liberté derrière nous le
» reste de nos communs ennemis, trop disposés à
» profiter de notre absence et des chances diverses
» de la guerre.

» L'expédition dont nous nous sommes chargés
» est urgente: nous avons pensé qu'au lieu de com-
» promettre la patrie par une funeste lenteur, nous
» devions nous hâter d'exterminer les hommes

» qui, les premiers, ont voulu nous flétrir du nom
» d'ennemis de la patrie, nous et les armées qui
» servaient sous nos ordres.

» De quel immense nombre de citoyens leurs
» barbares décrets avaient prononcé la ruine, sans
» craindre le courroux des dieux ni celui des hom-
» mes! Notre vengeance ne sera pas aussi cruelle
» que leur furie. Nous ne l'étendrons pas sur une
» aussi grande multitude de victimes; nous n'im-
» molerons point tous ceux qui se sont déclarés nos
» ennemis, ou qui ont conspiré contre nous; on ne
» verra point dans nos tables de proscription tous
» ceux dont la fortune ou les hautes dignités ont
» pu exciter quelques haines ou quelques rivalités;
» nous n'imiterons pas la rigueur de ce magistrat
» suprême qui, avant nous et comme nous, se vit
» chargé de rétablir le calme dans la république, et
» auquel vous décernâtes le nom d'*heureux* en
» considération de ses succès.

» Nous ne nous vengerons que des plus coupa-
» bles; sans cette mesure, que votre propre intérêt
» exige autant que le nôtre, vous nous verriez
» bientôt tous en proie aux plus affreuses calamités.
» Il est également nécessaire d'accorder quelque
» satisfaction à l'armée, exaspérée de tant d'injures,
» et proclamée ennemie de la patrie lorsqu'elle com-
» battait pour elle.

» Nous pourrions sans doute frapper nos crimi-

» nels ennemis successivement, et sans rendre leur
» liste publique; mais il nous a semblé préférable,
» au lieu de les saisir à l'improviste, de faire in-
» scrire leurs noms sur ces tables de proscription,
» pour éviter toute méprise funeste, et pour em-
» pêcher que nos soldats, dépassant les bornes qui
» leur sont prescrites, n'immolent ceux que nous
» voulons sauver. Par cette mesure, nous sommes
» certains qu'ils n'attaqueront que les coupables
» dont l'arrêt est prononcé.

» Fassent donc les dieux que personne ne donne
» asile aux proscrits, que personne ne les défende
» et ne se laisse corrompre par eux! Quiconque
» sera convaincu d'avoir tenté directement ou in-
» directement de les sauver sera inscrit sans pitié
» sur ces tables.

» Ceux qui leur auront donné la mort et qui nous
» présenteront leurs têtes, recevront de nous, pour
» chaque victime, l'homme libre, vingt-cinq mille
» drachmes attiques; l'esclave, dix mille et la liberté,
» avec les droits de cité dont jouissait son maître.

» Ceux qui feront connaître la retraite d'un pro-
» scrit obtiendront la même récompense: au reste,
» les noms des dénonciateurs et de tous ceux qui
» auront exécuté nos ordres ne seront écrits sur
» aucun registre, afin qu'ils restent à jamais in-
» connus. »

Ce monument de la plus affreuse tyrannie dévoilait les secrets qu'elle s'efforce ordinairement de dérober à tous les regards. Dans tous les temps l'esprit de parti excite les mêmes passions, porte aux mêmes cruautés ; mais il se couvre au moins du voile de la justice, et peu de tyrans eurent l'impudeur de publier ainsi leurs plus honteuses pensées.

Dès que les tables de proscription furent affichées, on ferma les portes de la ville, et de nombreuses troupes de soldats se répandirent autour des remparts pour ôter toute voie de salut aux proscrits.

De ce moment, les satellites des triumvirs, se dispersant dans Rome, commencèrent leurs sanglantes exécutions. Un nouveau genre de terreur plana sur la capitale du monde; ce n'était point cette terreur qu'éprouve une ville assiégée, et qui laisse encore quelque espoir dans le secours des armes et dans la modération du vainqueur. Les victimes livrées au fer des tyrans, plus malheureuses que celles qui sont frappées d'une horrible contagion, et qui voient les objets les plus chers fuir leur approche, non-seulement ne trouvaient ni consolations, ni retraites, ni défenses, mais elles redoutaient à la fois le poignard de leurs bourreaux, la trahison de leurs esclaves, la cupidité perfide de leurs plus proches parents. Les uns se précipitaient du haut des murs dans le fleuve; les autres, la torche à la main, périssaient dans leurs maisons enflammées : ceux-là se jetaient dans les puits; ceux-ci se cachaient dans les égouts, au milieu des immondices. Les personnages les plus distingués, se prosternant en larmes aux pieds de leurs esclaves, empruntaient leur vil costume dans l'espoir d'échapper à la mort : enfin, d'autres, plus courageux, ne voulant pas mourir sans vengeance, allaient au-devant des assassins, les attaquaient, et ne tombaient sous leurs coups qu'après en avoir immolé un grand nombre.

Ces jours affreux réveillèrent tous les ressentiments, et servirent toutes les haines. Chacun dénonçait, assassinait son ennemi, pillait sa maison, et s'emparait de ses richesses. La crainte des tyrans forçait l'amitié à la fuite et la nature au silence.

L'or corrupteur des triumvirs récompensa des crimes inouïs : des fils dénaturés, des épouses infâmes, portant à la main la tête de leurs pères et de leurs époux, vinrent audacieusement recevoir le honteux salaire de leurs exécrables forfaits.

Mais, si le ciel permet que le crime opprime souvent la vertu sur la terre, elle ne peut jamais en être totalement bannie; et, dans les temps de la corruption la plus déplorable, on voit encore briller quelques-uns de ses nobles rayons. Au milieu de tous ces actes de tyrannie, de trahison, de lâcheté, Rome eut à citer des traits nombreux de courage et de générosité.

La mère d'Antoine avait caché quelque temps chez elle son fils Lucius. Les assassins, découvrant son asile, voulaient l'arracher de ses bras; elle court au Forum, et, s'adressant à son fils aîné, assis sur son tribunal avec ses collègues : « Triumvir, lui
» dit-elle, je viens me dénoncer moi-même : j'ai
» donné asile à Lucius, à votre frère, à un proscrit.
» Il restera chez moi jusqu'au moment où vous
» aurez donné l'ordre de m'égorger en même temps
» que lui, puisque votre loi applique la même peine
» aux proscrits et à ceux qui veulent les sauver de
» la mort. »

Antoine lui reprocha sa pitié pour son frère; elle ne l'avait point empêché d'approuver le décret qui le déclarait lui-même ennemi de la patrie; cependant, vaincu par la nature, cet homme barbare demanda à ses collègues la grace de Lucius.

La femme d'Acilius, prodiguant toutes ses richesses aux satellites des triumvirs, sauva la vie de son époux, qui s'échappa escorté par les soldats chargés de le poignarder.

L'épouse d'Ancius enferma son mari dans une malle, le fit sortir sur le dos d'un porte-faix, et l'accompagna dans sa fuite.

Un esclave de Panopion, couchant dans le lit de son maître, et couvert de ses habits, se laissa égorger à sa place.

Le fils de Géta, ayant fait courir le bruit de la

mort de son père, feignit de brûler ses restes sur un bûcher; s'étant ensuite déguisé avec lui sous un costume rustique, il gagna les bords de la mer, porta le vieillard sur ses épaules, et mérita la même gloire que le pieux Énée.

Quelques proscrits traversèrent l'Italie travestis en satellites des tyrans, et répandant partout l'effroi qui les poursuivait. Sextus Pompée couvrait alors les côtes d'une foule de bâtiments légers; il recueillit sur ses vaisseaux un assez grand nombre de ces malheureux, échappés à la rage des proscripteurs.

Cicéron, fuyant loin de Rome, s'était embarqué dans une nacelle; l'état de souffrance où il se trouvait ne lui permit pas de supporter le mouvement des flots; il revint à terre, et s'enferma dans une de ses maisons de campagne près de Capoue.

Le croassement de plusieurs corbeaux, excités par l'approche des soldats qui le cherchaient, éveilla ses esclaves: ils prirent ce bruit pour un avertissement des dieux, placèrent leur maître dans une litière, et le portèrent au fond d'une forêt, dont l'épaisseur leur laissait l'espoir d'échapper à tous les yeux.

Déjà les soldats envoyés à la poursuite de l'illustre proscrit, trompés par le faux bruit de son embarquement, se disposaient à s'éloigner; mais un client de Claudius, animé par une vieille haine, indiqua au centurion Lénas le sentier que Cicéron avait suivi. Marchant promptement sur ses traces, il ne tarda pas à l'atteindre. Dès que Cicéron le vit approcher, sans proférer une parole, il présenta sa tête aux assassins, qui la coupèrent ainsi que sa main, et les portèrent dans Rome à son implacable ennemi.

Antoine était sur son tribunal dans le Forum, lorsque Lénas lui présenta les restes sanglants du père de la patrie. Antoine, à leur aspect, laissa éclater une cruelle et indécente joie, décerna une couronne à l'assassin, lui donna deux cent cinquante mille drachmes, et commanda d'attacher à la tribune aux harangues la tête et la main de cet orateur célèbre.

Les regrets du peuple firent long-temps accourir près de cette tribune une foule désolée, plus nombreuse que celle qu'attirait autrefois son éloquence.

La féroce Fulvie, veuve de Claudius, femme d'Antoine, et digne par ses fureurs de ses deux époux, vint jouir du plaisir barbare de la plus méprisable vengeance; armée d'un poinçon d'or, elle perça cruellement la langue de ce grand homme, dont elle croyait encore entendre tonner la voix dans ses Philippiques.

Fulvie, plus avide et plus déhontée que les triumvirs, payait comme eux des assassins, et désignait à la mort ses propres victimes. Elle avait long-temps convoité la riche campagne de Ruffus : le malheureux fut égorgé; et, lorsqu'on présenta ses restes à Antoine, le triumvir, se souvenant que le nom de Ruffus ne se trouvait pas inscrit sur les tables, dit froidement : « Ceci ne me concerne pas; » portez cette tête à Fulvie. »

Tous ces massacres ne remplissaient pas assez promptement le trésor des proscripteurs; et comme il leur manquait encore vingt millions de drachmes pour les besoins de la guerre, ils en rendirent compte au peuple, et firent publier un décret qui levait un énorme tribut sur quatorze cents femmes les plus distinguées et les plus riches de Rome.

Le même décret les obligeait à déclarer leur fortune, et promettait de fortes récompenses à ceux qui dénonceraient les biens qu'on aurait voulu cacher.

Les dames romaines frappées par cette loi espéraient d'abord émouvoir en leur faveur les femmes et les parentes des triumvirs. La sœur d'Octave et la mère d'Antoine les accueillirent avec douceur, mais sans pouvoir leur prêter un utile appui. Fulvie leur ferma sa porte ignominieusement.

Indignées de cet affront, elles se rendent au Forum, traversent la foule, et s'approchent de la tribune. Hortensia, fille du célèbre orateur Hortensius, s'adressant aux triumvirs, leur dit avec fermeté : « Décidées à suivre d'abord une marche convenable

» à notre sexe, nous avons imploré le secours de
» vos femmes; mais l'accueil indécent de Fulvie
» nous force à venir sur la place publique vous de-
» mander justice.

» Déjà vos rigueurs nous ont enlevé nos pères,
» nos époux, nos frères, sous prétexte qu'ils vous
» avaient traités en ennemis. Si vous nous privez
» aujourd'hui de nos biens et de tous moyens d'éle-
» ver nos enfants, vous nous précipiterez dans un
» abaissement indigne de nos mœurs et de notre
» rang.

» Nous accusez-vous d'avoir agi hostilement
» contre vous, ainsi que ceux dont nous pleurons
» la mort? Alors inscrivez-nous comme eux sur
» vos tables de proscription; mais si vous recon-
» naissez que des femmes n'ont pu rendre aucun
» décret contre vous, qu'elles n'ont ravagé aucune
» de vos maisons, et qu'elles n'ont point armé de
» légions pour vous combattre, pourquoi nous
» donner part aux châtiments quand nous n'en
» avons pas pris aux injures?

» Nous ne vous envions ni les commandements,
» ni les magistratures, ni les honneurs, que vous
» vous disputez au prix de tant de sang. Notre for-
» tune, dites-vous, vous est nécessaire pour soute-
» nir la guerre. Et dans quel temps la république,
» qui a toujours eu des ennemis à combattre, a-
» t-elle soumis les dames romaines aux taxes que

» vous exigez? Une fois seulement, il est vrai, nos
» mères, animées d'un sentiment héroïque, voyant
» la république exposée aux plus grands périls, et
» Rome réduite à la dernière extrémité par les Car-
» thaginois, offrirent de contribuer aux besoins
» publics ; mais cette contribution volontaire ne
» fut point prise sur leurs terres, sur leurs dots,
» sur tout ce qui était nécessaire à la subsistance de
» leurs familles ; elles ne sacrifièrent à la patrie que
» leur luxe, leurs bijoux, leurs ornements, et
» n'eurent à redouter ni contrainte, ni violence,
» ni délations.

» Aujourd'hui quel est donc le danger qui me-
» nace l'empire romain? Que les Parthes, que les
» Gaulois paraissent au pied de nos murs, et vous
» verrez que nous égalons nos mères en vertu!
» Mais jamais nous n'offenserons les dieux en con-
» tribuant aux frais d'une guerre civile : vous
» implorez en vain nos secours lorsque vous allez
» vous déchirer mutuellement ; nous n'en avons
» offert ni à César ni à Pompée ; Marius n'en exigea
» pas de nous ; Cinna ne tenta point de nous y con-
» traindre, et Sylla lui-même, le tyran de notre
» patrie, plus juste que vous qui prétendez rétablir
» l'ordre et la paix, n'osa point nous imposer de
» tribut. »

A ce discours, les triumvirs, frémissant de rage
et de colère, et craignant ce premier exemple de

courage, ordonnèrent aux licteurs d'éloigner ces femmes de la tribune, et de les chasser de la place publique; mais une grande rumeur s'étant élevée de tous côtés parmi le peuple, les licteurs n'osèrent obéir. Les triumvirs rompirent l'assemblée. Le jour suivant ils révoquèrent en grande partie leur décret, et convertirent l'impôt en emprunt d'une valeur modique, qu'ils exigèrent de quatre cents femmes seulement.

Ainsi, dans ces jours de décadence, d'horreurs et de lâcheté, tandis que les maîtres du monde courbaient leurs fronts humiliés sous le joug de trois tyrans, les dames romaines seules, résistant aux triumvirs, osèrent leur faire entendre la voix expirante de la justice et de la liberté.

Ces horribles proscriptions répandirent la terreur et la consternation dans toute l'Italie; mais elles portèrent aussi au plus haut degré la fureur et la soif de la vengeance dans le cœur de tous ceux qui purent échapper aux bourreaux et trouver le moyen de réunir leurs armes à celles des conjurés.

Les Romains qui conservaient encore quelques vertus, quelque amour pour la liberté, accoururent dans les camps de Brutus et de Cassius, dont les armées se joignirent à Smyrne.

Ces deux généraux, qui avaient abandonné l'Italie en fugitifs, sans avoir une ville pour appui, une cohorte pour défense, se trouvaient alors à la tête de quatre-vingt mille hommes, maîtres de l'Asie et de la Grèce, et en état de défendre la liberté romaine contre ses oppresseurs. Ils se préparaient à marcher en Égypte contre Cléopâtre, dont l'empire s'était armé pour venger la mort de César; mais ils renoncèrent à cette entreprise lorsqu'ils apprirent qu'Antoine et Octave, laissant à Rome Lépidus chargé du gouvernement de l'Italie, se disposaient à s'embarquer avec quarante légions pour les combattre.

Avant de s'avancer contre eux, ils se vengèrent des Rhodiens et des Lyciens qui leur avaient refusé des contributions. Rhodes fut soumise et saccagée. Les habitants de cette ville opulente ne conservèrent d'autres biens que la vie : les Lyciens éprouvèrent encore un sort plus cruel; enfermés dans Xante, leur capitale, ils ne cédèrent ni aux menaces de Cassius ni aux prières de Brutus. Combattant jusqu'à l'extrémité, au moment où ils voulaient brûler les tours ennemies qui dominaient leurs remparts, l'incendie se communiqua aux maisons de la ville. Brutus s'efforça vainement d'éteindre les flammes ; les Lyciens, désespérés, leur jetèrent sans cesse de nouveaux aliments, s'y précipitèrent, périrent tous, et ne laissèrent que des cendres aux vainqueurs.

Quelques historiens accusent Brutus de ce désastre : sa vie entière dément cette calomnie. Cassius en eût été plus capable : ce républicain ardent, farouche, ambitieux, combattait encore plus par haine pour les tyrans que par aversion contre la tyrannie. Les plus grands ennemis de Brutus vantèrent toujours la générosité de ses sentiments, la douceur de ses vertus. Il ne commit qu'un seul crime, dont son amour pour la liberté fut la cause et peut-être l'excuse.

Ces deux derniers soutiens de la république se rencontrèrent encore à Sardes : Brutus adressa de vifs reproches à Cassius sur ses concussions et sur d'autres excès qui pouvaient tacher la noble cause que défendaient leurs armes. La querelle s'échauffant, était au moment de dégénérer en rupture; Favonius, un de leurs amis, calma leur animosité.

Après cette conférence, Brutus, retiré le soir dans sa tente, se livrait, suivant sa coutume, à l'étude, que n'interrompirent jamais ses occupations publiques; il lisait à la clarté d'une lampe près de s'éteindre : tout à coup, entendant quelque bruit, il lève la tête et voit sa porte ouverte. Un spectre d'une taille gigantesque, d'un aspect effrayant, se présente à ses regards et fixe sur lui un œil menaçant : « Es-tu, lui dit intrépidement le Romain, un » mortel ou un démon? Quel est le motif qui t'a- » mène à mes yeux? » « Brutus, répond le fantôme, » je suis ton mauvais génie; tu me reverras à Phi- » lippes. » « Eh bien! répliqua Brutus sans s'émou-

» voir, nous nous reverrons. » Le spectre disparut.

Brutus appela ses esclaves, qui assurèrent n'avoir rien vu : il continua sa lecture. Le lendemain, encore frappé de cette apparition, il en fit le récit à Cassius, qui attribua cette illusion à la chaleur de son imagination fatiguée par un trop long travail. Brutus le crut comme lui.

Sur ces entrefaites, apprenant qu'Antoine et Octave s'avançaient dans la Macédoine, ils passèrent en Thrace, et campèrent près de Philippes, où les triumvirs arrivèrent peu de jours après.

Le monde entier attendait avec effroi l'issue de cette scène sanglante qui devait décider de son sort, et faire triompher le despotisme ou la liberté.

L'espérance et la crainte agitaient alternativement les deux armées. Brutus seul, satisfait d'avoir rempli son devoir, paraissait tranquille sur l'événement. Il disait à ses amis : « Quel que soit l'arrêt » du sort, je ne cours aucun danger; si je suis vain- » queur, je rends à Rome sa liberté; si mes ennemis » l'emportent, la mort me délivrera de l'esclavage. »

La force des deux partis était à peu près égale; ils comptaient chacun plus de cent mille combattants. Les triumvirs campaient dans la plaine; les conjurés occupaient deux collines près de la ville : leur forte position les rendait maîtres de refuser ou de livrer bataille, comme ils le jugeraient convenable. Ils recevaient de l'Orient tous les vivres nécessaires à leur subsistance. L'île de Thasos était leur magasin. L'armée des triumvirs, au contraire, privée de provisions, se trouvait dans un péril d'autant plus imminent, que Pompée, maître de la mer, empêchait l'arrivée de tout secours et de tout renfort : aussi elle souhaitait vivement une action décisive.

Cassius, plus expérimenté que son collègue dans l'art de la guerre, voulait différer le combat, et remporter une victoire plus certaine par la disette que par les armes. Brutus, soit qu'il se méfiât de la constance de ses troupes, soit qu'il ne pût contenir leur ardeur, pressa son collègue de combattre. « Je suis impatient, dit-il, de terminer les » malheurs du genre humain. » Son avis l'emporta.

Lorsqu'ils eurent réglé toutes leurs dispositions, Cassius dit à Brutus : « Que ferez-vous si nous » sommes vaincus ? » « J'ai blâmé autrefois dans » mes écrits, répondit celui-ci, la mort de Caton, » et je croyais qu'en tranchant soi-même ses jours » on commettait un crime contre les dieux ; mais » j'ai changé d'opinion : décidé à mourir pour ma » patrie, je pense avoir le droit de choisir le genre » de mort qui me semblera préférable ; et, si la for- » tune m'est contraire, je quitterai une vie pénible » sur cette terre pour un monde meilleur. » « Mon » ami, s'écria Cassius en se jetant dans ses bras, » que rien ne nous arrête à présent, puisque, d'a-

» près cette résolution, nous n'avons plus à crain-
» dre de vainqueurs. » A ces mots, ils donnèrent le
signal du combat.

Octave, qu'on accusa toujours de manquer de
bravoure, était alors retenu loin de son camp par
une maladie réelle ou supposée. Antoine, qui commandait seul, attaqua les troupes de Cassius et les
fit plier jusqu'à leurs retranchements. Tandis qu'il
remportait cet avantage, Brutus se précipita si impétueusement sur l'armée d'Octave, qu'il rompit
ses rangs, la mit en déroute, et pénétra jusque dans
son camp, qu'il livra au pillage.

De son côté Antoine, poursuivant ses succès,
mit en fuite la cavalerie de Cassius et força ses lignes.
Cassius, montrant une valeur digne de son nom et
de sa renommée, fit de vains efforts pour rallier les
fuyards : arrachant une enseigne à celui qui la
portait, il se précipita au milieu des ennemis, et
rétablit un moment le combat. Mais que peut le
courage d'un seul? Son armée, saisie de terreur,
resta sourde à sa voix, et il se vit obligé de céder
au torrent et de fuir avec elle. Malheureusement un
épais nuage de poussière lui dérobait la vue de la
défaite d'Octave; croyant Brutus battu comme lui,
et leur cause perdue, il entra dans sa tente et se
tua.

Brutus, revenu à la tête de ses troupes victorieuses, rallia celles de Cassius, leur rendit l'espérance

et le courage, et reprit avec elles son ancienne position.

Instruit par l'expérience, il voulait éviter une nouvelle action et affamer l'ennemi; mais ses soldats, présomptueux depuis leur premier succès, demandaient à grands cris le combat. Il résista vingt jours à leur impatience; enfin, ignorant que la flotte des triumvirs venait d'être dispersée par celle de Pompée, et que l'ennemi se trouvait totalement privé de subsistances, il céda aux instances de son armée, et donna le signal qu'elle désirait. On raconte que la veille de cette fatale journée, il crut encore revoir le spectre qui lui était apparu sur la côte d'Asie.

Ses légions rompirent d'abord l'infanterie d'Octave, et sa cavalerie en fit un grand carnage; mais Antoine, ayant pris en flanc les troupes que commandait précédemment Cassius, les enfonça. Leur terreur se communiqua au centre de l'armée; tout plia, tout se mêla; on ne conserva pas même assez d'ordre pour se retirer en combattant; là déroute fut complète. Brutus, entouré de ses plus braves officiers, opposa long-temps au vainqueur une résistance opiniâtre et une vaillance inutile. Le fils de Caton et le frère de Cassius périrent à côté de lui. Enfin, ne pouvant combattre seul une armée, il prit aussi la fuite.

Les triumvirs avaient ordonné qu'on ne le laissât

pas échapper; leur cavalerie le poursuivait avec ardeur. Lucilius, son ami, voyant un corps de Thraces prêt à le prendre, se décide à le sauver aux dépens de sa propre vie; il marche au devant des ennemis, leur crie qu'il est Brutus, et se livre à eux. A ces mots, on l'arrête, et Brutus s'échappé.

Antoine, instruit par quelques cavaliers thraces de leur succès, accourt dans l'intention cruelle d'insulter au malheur de Brutus, et de lui donner la mort; mais Lucilius, s'avançant avec courage, lui dit: « Brutus n'est pas dans vos fers, sa vertu est » à l'abri d'un tel outrage; pour conserver son » honneur, j'ai sacrifié ma vie; je vous ai trompé, » frappez-moi. »

Vaincu par un dévouement si rare, Antoine embrassa Lucilius, et s'efforça de conquérir par ses bienfaits un ami si fidèle.

Brutus, suivi d'un petit nombre de compagnons, se réfugia la nuit dans une grotte: on l'entendit répéter ces paroles d'Euripide: « Malheureuse » vertu! j'ai cru long-temps à ton existence, mais » tu n'es qu'une ombre vaine et l'esclave de la for- » tune! » Étrange aveuglement du malheur! il oubliait que cette vertu brille plus dans les revers que dans la prospérité, qu'elle est immortelle comme notre ame, et qu'éternellement on préférera la mémoire de Brutus vaincu à celle d'Antoine vainqueur.

Brutus aurait mieux pensé s'il n'avait pas eu de reproches à se faire; mais le sang de César pesait sans doute sur son cœur. Aussi on l'entendit encore, levant les yeux vers le ciel, prononcer cet autre vers du même poëte qui dit que « le coupable » doit recevoir dans cette vie la punition de ses » crimes. »

Brutus avait chargé Statilius de s'informer du sort de plusieurs de ses amis: ne le voyant pas revenir, et apprenant que les ennemis s'approchaient, il pria les officiers qui l'entouraient de trancher ses jours; et, comme ils refusaient de lui rendre ce fatal service, il ordonna à l'un de ses esclaves de le frapper: alors Straton, qui se trouvait près de lui, s'écria: « Il ne sera pas dit que Brutus, cher- » chant un ami, n'a pu trouver qu'un esclave! » Détournant sa tête avec horreur, il lui présente la pointe de son épée; Brutus se précipite sur le glaive et expire. Ainsi mourut cet homme célèbre, qu'on appela le dernier des Romains.

Après leur victoire, Antoine et Octave se partagèrent l'empire, et le gouvernèrent en maîtres souverains. Lépidus n'existait que de nom dans le triumvirat; il n'avait ni autorité sur l'armée, ni crédit sur le peuple.

Le succès n'adoucit point la férocité des vainqueurs. Ils immolèrent à leurs vengeances un grand nombre de victimes. Hortensius, Drusus, Varus

périrent par leurs ordres; ils condamnèrent un père et un fils à se tuer mutuellement. Un des proscrits ayant demandé pour unique grace à Octave d'être enterré après sa mort, le barbare lui répondit : « Les vautours te serviront de tom-
» beau. »

On plaça la tête de Brutus aux pieds de la statue de César; les triumvirs envoyèrent cependant ses cendres à Porcia. Cette intrépide Romaine, fille de Caton, épouse de Brutus, suivit leur exemple, et se donna la mort en avalant des charbons ardents.

Octave revint à Rome, et chercha par un règne plus doux à calmer la haine qu'inspiraient ses proscriptions sanglantes. Il relégua Lépidus en Afrique avec quelques légions dont il suspectait la fidélité.

Antoine eut l'Orient en partage; après s'être rendu à Athènes, où les disputes des philosophes et les harangues des orateurs l'arrêtèrent peu, il passa en Asie, et la parcourut, entouré d'un cortége de rois et de princes qui disputaient à l'envi de bassesses pour obtenir ses faveurs. Un grand nombre de princesses venaient aussi essayer sur son cœur le pouvoir de leurs charmes.

Plus voluptueux que les satrapes les plus efféminés, aussi arrogant que les plus fiers descendants de Cyrus, il leva des contributions sans mesure, donna, ôta et rendit des couronnes au gré de son caprice. La beauté de Glaphyre valut à Sysène, son époux, le trône de Cappadoce. L'adresse d'Hérode lui fit obtenir celui de Judée.

Antoine voulait punir Cléopâtre, et lui ordonna de venir le trouver à Tarse; elle y parut, non en suppliante et en accusée, mais en reine qui commande l'obéissance, en divinité qui vient recevoir l'encens des mortels. Son esprit égalait ses charmes; nulle femme ne la surpassait en magnificence, en adresse, en beauté, en perfidie.

Une foule innombrable accourait sur les bords du Cydnus pour admirer la galère brillante d'or et de pourpre qui portait cette reine charmante, que chacun prenait pour Vénus. Antoine conçut pour elle une passion violente qui devint la cause de sa ruine.

Le triumvir, suivant comme un captif le char de triomphe de Cléopâtre, l'accompagna en Égypte, et oublia dans le sein de la volupté ses victoires, ses rivaux, Rome et l'empire.

Octave ne connaissait qu'une passion, celle du pouvoir. Il devait tout à l'armée, et il distribua aux vétérans les terres qu'on leur avait promises. Ainsi leur retour en Italie fut plus funeste à ses habitants que l'invasion des Gaulois. Partout on chassait les citoyens de leurs foyers pour en laisser la possession aux soldats. Les temples et les rues étaient remplis d'une foule d'hommes, de femmes, d'enfants éplorés, demandant à grands cris un asile et du pain. Un seul habitant de Mantoue trouva grace aux yeux d'Octave, ce fut le fameux poëte Virgile; il récompensa César de ses bienfaits par des vers qui lui donnèrent l'immortalité. Telle est la puissance des grands écrivains : Octave ne fit qu'adoucir le sort de Virgile; Virgile illustra le règne et la mémoire d'Octave.

Le seul et triste dédommagement que pouvaient espérer les Romains de la perte de leur liberté, c'était un honteux repos; mais le sort ne leur permit pas encore d'en jouir, et la guerre civile vint de nouveau aggraver leurs calamités.

Fulvie, femme d'Antoine, avait en vain tenté de séduire Octave, il méprisa ses charmes et ses vices. Furieuse de se voir rebutée par lui, et d'être en même temps abandonnée par son mari pour une Africaine, elle sema la dissension entre les triumvirs, dans l'espoir que cette querelle réveillerait Antoine de sa langueur et le forcerait à s'éloigner de Cléopâtre. Lucius, son beau-frère, la servit dans ce projet; réclamant pour l'armée d'Antoine une part dans les terres qu'Octave avait distribuées à la sienne, il refusa tout moyen de conciliation, forma six légions qu'il remplit de citoyens qu'on avait dépouillés de leur fortune, et déclara la guerre.

Octave le battit, le resserra dans Pérouse, l'assiégea, le contraignit à se rendre, et lui accorda la vie. Honteuse et désespérée, Fulvie abandonna l'Italie. Lorsque Antoine apprit la défaite de son frère, il s'embarqua pour combattre Octave, et rencontra dans Athènes Fulvie, l'infâme Fulvie, auteur de ces nouveaux troubles; il l'accabla de mépris, et la laissa mourante, non de remords, mais de rage.

Antoine, s'étant alors réconcilié avec Sextus Pompée, débarqua à Brindes : ses légions étaient nombreuses, mais composées de nouvelles troupes. Octave conduisait contre lui des vétérans accoutumés à la victoire; mais ces vieux guerriers paraissaient combattre avec répugnance contre leur ancien général.

Au moment de livrer bataille, les deux triumvirs se rapprochèrent par l'entremise de Mécène, de Pollion et de C. Nerva; et le mariage d'Antoine et d'Octavie, sœur du jeune César, fut le gage de leur réconciliation. Ils partagèrent de nouveau l'empire entre eux. Octave garda l'Occident; Antoine, l'Orient; Lépidus, l'Afrique.

Après cet accord, Octave marcha contre Pompée, qui était descendu en Italie. Mécène tenta vainement de prévenir cette nouvelle effusion de sang romain; il demanda la paix, et proposa le mariage de Scribonia, parente de Pompée, avec Octave. Pompée consentit à cette union; mais il refusa la paix, et, après avoir remporté quelques avantages, resserra Octave dans une position défavorable, où il courait le risque de perdre l'empire et la vie.

Antoine vint au secours d'Octave, le dégagea, et fit un grand carnage des ennemis [1].

Après ce succès, on en revint aux négociations; et les triumvirs conclurent la paix avec Pompée, qui obtint pour son partage la Sicile, la Sardaigne, la Corse et le Péloponèse, avec la promesse du consulat, et huit millions d'indemnités pour les frais de la guerre.

Ce traité fut signé dans une conférence qui eut lieu entre les triumvirs et Sextus, sur la flotte de Pompée. Pendant le repas qui suivit la conférence, Ménas, affranchi de Pompée, vint secrètement lui proposer de lever l'ancre, de tuer ses convives, et de se rendre ainsi maître de l'univers. « Tu de- » vais le faire sans me le dire, répondit Pompée; » mais, puisque tu m'en parles, je m'y oppose, et » ne veux point être parjure. »

Antoine demeura quelque temps à Rome; et comme il perdait habituellement au jeu contre Octave, un astrologue égyptien, chargé probablement des instructions de Cléopâtre, lui prédit que son rival aurait sur lui un éternel ascendant, s'il ne prenait pas le parti de s'en éloigner. L'ambition est souvent aussi crédule et aussi superstitieuse

[1] An de Rome 714. — Avant Jésus-Christ 38.

que l'amour; on dirait que les hommes veulent toujours associer les dieux à leurs passions. Antoine sortit de Rome, et passa l'hiver à Athènes.

Les Athéniens, depuis long-temps, n'employaient leur éloquence qu'à décorer leurs bassesses et à rendre leurs flatteries plus pompeuses. Comparant Antoine à Bacchus, ils lui dirent dans leurs harangues qu'il méritait d'être l'époux de Minerve, leur protectrice. Antoine, moins politique ou moins crédule qu'Alexandre, les punit amèrement de ce lâche hommage; il accepta le mariage proposé, et leur fit payer mille talents pour la dot de la déesse.

Pendant son séjour dans la Grèce, il apprit que son lieutenant Ventidius avait battu trois fois les Parthes, et que, dans une dernière action, il venait de tuer Pacorus, fils d'Orode, leur roi. On lui décerna les honneurs du triomphe; ce qui parut alors d'autant plus remarquable, qu'autrefois, dans la guerre sociale, ce même Ventidius, chef de l'armée des alliés contre Rome, avait été pris, et s'était vu forcé de suivre, comme captif, le char de triomphe du père du grand Pompée.

Antoine, jaloux de la gloire de son lieutenant, sentit se réveiller dans son ame la passion des armes. Il courut à la tête de son armée en Asie, espérant surpasser les succès de Ventidius; l'événement trompa son attente. Méprisant les avis de ses alliés, et n'écoutant que son ardeur, il s'engagea aussi témérairement que Crassus dans les plaines brûlantes du pays des Parthes. Enveloppé comme lui, il se vit au moment d'éprouver le même sort; mais il répara l'imprudence de son attaque par l'habileté de sa retraite. Prouvant par sa vigueur et par son courage qu'il était digne de commander aux Romains, il donna aux soldats l'exemple d'une constance héroïque qui leur fit supporter avec fermeté la chaleur, la fatigue, les besoins et le danger; il soutint avec intrépidité quatorze combats; et, après une marche aussi longue que périlleuse, il ramena en Syrie la moitié de son armée, assiégea la capitale du roi de Comagène qui avait donné des secours aux Parthes, et le contraignit à lui payer un tribut.

Cependant, Octave, qui ne respectait pas plus alors les mœurs que les lois, répudia Scribonia, sa femme, le jour même où elle était accouchée de Julie. Entraîné par un amour coupable pour Livie, il força Tibérius Néron, son mari, à la lui céder, quoiqu'elle fût alors grosse de six mois. Pour le malheur du monde, Livie avait donné le jour à Tibère.

Il régnait dans ce temps à Rome un tel désordre, que les triumvirs nommèrent jusqu'à soixante-sept préteurs, et qu'il fallut un décret du sénat pour empêcher l'un d'entre eux de paraître en public dans l'arène au rang des gladiateurs.

Le divorce de Scribonia excitait le ressentiment de Pompée : Ménas, qui n'avait pu le déterminer à une trahison, le trahit lui-même, donna soixante de ses vaisseaux à Octave, et lui livra la Sardaigne ainsi que la Corse. Pompée réclama son esclave fugitif; Octave refusa de le lui abandonner, et la guerre recommença.

La mer fut le théâtre de différents combats : une action qui eut lieu près de Cumes laissa la victoire indécise. Octave, ayant livré une seconde bataille près de Scylla, fut complétement défait, et une tempête dispersa les débris de sa flotte. Pompée, enivré de ce succès, prit le nom de *fils de Neptune*, et perdit, en réjouissances et en fêtes célébrées pour ses victoires, le temps qu'il aurait dû employer à la ruine de son rival; il ne débarqua point en Italie, comme il aurait pu le faire alors sans obstacle, et laissa échapper l'occasion que lui offrait la fortune [1].

Octave réunit de nouvelles forces, et se vit bientôt en état de lui résister. A cette époque, les triumvirs, de leur propre autorité, se continuèrent dans leur charge pour cinq ans.

Dans l'Orient, Hérode, secondé par les Romains, s'empara de Jérusalem, fit périr Antigone, et détrôna la famille d'Aristobule. En Europe, un nou-

[1] An de Rome 716. — Avant Jésus-Christ 56.

vel orage menaçait les Romains; les Gaulois s'étaient révoltés, et se disposaient à envahir la province romaine. Agrippa, consul, lieutenant et ami d'Octave, conduisit une armée contre eux, remporta plusieurs victoires, et les contraignit à se soumettre. On voulait lui décerner le triomphe; mais il le refusa, dans la crainte d'humilier par cette solennité le triumvir, qui venait d'éprouver une défaite. Un consul assez courtisan pour refuser le triomphe n'annonçait que trop la fin de la république.

Agrippa, illustrant le règne de son maître par ses travaux comme par ses victoires, réunit les lacs Lucrin et Averne, et en forma un port magnifique, auquel il donna le nom de Jules. Le tremblement de terre qui eut lieu en 1538 a détruit tout ce qui restait encore de ce fameux ouvrage.

Octave, résolu de se venger de ses revers, invita les autres triumvirs à joindre leurs efforts aux siens contre Pompée : Antoine lui envoya cent vingt vaisseaux; Lépidus lui amena une flotte nombreuse et douze légions.

Les vents, qui s'étaient déjà montrés si favorables à Pompée, dispersèrent encore la flotte de ses ennemis. Cet événement porta jusqu'à l'excès son puéril orgueil. Quittant la pourpre, et prenant un manteau dont la couleur verte ressemblait à celle de l'Océan, il se crut véritablement le fils du dieu des mers.

Octave avait réparé sa flotte; il en prit une partie sous ses ordres, tenta encore le sort des armes, et se vit de nouveau battu. Agrippa, qui commandait le reste de ses vaisseaux, fut plus heureux, et s'empara de Tyndarium en Sicile. Octave profita de ce succès, et débarqua dans cette île vingt et une légions. Pompée, dans ce moment, lui proposa de terminer leur querelle, sur la mer, par une bataille générale. Le défi fut accepté; trois cents vaisseaux combattirent de part et d'autre avec acharnement. Agrippa décida la victoire par son habileté, et détruisit totalement la flotte de Pompée qui se sauva avec dix-sept bâtiments, courut chercher des alliés en Asie, et y trouva la mort, qu'on lui donna par les ordres d'Antoine.

Lépidus, aussi présomptueux que malhabile, se voyant à la tête de la plus grande partie de l'armée de terre, crut pouvoir recueillir seul le fruit de la victoire. Octave connaissait le peu d'estime que ressentait l'armée pour un si médiocre général: dédaignant de le combattre, il arrive sans escorte dans son camp, parle aux officiers, harangue les soldats, leur rappelle la gloire et le nom de César, et les voit tous se ranger en peu d'instants sous ses ordres.

Lépidus, tremblant, honteux, abandonné, ne trouve de ressources que dans sa lâcheté : renonçant au titre de triumvir, à celui d'*imperator*, à l'autorité d'un général, il se dépouille des marques de sa dignité et se prosterne aux pieds d'Octave, qui lui permet de vivre en exil à Circeyes, petite ville d'Italie, et de conserver le souverain sacerdoce. Lépidus n'avait dû son élévation qu'au caprice de la fortune et à l'amitié de César. Il n'eut ni les vertus ni les vices qui rendent célèbre.

Octave livra au supplice les principaux officiers de Pompée; il récompensa les exploits d'Agrippa par une couronne rostrale, et reçut lui-même à Rome tous les honneurs que purent inventer et prodiguer la crainte et la flatterie.

Après s'être montré féroce pour arriver à la domination, il voulut paraître généreux pour la conserver; et, par un exemple presque unique, le burin de l'histoire eut à tracer en lui le portrait de deux hommes tout différents; celui d'Octave, tyran cruel et farouche, et celui d'Auguste, monarque sage, clément, chéri et respecté. Il mérita, par la douceur d'un long règne, l'affection d'un peuple qu'il accoutuma au joug. Le repos au dedans, la gloire au dehors, le luxe, les fêtes, les arts, les lettres firent oublier la liberté. L'univers adora Auguste, et la postérité donna son nom à son siècle.

Comme Octave ne pouvait prétendre à égaler la renommée militaire d'Antoine, il résolut de miner sa puissance en se faisant aimer par l'aménité de ses formes, par sa générosité, par l'habileté de son administration, certain qu'Antoine, livré à ses passions, accroîtrait sans cesse la haine qu'inspiraient aux Romains son orgueil, le grossièreté de ses formes et ses excessives débauches.

Il commença donc à chasser de l'Italie les brigands qui l'infestaient. Ses soins y rétablirent la paix et la sûreté : il consola Rome de ses malheurs, en rendant la sécurité aux familles des proscrits : soigneux de cacher le sceptre toujours odieux aux Romains, il voilait son autorité sous des formes républicaines, présidait le sénat comme consul, conduisait le peuple comme tribun, et, sûr de son pouvoir, laissait une liberté apparente aux comices et aux délibérations. Il récompensait avec profusion les exploits de ses généraux, flattait la vanité des grands par de hautes dignités, satisfaisait le peuple par ses largesses, lui prodiguait les jeux et les fêtes, le détournait des affaires en l'occupant de plaisirs, encourageait les lettres, protégeait les arts, et embellissait la capitale par de nombreux et de magnifiques monuments.

Pour être digne de commander aux Romains, il fallait soutenir leur gloire; Octave, surmontant la faiblesse qui le portait à craindre les combats, fit la guerre pendant trois ans avec succès contre les Dalmates et les Pannoniens, s'exposa, pour mériter l'empire, aux périls qu'il redoutait, et construisit à Rome, avec leurs dépouilles, un superbe portique où il plaça la riche bibliothèque à laquelle il donna le nom de sa sœur Octavie; mais ce qui lui concilia le plus l'affection des Romains, ce fut une action généreuse qu'on était loin d'attendre de l'impitoyable auteur de tant de proscriptions.

Lorsque Sextus Pompée fut assassiné en Phrygie, on saisit dans ses papiers les lettres d'un grand nombre de sénateurs, dont le contenu pouvait réveiller les soupçons, ressusciter les troubles et provoquer la vengeance. Elles furent envoyées à Octave; mais, au lieu de les lire, il les fit brûler sur la place publique, déclarant qu'il sacrifierait désormais sa sûreté personnelle à la tranquillité générale, que l'intérêt de la patrie l'emporterait constamment sur le sien, et qu'il était même disposé à se dépouiller de son autorité dès qu'Antoine aurait vengé Rome des Parthes.

Cette démarche et ces paroles excitèrent les transports du peuple qui croit toujours ce qu'il désire, et ce peuple, dans son enthousiasme, abandonnant les restes d'une liberté dont on ne lui montrait que l'ombre, créa Octave tribun perpétuel. Dans plusieurs villes d'Italie on lui éleva des temples. Malheureux temps où un trait de clémence et de générosité était regardé comme l'action d'un dieu !

Tandis qu'Octave méritait, par une conduite si

nouvelle pour lui, le nom d'Auguste, qu'il reçut depuis, et que nous lui donnerons désormais, Antoine, aveuglé par l'orgueil, enivré par l'amour, énervé par la volupté, travaillait chaque jour à sa propre ruine. Revenu de la guerre des Parthes, il avait retrouvé en Asie la perfide reine qui séduisait ses sens et corrompait son cœur. Retombé dans ses chaînes, oubliant les nœuds qui l'unissaient à la vertueuse Octavie, il suivit Cléopâtre en Égypte, et ne parut plus que son premier esclave.

Il consumait les jours et les nuits en débauches et en festins, dégradait son nom, son rang et sa patrie, et décernait des prix honteux à tous ceux qui inventaient quelque nouveau genre de volupté. Les trésors de l'Orient opprimé suffisaient à peine pour payer ces scandaleux plaisirs.

Vainqueur, par trahison, d'Artabaze, roi d'Arménie, il le conduisit enchaîné aux pieds de sa maîtresse, et le fit périr parce qu'il refusa de rendre hommage à cette Africaine.

Chaque jour, sans autorisation du sénat, il sacrifiait à sa maîtresse quelques provinces de l'empire. Alexandrie devenait ainsi, par sa munificence et par les conquêtes qu'elle devait à ce honteux amour, la rivale de Rome, qui ne pouvait pas longtemps supporter cette injure.

Plus les désordres d'Antoine le rendaient odieux aux Romains, et plus ils flattaient les espérances ambitieuses d'Auguste, qui voyait avec un secret plaisir la chute du dernier obstacle que pût craindre son ambition.

Les amis d'Antoine lui écrivirent pour lui faire connaître l'indignation qu'excitaient sa conduite, sa folle passion, et les honneurs sans mesure qu'il accordait à ses enfants illégitimes. Antoine redoubla ce mécontentement par sa réponse. C'était une apologie aussi scandaleuse que ridicule de ses faiblesses. Loin de promettre la révocation de ses coupables largesses, il disait « que la grandeur
» romaine éclatait moins par ses conquêtes que par
» la distribution des pays conquis; que les hom-
» mes véritablement grands augmentaient leur
» illustration en laissant dans les diverses contrées
» de la terre une nombreuse postérité, nobles ra-
» meaux d'une tige immortelle. Hercule, disait-il,
» dont je me vante de descendre, s'est conduit ainsi,
» et ce héros, loin de se borner aux liens d'un seul
» mariage, honora de son amour les plus rares
» beautés que lui offrirent les trois parties du
» monde, afin de laisser partout des héritiers de
» son nom, de son courage et de sa gloire. »

Cet excès de démence et d'orgueil lui enleva les partisans qui lui restaient en Italie. Ils se rangèrent tous du côté de son habile et prudent rival.

Quelque avantage qu'Auguste dût espérer en attaquant un ennemi qui se perdait lui-même, il crut devoir dissimuler ses vrais sentiments, et prendre en apparence tous les moyens propres à éviter une nouvelle guerre, dont il voulait rejeter tout l'odieux sur son ennemi.

La sage Octavie lui parut l'instrument le plus propre à remplir ses desseins. Rome entière admirait ses douces vertus; elle avait déjà désarmé plusieurs fois son frère et son époux; et l'empire, fatigué des guerres civiles, la regardait comme le seul lien des triumvirs, comme le gage le plus sacré de la tranquillité publique.

Auguste la fit donc partir pour rejoindre son époux, espérant que la jalousie de Cléopâtre lui attirerait une injure qui justifierait la rupture à laquelle il était décidé. Son attente ne fut pas trompée. Aussitôt qu'Antoine apprit par une lettre d'Octavie qu'elle était arrivée dans la Grèce, l'artificieuse Cléopâtre feignit une profonde mélancolie, versa un torrent de larmes, et s'abstint même de prendre aucune nourriture. Son faible amant ne put résister au spectacle de sa douleur : insensible aux charmes d'Octavie, bravant le courroux d'Octave et le mépris des Romains, renonçant même à se venger des Parthes contre lesquels il marchait alors, il ordonna à la malheureuse Octavie de retourner à Rome, et revint lui-même en Égypte, déterminé à livrer aux caprices de Cléopâtre, non-seulement tous les trônes de l'Asie, mais Rome elle-même et l'empire tout entier.

Vêtu à l'égyptienne, assis sur un trône d'argent à côté de Cléopâtre qui se montrait au peuple sous les habits d'Isis, il la déclara reine d'Égypte, de Chypre, de Lydie, de Syrie, et associa le jeune Césarion à son pouvoir; enfin il investit les deux fils que lui avait donnés la reine, Alexandre et Ptolémée, des trônes d'Arménie, de Médie, de Phénicie, de Cilicie, et même de celui des Parthes, dont sa présomption regardait la conquête comme certaine.

Dès qu'Auguste fut informé du retour d'Octavie et de l'affront qu'elle avait reçu, il en rendit compte au sénat; et, malgré les larmes de sa sœur, qui voulait encore désarmer sa colère, il éclata en plaintes contre Antoine, et manifesta l'intention d'en tirer vengeance, s'il ne donnait à la république, comme à lui, une satisfaction convenable[1].

Comme Antoine croyait alors la guerre inévitable, il résolut de se plaindre le premier de la conduite d'Octave, afin de donner à sa cause quelque apparence de justice ; il reprocha vivement à son collègue l'invasion de la Sicile, la destitution de Lépide, et l'accusa d'avoir pris pour lui seul les gouvernements de ce triumvir et ceux de Pompée,

[1] An de Rome 724. — Avant Jésus-Christ 54.

tandis que lui ne conservait que l'Asie pour son partage.

Octave lui répondit, avec une maligne ironie, que la mauvaise conduite de Lépide avait seule causé sa ruine; qu'il abandonnerait à son collègue une partie de la Sicile et des gouvernements de Lépide, lorsque Antoine aurait partagé avec lui l'Arménie; et que, d'ailleurs, les légions de l'Orient ne devaient point désirer quelques terres médiocres en Europe, lorsqu'elles s'étaient probablement enrichies par les conquêtes de leur brave général dans le pays des Mèdes et des Parthes.

Cette réponse était une déclaration de guerre. Antoine envoya en Europe seize légions, et partit lui-même, accompagné de Cléopâtre, pour se rendre à Éphèse, où six cents de ses vaisseaux l'attendaient.

La reine lui en donna deux cents des siens, lui fit présent de huit mille talents, et fournit des vivres à toute l'armée. Domitius, lieutenant d'Antoine, tenta de vains efforts pour engager son général à se séparer de sa maîtresse : il le conjurait de renvoyer cette reine à Alexandrie, et d'oublier quelque temps son amour pour ne s'occuper que de sa gloire. Mais Cléopâtre redoutait moins les armes d'Octave que les vertus de sa sœur : elle craignait plus Octavie que Rome. Canidius, séduit par elle, persuada au triumvir qu'en se séparant de Cléopâtre il se priverait des troupes égyptiennes, qui ne voulaient combattre que sous les ordres de leur reine.

Les conseils qui flattent les passions sont presque toujours les seuls qu'on écoute : Antoine céda, et Cléopâtre le suivit à Samos.

Oubliant dans cette île, au milieu des fêtes, des jeux et des spectacles, cette activité, mère des succès, et qui lui avait autrefois valu l'estime et la confiance de Jules-César, il montrait plus d'empressement pour appeler à Samos, de toutes les parties du monde, une foule de comédiens, de bouffons et de danseurs, que pour y rassembler les troupes levées par tous les princes de l'Orient.

Environné des rois soumis à sa puissance, il ordonna un sacrifice solennel pour la prospérité de ses armes. Toutes les villes de Grèce et d'Asie envoyèrent chacune un bœuf pour cette solennité.

A la suite de ce sacrifice, la flatterie des esclaves couronnés qui l'environnaient prodigua les trésors de l'Asie en fêtes et en réjouissances, à peine convenables après la plus grande victoire.

Ce long séjour au milieu d'une cour brillante et voluptueuse, qui ressemblait à celle de Darius, fut la cause du salut d'Octave. L'Italie épuisée lui fournissait lentement les tributs, les hommes, les armes dont il avait besoin, et voyait avec effroi toutes les forces de l'Orient prêtes à fondre sur elle. On craignait les talents militaires d'Antoine, et, s'il se fût pressé d'attaquer son rival, les Romains effrayés se seraient peut-être soumis à son pouvoir, pour éviter une nouvelle effusion de sang, dont la liberté n'était plus le prix.

Mais la crainte qu'inspiraient Antoine et ses nombreuses armées se dissipa dès que l'on connut l'ivresse scandaleuse dans laquelle il était plongé. On cessa de le redouter dès qu'on ne vit plus en lui qu'un satrape au lieu d'un Romain. Dans le même temps le hasard ou la trahison remit entre les mains d'Octave la copie du testament d'Antoine : il le publia. On y vit avec indignation qu'il voulait, s'il mourait à Rome, qu'on portât son corps en Égypte. La haine ajouta que, si la fortune lui était favorable, il donnerait Rome à Cléopâtre, et qu'Alexandrie deviendrait la capitale de l'empire.

La fureur s'empara de tous les esprits : Octave, affectant plus de mépris que de courroux, ne déclara la guerre qu'à Cléopâtre, et parut regarder Antoine comme déjà dépouillé d'un pouvoir qu'il partageait avec une reine étrangère.

Le décret du sénat annonçait aux Romains « qu'Antoine ayant perdu sa raison par l'effet des » philtres de Cléopâtre, ce n'était pas contre lui » qu'on devait combattre, mais contre Charmion, » Iras, femmes esclaves de cette reine, et contre » l'eunuque Mardion, son favori et son conseil. »

Ce même décret, pour diviser les partisans d'Antoine, promettait de grandes récompenses à ceux qui l'abandonneraient.

L'Italie, animée par ce sénatus-consulte aussi populaire qu'humiliant pour Antoine, seconda toutes les mesures que prenait la sagesse active d'Auguste. Il s'occupa promptement de former ses magasins, de compléter son armée, d'équiper, d'approvisionner sa flotte. Le choix éclairé de ses favoris contribuait au succès de ses travaux. Le peuple estimait les vertus de Mécène, cher aux lettres, aux arts, à l'agriculture, au commerce; et le vaillant Agrippa, revêtu des premières dignités de l'empire, jouissait à juste titre de la confiance de l'armée.

Cependant, malgré leurs efforts, ils ne purent opposer aux forces d'Antoine, qui s'élevaient à cent douze mille hommes sans compter les troupes alliées, et à cinq cents vaisseaux, que quatre-vingt mille légionnaires, douze mille cavaliers et deux cent cinquante voiles.

Octave, après avoir réuni ses forces navales à Tarente et à Brindes, écrivit à Antoine pour le presser de descendre en Italie, lui promettant que tous les ports seraient ouverts, et qu'avant de combattre, il le laisserait débarquer et camper à une journée de la côte.

Antoine répondit à cette provocation en défiant

Octave à un combat singulier : il l'invitait, en cas de refus, à vider leur querelle dans les champs de Pharsale, où César et Pompée avaient combattu.

Octave, plus actif que son rival, traversa promptement la mer Ionienne, et s'empara d'une ville d'Épire nommée Thorine.

Antoine se réveilla enfin au bruit des armes, sortit de Samos avec sa flotte, et vint jeter l'ancre près du promontoire d'Actium.

Tous ses généraux le conjuraient de ne point confier sa destinée à l'inconstance des vents et des flots; ils voulaient que, profitant de la supériorité du nombre de ses légions, il combattît sur terre un ennemi dont les forces, inférieures aux siennes, laissaient peu d'incertitude sur la victoire.

Antoine fut insensible à leurs prières : Cléopâtre voulait combattre sur mer, il lui obéit.

Domitius, prévoyant son désastre, abandonna sa cause, se jeta dans un esquif, et courut se ranger dans le parti d'Octave. Antoine, loin de le faire poursuivre, lui renvoya généreusement ses esclaves et ses équipages.

La dernière fois qu'il descendit à terre pour passer en revue ses légions, un vétéran, couvert de blessures lui dit : « Pourquoi oubliez-vous notre » courage, dont ces cicatrices sont d'éternelles » preuves ? Depuis quand vous défiez-vous de nos » épées ? Ne fondez plus vos espérances sur des

» planches agitées par les flots; laissez aux Phéni-
» ciens et aux Égyptiens les batailles navales, et
» combattons sur terre; nous sommes accoutumés
» à y vaincre ou à mourir sans reculer. » Antoine
ému donna des éloges à son courage, et s'embarqua pour exécuter les ordres de la reine.

Peu de jours après, les vents s'étant calmés, les
flottes s'approchèrent et se livrèrent bataille.

Antoine confia son aile gauche à Cœlius, le
centre à Marcus Octavius et à Marcus Intéius : lui-
même il prit, avec Valérius Publicola, le commandement de l'aile droite. Canidius était à la tête de
son armée de terre.

Agrippa commandait la flotte ennemie sous les
ordres d'Octave.

Les deux armées restèrent quelque temps en
présence, immobiles; elles semblaient hésiter à
commencer cette lutte sanglante qui devait fixer les
destins du monde. Antoine le premier fit avancer
son aile gauche. Octave recula sa droite, dans le
dessein d'attirer l'ennemi plus au large et de l'éloigner des pointes du golfe, afin que ses bâtiments
légers pussent tourner les bâtiments d'Antoine, qui
étaient plus pesants et manœuvraient avec moins
de facilité. Par ce moyen, chacun des vaisseaux
d'Antoine se trouvait attaqué par plusieurs bâtiments d'Octave.

Un mouvement habile d'Agrippa força le centre

d'Antoine à se dégarnir : malgré le désordre qui en résulta, l'action se soutenait avec vivacité; la perte était égale dans les deux partis; l'ardeur paraissait la même; la victoire semblait indécise, lorsque l'on vit tout à coup Cléopâtre, effrayée par le bruit des armes et par le carnage, prendre la fuite avec ses soixante vaisseaux.

Ses voiles parurent alors emporter l'ame d'Antoine. On eût dit que, ne faisant plus qu'un seul être avec elle, une force insurmontable l'obligeait à suivre tous ses mouvements. Oubliant l'empire, trahissant sa gloire, abandonnant les braves guerriers qui mouraient pour lui, il se jeta sur un vaisseau léger, et courut sur les traces de la beauté fatale qui avait commencé ses malheurs et qui consommait sa ruine.

Lorsqu'il eut rejoint la reine, il se plaça près d'elle, absorbé par la douleur, la tête courbée sur ses mains, et n'osant reprocher sa perte à celle qui détruisait sa puissance et sa renommée. Il ne sortit de cet abattement qu'à l'approche de quelques bâtiments d'Octave qui le poursuivaient. Reprenant une ombre de courage, non plus pour vaincre, mais pour défendre l'indigne objet de son amour, il repoussa les assaillants, et continua sa marche jusqu'au promontoire de Ténare. Là, il apprit la défaite entière de sa flotte; mais, croyant que son armée de terre était demeurée intacte, il envoya l'ordre à Canidius de traverser avec elle la Macédoine, et de la ramener promptement en Asie.

Cette armée, qui lui était dévouée, ne pouvait se persuader qu'il eût pris si lâchement la fuite: ses soldats, qu'il avait si souvent conduits à la victoire, croyaient à chaque instant le voir reparaître au milieu d'eux. Lorsqu'ils apprirent sa honte, ils résistèrent sept jours encore aux offres d'Octave; mais enfin, abandonnés par Canidius, qui s'échappa la nuit de leurs rangs, ils renoncèrent à combattre pour l'esclave d'une femme, et leur soumission compléta la victoire d'Auguste.

L'armée navale, depuis le départ de son chef, avait encore long-temps disputé cette victoire; elle ne se rendit qu'après avoir perdu cinq mille hommes et trois cents vaisseaux.

Antoine apprit sur la côte d'Afrique qu'il n'avait plus d'armée. Dans son désespoir il voulait se donner la mort; mais le désir de revoir Cléopâtre l'empêcha de se tuer, comme il l'avait empêché de vaincre. Entraîné par sa passion, il revint dans Alexandrie; là, pendant quelques jours, on le vit se livrer tour à tour au plus morne abattement, à la plus trompeuse espérance. Il passait subitement de la solitude au tourbillon des plaisirs, et du plus sombre chagrin aux excès de l'ivresse et de la volupté.

Octave ne lui laissa pas le temps de se réveiller

de son délire et de chercher de nouveaux moyens de défense. Tandis que son armée marchait le long des côtes d'Afrique, il vint avec ses flottes en Syrie, où il reçut les hommages de tous ces rois qui, peu de jours auparavant, composaient la cour d'Antoine à Samos. Hérode, couronné par ce malheureux triumvir, fut le premier qui déposa son sceptre aux pieds de celui que favorisait la fortune; mais la franchise avec laquelle il parla de sa reconnaissance pour Antoine, des secours et des conseils qu'il lui avait donnés, lui attira la bienveillance d'Auguste, et il dut à sa noble hardiesse la conservation d'un rang que d'autres perdirent par leur lâcheté.

Cléopâtre se montrait moins abattue par ses revers que son amant: elle forma d'abord le projet de transporter toutes ses richesses au-delà de la mer Rouge; mais les Arabes attaquèrent ses troupes, pillèrent ses bâtiments, et la forcèrent de renoncer à ce dessein. Aussi hardie en intrigues que timide dans les combats, et peu retenue par l'amour d'Antoine, dont la puissance seule avait eu des attraits pour elle, cette artificieuse reine conçut encore l'espoir d'enchaîner pour la troisième fois à son char un maître du monde. Comptant sur son esprit autant que sur ses charmes, elle chargea plusieurs envoyés de lettres pour Octave, et commença dès ce moment à trahir le vaincu et à tenter la conquête du vainqueur.

Antoine, toujours aveuglé par sa passion, crut qu'elle voulait ménager un accord entre son rival et lui : préférant les chaînes de Cléopâtre au trône et à l'honneur, il proposa lâchement la paix à Auguste, lui offrit de renoncer à tout pouvoir, à toute dignité, et ne lui demanda que la vie.

Auguste ne daigna pas lui répondre, et donna secrètement à la reine de vagues espérances. Antoine se flattait encore que la ville de Péluse opposerait une longue résistance à son ennemi; son attente fut trompée : la trahison de Cléopâtre lui en ouvrit les portes, et Octave s'avança sans obstacle près d'Alexandrie.

Antoine, informé de son approche, sentit enfin renaître son courage. Sortant de la ville, à la tête d'un petit nombre de soldats dévoués, il fondit sur la cavalerie d'Auguste avec tant d'impétuosité qu'il la mit en déroute; et, profitant de ce succès, il la poursuivit jusqu'au camp, qu'il remplit d'épouvante.

Après cette victoire, il rentra en triomphe dans Alexandrie, et vint déposer ses lauriers aux pieds de sa perfide reine. Il lui présenta en même temps l'officier qui, dans le combat, s'était le plus distingué par son courage. Cléopâtre lui fit présent d'une armure d'or; mais, au milieu des discordes civiles, on voit souvent l'union déplorable de la bravoure et de la trahison : cet ingrat officier, chargé des bienfaits de son général, l'abandonna le jour même et passa dans le camp ennemi.

Antoine, pour la seconde fois, défia Octave en combat singulier : celui-ci lui répondit « qu'il lui » laissait le choix de tout autre genre de mort. » Voyant alors sa perte inévitable, Antoine se décida à répandre quelque éclat sur son dernier jour, et à mourir en digne fils de Rome, les armes à la main. Rassemblant toutes les troupes, et armant toutes les galères qui lui restaient, il sortit de la ville, et tenta un dernier effort. Mais, dès que les armées furent en présence, les troupes qui se trouvaient sur ses galères saluèrent Octave du nom d'empereur, et se joignirent à son escadre. La cavalerie imita ce mouvement; l'infanterie, plus fidèle, mais abandonnée, ne se soumit qu'à regret. Ce dernier coup du sort ouvrit un moment les yeux du malheureux Antoine; il rentra furieux dans Alexandrie, s'écriant : « Cléopâtre à qui j'ai tout » sacrifié, Cléopâtre m'a trahi ! »

Ses cris retentirent jusqu'au palais. La reine, redoutant sa vengeance, se retira dans un tombeau qu'elle s'était fait construire, et fit répandre la nouvelle de sa mort. Antoine alors, oubliant sa perfidie et n'écoutant que son amour, s'écrie : « Cléopâtre » est morte! et toi, malheureux Antoine, qui ne » voulais vivre que pour elle, tu respires encore ! » Une femme a montré plus de courage que toi !

» Ah! suivons au moins l'exemple que j'aurais dû
» lui donner; mettons un terme à nos souffrances :
» la mort va nous réunir. »

A ces mots, il appelle Érox, son affranchi, et lui ordonne de le tuer. Érox tire son glaive, se perce lui-même, et meurt aux pieds de son maître. « Mon
» cher Érox, s'écrie alors Antoine, tu m'apprends
» mon devoir! » Aussitôt il enfonce son épée dans son sein, et tombe sur son lit.

La blessure était mortelle, mais il respirait encore. Aux portes du trépas, il apprend que Cléopâtre n'est point morte : il ordonne qu'on le porte à ses pieds, lui adresse ses derniers vœux, et reçoit ses derniers embrassements. « Vivez, lui dit-il, ou-
» bliez-moi; vivez tant que vous pourrez exister
» avec gloire; rappelez-vous l'éclat de ma vie, et
» ne plaignez point ma fin tragique : après m'être
» vu long-temps le premier citoyen de Rome, je
» puis mourir sans honte : je ne suis vaincu que par
» un Romain. » A ces mots il expira.

Après sa mort, on porta son épée à Octave, qui, en feignant de donner des larmes à son malheur, ne trompa personne.

Délivré de ce rival, il voulait, pour que rien ne manquât à son triomphe, voir dans ses fers et traîner dans Rome, à la suite de son char, l'ambitieuse maîtresse des maîtres du monde; mais elle refusait de lui ouvrir la porte de son tombeau, et le priait de conserver ses états aux enfants qu'elle avait eus de Jules César et d'Antoine.

Proculus, officier d'Octave, escalada l'édifice qui lui servait de retraite, et la désarma au moment où elle voulait se poignarder.

Auguste fit avec pompe son entrée dans Alexandrie : les habitants de cette ville imploraient à genoux sa clémence; par respect pour la mémoire d'Alexandre, qui avait posé les fondements de leurs murs, il leur pardonna d'avoir pris les armes contre lui. Il ordonna d'ouvrir le tombeau du héros macédonien, et vit son cercueil qu'il couvrit de fleurs. On voulait ensuite lui montrer ceux des Ptolémées; il répondit : « Je suis venu ici dans le dessein de voir » un roi et non des morts. »

Plusieurs princes alliés et quelques sénateurs romains demandaient la permission de rendre à Antoine les honneurs de la sépulture; il laissa ce soin à Cléopâtre, qui lui fit des obsèques dignes de son rang et de son amour.

Octave cherchait en vain à calmer la profonde mélancolie de la reine : comme elle ne prévoyait que trop sa destinée, elle entreprit de terminer ses jours en s'abstenant de toute nourriture; mais Octave lui fit dire que la vie de ses enfants dépendait de la sienne. Après avoir accordé quelques jours aux premiers transports de sa douleur, il vint la voir.

Ses cheveux épars, la pâleur de son visage, les traces de son désespoir empreint sur ses traits, et le voile de larmes qui couvrait ses yeux, avaient altéré sa beauté; cependant ses charmes conservaient toujours quelque puissance : c'était encore Cléopâtre.

Dans cette conférence, le désir de plaire et l'espoir de séduire, qui ne pouvaient s'éteindre qu'avec sa vie, se réveillèrent dans son ame. Mêlant adroitement, dans ses discours, à ses regrets pour Antoine un éloge délicat du mérite d'Octave, elle lui rappela l'amour que César avait eu pour elle, les bienfaits qu'elle tenait de sa générosité, et les promesses sacrées qu'il lui avait faites. Elle lui montra plusieurs lettres de ce grand homme; et, tandis qu'elle employait toutes sortes d'artifices pour persuader à son vainqueur qu'il devait plutôt voir en elle l'amie de son père que la maîtresse de son ennemi, s'animant par degrés dans cet entretien, elle rendait à ses yeux leur ancien éclat, et découvrait adroitement aux regards d'Octave des charmes qui surpassaient ce qu'il en avait entendu raconter.

Auguste, trop froid, trop ambitieux pour se laisser prendre aux piéges de l'amour, l'écouta sans être ému, et feignit seulement de lui laisser quelque espoir de grandeur et d'indépendance.

La reine, trop habile pour être trompée, pénétra ses desseins secrets, et résolut, par une mort courageuse, d'échapper au sort humiliant qui lui était préparé. A la suite d'un festin, s'étant retirée au fond de son palais, elle approcha de son sein un aspic caché dans une corbeille de fruits; et bientôt une mort douce et profonde, la délivrant des chaînes d'un vainqueur inflexible, termina sa vie et ses malheurs.

Auguste souilla son triomphe par la mort de Césarion. Le maître du monde craignit un enfant. L'ambition étouffait en lui la voix de la nature et de la vertu.

Il laissa la vie aux fils d'Antoine, réduisit l'Égypte en province romaine, et retourna à Rome. Il y fut reçu avec une joie universelle par le peuple, enivré follement d'une gloire qui détruisait pour toujours sa liberté.

Son triomphe dura trois jours; il ferma le temple de Janus, dont les portes étaient restées ouvertes depuis deux cent cinq ans, et jouit en paix et sans obstacles de l'empire du monde.

Telle fut la fin de la république romaine : elle ne périt point, comme la Grèce, sous les coups d'un maître étranger; elle ne succomba pas, comme Carthage, sous la puissance d'une rivale triomphante; on ne la vit point s'éteindre, comme d'autres états, dans les langueurs d'une honteuse vieillesse : cette république, souveraine des rois, victorieuse des peuples les plus belliqueux, maîtresse des trois parties du monde, ne pouvait être vaincue que par ses propres armes. Jamais sa puissance n'avait jeté plus d'éclat qu'au moment où elle perdit sa liberté: ses richesses seules causèrent sa ruine; et, comme la vertu ne soutenait plus, sa force, elle périt par l'excès même de ses prospérités, et s'affaissa sous le poids de sa grandeur colossale.

FIN DU SIXIÈME VOLUME.

TABLE DES MATIÈRES

CONTENUES DANS CE VOLUME.

HISTOIRE ROMAINE.

TOME SIXIÈME.

Pages.

Chap. I. — Décadence de la grandeur romaine; révolte de Viriate en Lusitanie; siége et destruction de Numance; sédition à Rome; puissance et mort des Gracques.   1

II. — Guerre de Jugurtha; invasion des Cimbres; mort de Jugurtha.   41

III. — Victoires de Marius sur les Cimbres; guerre sociale; consulat de Sylla; guerre avec Mithridate; proscriptions de Marius; fuite, arrestation et mort de Marius; tyrannie et proscriptions de Sylla; crimes de Catilina; dictature perpétuelle de Sylla.   80

IV. — Consternation dans Rome; premier plaidoyer de Cicéron; mort de Sylla; guerre en Espagne; fin de cette guerre.   116

V. — Guerre des pirates; mort de Marc-Antoine; guerre avec les esclaves; révolte de Spartacus; conquêtes de Pompée; guerre avec Mithridate.   144

VI. — Conjurations de Rullus et de Catilina; mort de Catilina; retour et triomphe de Pompée.   178

Chap. VII. — Rivalité de Pompée et de César; sacerdoce de Caïus Julius César; triumvirat de César, de Pompée et de Crassus; conquête de l'Espagne par César; son retour et son consulat; tyrannie des triumvirs; deuil et retraite de Cicéron. 232

VIII. — Départ de César pour les Gaules; ses victoires; descente de César dans la Grande-Bretagne; guerre entre César et Vercingétorix; soumission des Gaules. 255

IX. — Guerre civile entre César et Pompée; passage du Rubicon; alarme dans Rome; siége et reddition de Marseille; batailles de Dyrrachium et de Pharsale; défaite, fuite et mort de Pompée; guerres de César en Égypte, en Asie, en Afrique, conspiration contre César; mort de César. 301

X. — Consternation dans Rome après la mort de César; dissimulation d'Antoine; son usurpation; arrivée d'Octave à Rome; guerre civile entre Octave et Antoine. 372

XI. — Triumvirat d'Octave, d'Antoine et de Lépidus; leurs proscriptions; mort de Cicéron; partage de l'empire entre les triumvirs; départ d'Antoine pour l'Asie; son amour pour Cléopâtre; guerre entre Octave et Pompée; défaite, fuite et mort de Pompée; guerre entre Octave et Antoine; bataille d'Actium; mort d'Antoine; entrée d'Octave dans Alexandrie; son entrevue avec Cléopâtre; mort de cette reine; l'Égypte réduite en province romaine; retour d'Octave à Rome; son élévation à l'empire; fin de la république romaine. 422

www.ingramcontent.com/pod-product-compliance
Lightning Source LLC
Chambersburg PA
CBHW071702230426
43670CB00008B/883